山东省社会科学青年学者重点支持项目：楚卜筮简名物词研究，项目编号 19CQXJ48

U0736260

新蔡葛陵楚墓卜筮简集释

蔡丽利◎著

中国海洋大学出版社

·青岛·

中国博士后科学基金资助项目

『楚卜筮简文本整理与研究』（212400222）前期成果

图书在版编目（CIP）数据

新蔡葛陵楚墓卜筮简集释 / 蔡丽利著. —— 青岛：中国海洋大学出版社，2019.9

ISBN 978-7-5670-2415-1

Ⅰ.①新… Ⅱ.①蔡… Ⅲ.①简（考古）-研究-中国-楚国（?-前223） Ⅳ.①K877.54

中国版本图书馆CIP数据核字（2019）第214914号

出版发行	中国海洋大学出版社
社　　址	青岛市香港东路23号　　　　　邮政编码　266071
出 版 人	杨立敏
网　　址	http://pub.ouc.edu.cn
电子信箱	dengzhike@sohu.com
订购电话	0532-82032573（传真）
责任编辑	邓志科　　　　　　　　　　　　电　　话　0532-85901040
装帧设计	青岛乐道视觉创意设计有限公司
印　　制	青岛中苑金融安全印刷有限公司
版　　次	2019年10月第1版
印　　次	2019年10月第1次印刷
成品尺寸	140 mm×203 mm
印　　张	8.625
字　　数	210千
印　　数	1～1 000
定　　价	52.00元

内容提要

　　1994年河南省文物考古研究所发掘的新蔡葛陵楚墓竹简是继信阳、望山、包山、郭店等竹简以来，又一批战国楚墓竹简。该墓主是战国时期的楚平夜君成，这是在天星观楚墓之后被确认的又一座楚国封君墓。2003年10月《新蔡葛陵楚墓》一书出版之后，新蔡楚简受到了学术界的广泛关注。出土的新蔡楚简损坏严重，竹简全部残破；但对楚国历史、思想信仰、医学史等方面的研究，尤其对研究战国时期楚文字，具有很高的学术价值。

　　本书在笔者硕士论文基础上，进一步修改完善而成，将学术界全部研究成果进行搜集整理，汇集成册，以便学者查阅使用。研究成果可能尚有遗漏，按语客观给出，不做太多主观评价。

目录
Contents

第一章

绪 论

一、引言

楚文字源远流长。自西周晚期楚公冡钟始,楚文字便以其雄浑奇古令世人瞩目。近年来,地不藏宝,楚文字出土材料日益丰富。随着楚竹简不断有惊人发现,楚文字不仅占据着战国文字的主体地位,而且日益成为古文字研究的热点。尤其近年来几批战国竹简的公布,掀起了自甲骨文问世以来出土文献研究的第二个热潮。①李学勤曾指出:"现代的战国文字研究是从楚国开始的。"②战国楚简所载内容丰富,卜筮祭祷简是其中重要的组成部分。卜筮祭祷简文不仅是先秦术数史、医学史、宗礼制度、楚文化以及古文字等研究领域的第一手重要资料,还可与一些传世文献及出土文献相互佐证,对重新构建天神、地祇系统及楚先祖世系的再探源有着不可估量的作用,弥足珍贵。春秋战国时期,楚地巫术盛行。《淮南子·人间训》:"荆人鬼。"高诱注:"好事鬼也。"王逸《楚辞章句》:"昔楚南郢之邑,沅湘之间,其俗信鬼而好祠。"《汉书·地理志下》:"(楚地)信巫鬼,重淫祀。"卜筮和祭祷是楚人与鬼神交往的重要手段,亦即楚人两种最重要的巫术活动,也是楚文化的重要内容。研究楚文化,必须对这些内容进行深入研究。这些卜筮简真实反映了当时楚国的政治文化习俗,卜筮简研

---

① 李守奎:《出土楚文献文字研究综述》,《古籍整理研究学刊》,2003 年 1 月。

② 李学勤:《〈郭店楚简文字编〉序》,《郭店楚简文字编》,页 5,北京:文物出版社,2000 年 5 月。

究价值从而显现。

二、相关术语的解释和卜筮祭祷简的界定

(一)术语的解释

1. 卜

古代一种用火灼龟甲、兽骨取兆以占吉凶的迷信行为。《说文·卜部》:"卜,灼剥龟也。象灸龟之形。一曰象龟兆之从横也。凡卜之属皆从卜……ㅏ,古文卜。"段玉裁注:"灼剥者,谓灸而裂之。"《书·洪范》:"稽疑,择建立卜筮人。"孔传:"龟曰卜,蓍曰筮。"《诗·大雅·文王有声》:"考卜维王,宅是镐京,惟龟正之,武王成之。"郑玄笺:"稽疑之法,必契灼龟而卜之。"《吕氏春秋·制乐》:"其吏请卜其故。"高诱注:"灼龟曰卜。"[1]我们知道甲骨文之内容多记占卜之事,甲骨的占卜盛于殷朝,但不一定是起源于殷朝。它的刻画美丽,文字精巧,或可证为此前有一种粗丑的或者没有文字记录的占卜时期,[2]故占卜的年代始自何时,实不可考。

2. 筮

筮,古人用蓍占卦以卜问吉凶。《说文·竹部》:"《易》卦用蓍也。从竹,从巫。巫,古文巫字。"桂馥义证:"'《易》卦用蓍也'者,本书:'卦,筮也。'"唐·玄应《一切经音义》卷二:"筮者,揲蓍取卦,折竹为爻,故字从竹也。"《诗·卫风·氓》:"尔卜尔筮,体无咎言。"《论衡·卜筮》:"俗信卜筮,谓卜者问天,筮者问地。蓍神龟灵,兆数报应,故舍人议而就卜筮,违可否而信吉凶。"《西游记》第三十七回:"龟所以卜,蓍所以筮。"[3]《礼记·曲礼上》:

---

① 汉语大字典编辑委员会编著:《汉语大字典》(缩印本)页39,湖北辞书出版社、四川辞书出版社,1997年10月。

② 容肇祖:《占卜的源流》,页4,北京:海豚出版社,2010。

③ 汉语大字典编辑委员会编著:《汉语大字典》(缩印本)页1239,湖北辞书出版社、四川辞书出版社,1997年10月。

"龟为卜,筴为筮。卜筮者,先圣王之所以使民信时日、敬鬼神、畏法令也;所以使民决嫌疑,定犹豫也。"我们知道,周代龟蓍并用,但筮蓍在殷是否存在已无可考证,或有疑筮当初是少数民族的占卜[①],到周胜殷,遂变易而兴盛。筮用蓍,较之龟甲、卜骨,程序简单,操作简便,古人似乎更看重从繁的龟卜,故有"筮短龟长,不如从长"(《左传·僖公四年》)。《易·系辞上》:"以制器者尚其象,以卜筮者尚其占。"

3. 祭祷

祭,指祭祀、祭奠。《说文·示部》:"祭,祭祀也。"段玉裁注:"统言则祭祀不别也。"徐灏笺:"无牲而祭曰荐,荐而加牲曰祭……浑言则有牲无牲皆曰祭也。"《广韵·祭韵》:"祭,享也,祀也,荐也。"《论语·八佾》:"祭如在,祭神如神在。"[②]据罗振玉《殷墟书契考释》(增订本)所记,甲骨卜辞之首为"祭",约五百三十八,近乎卜辞的一半,其他还有如告、享等。可知那时占卜的事情,以祭为最重要的事。[③]祷,指向神祝告求福。《说文·示部》:"祷,告事求福也。"《广韵·号韵》:"祷,祭也。求福曰祷。"《周礼·春官·小宗伯》:"祷祠于上下神示。"郑玄注:"求福曰祷。"《论语·述而》:"子疾病,子路请祷。"何晏集解引包咸曰:"祷,祷请于鬼神。"唐·柳宗元《太白山祠堂碑》:"故岁水旱则祷之,寒暑乖候则祷之,疠疾祟降则祷之。"[④]

(二)卜筮祭祷简的名称源引

目前,学术界对于这类写着卜筮祭祷记录的竹简还没有统一的称谓。中山大学中文系古文字研究室楚简整理小组曾把望

① 容肇祖:《占卜的源流》,页10,北京:海豚出版社,2010年9月。

② 《汉语大字典》缩印本P1002。

③ 容肇祖:《占卜的源流》,页7,北京:海豚出版社,2010年9月。

④ 汉语大字典编辑委员会编著:《汉语大字典》(缩印本)页1008,湖北辞书出版社、四川辞书出版社,1997年10月。

山一号墓竹简称为"杂事札记"。①李学勤在其《竹简卜辞与商周甲骨》一文中给这批竹简拟定名称为"竹简卜辞",李先生写道:

> ……甲骨本来是占卜的遗物,卜辞是占卜的记录……卜法是使用龟甲兽骨占卜的一种方法,商代和西周把卜辞契刻在甲骨上,系为事后统计占卜是否灵验。……近年又在战国时期楚墓中出土几批竹简,内有卜辞记录……《周礼·占人》云:"凡卜筮既事,则系币以比其命,岁终则计其占之中否。"郑玄注:"既卜筮,史必书其命龟之事及兆于策,系其礼神之币而合藏焉。"策即简册。又引《尚书·金縢》为证,《金縢》记周公卜龟,事毕"乃纳册于金縢之匮中",册正是记录卜辞的简。将卜辞记录在竹简之上,应该是古代通行的方式。②

李先生认为商周甲骨卜辞以至战国时期的竹简卜辞是一脉相承的,在细节上虽有出入,却属于同一卜法。因此也就沿袭了甲骨卜辞这一称谓,因书写载体不同故而称为"竹简卜辞"。许学仁认为:"依材料施用内容,则或以三地楚简为'占筮祭祷',视同殷墟卜辞、西周卜骨,因名之'竹简卜辞'。"③李、许二先生是从书写载体上给简文定名的,同时也暗示了它们与甲骨卜辞的某些联系。彭浩将此类性质的竹简称为"卜筮和祭祷竹简"④。包山楚墓整理小组将书写祭祷内容的简称为"祭祷简",将书写卜筮

---

① 中山大学中文系古文字研究室:《战国楚竹简概述》,《中山大大学学报》(哲学社会科学版),页66,1978年4期。

② 李学勤:《竹简卜辞与商周甲骨》,《郑州大学学报》(哲学社会科学版),1989年第2期。

③ 许学仁:《战国楚墓〈卜筮〉类竹简所见"数字卦"》,《中国文字》新17期,艺文印书馆1993年3月。

④ 彭浩:《包山二号楚墓卜筮和祭祷竹简的初步研究》,《包山楚墓》上册(北京:文物出版社,1991),附录二三,页555～563。

内容的简称为"卜筮简"或称"卜筮祭祷简"，又或将二者合称为"卜筮祭祷简记录"。①曾宪通、于成龙称此类性质的竹简为"卜筮简"。②吴郁芳则称之为"卜祷简"。③孔仲温称之为"卜筮祭祷简"。④张恒蔚、刘彬徽根据简文内容称之为"卜筮祭祷记录"。⑤李零认为：除4支简记录"祷祠"外，其他都是贞问"祷祠"的，并且"祷祠"只是两次占卜中第二次占卜的内容之一，据望山简和天星观简也说明"祷祠"是预卜中事，所以这类简最好还是叫"占卜简"，而不宜称为"祷祠简"或"卜筮祭祷记录"。⑥邴尚白指出：《九店·日书》简26有"祷祠"一语，专记祷祠之事的简书，故可依楚人自己的说法将简文也称为"祷祠"简。⑦柯鹤立也把这类简文称为"占卜简"。⑧陈伟在《包山楚简初探》中在对包山简进行细致分类后将这批简称为"卜筮祷祠简"或者"卜筮祷祠记

---

① 湖北省荆沙铁路考古队：《包山楚墓》，文物出版社，1991年。

② 曾宪通：《包山卜筮简考释（七篇）》，常宗豪等编辑《第二届国际中国古文字学研讨会论文集》，香港中文大学中国语言及文学系，1993年10月，页405～424；于成龙：《包山二号楚墓卜筮简中若干问题的探讨》，《出土文献研究》第五集，页163～174，科学出版社，1999年。

③ 吴郁芳：《〈包山楚简〉卜祷简牍释读》，《考古与文物》1996年2期页7。

④ 孔仲温：《望山卜筮祭祷简文字初释》，《第七届中国文字学全国学术研讨会论文集》，台北：万卷楼图书有限公司，1996，页237～251；孔仲温：《再释望山卜筮祭祷简文字简论相关问题》，《第八届中国文字学全国学术研讨会论文集》，1997年，页37～56，彰化：彰化师大国文系。

⑤ 张恒蔚：《包山楚简卜筮祭祷记录研究》，《第十七届中部地区中文研究生论文研讨会论文》，1999年4月24-25日，刘彬徽：《荆门包山楚简论述》，《古文字研究》，第二十辑，页138-153，中国书局，2000年。

⑥ 李零：《包山楚简研究（占卜类）》，载《中国典籍与文化论丛》第一辑，中华书局，1993年9月，页425-447；后收入氏著《中国方术考》（修订本），页271～296，东方出版社，2000年8月。

⑦ 邴尚白：《楚国卜筮祭祷简研究》，页5，暨南国际大学中国语文学系硕士论文，1999年5月。

⑧ 柯鹤立：《从包山与望山两墓占卜简书中看楚人的内外思想》，"纪念商承祚先生百年诞辰暨中国古文字学国际学术研讨会"论文，广州，2002年8月。

录"。他说,为了表明祷祠简与卜筮简的区别,将那4件简书单独称为"祷祠简",在对全部26件合称时使用"卜筮祷祠简"或者"卜筮祷祠记录",应该也是可以的。① 2006年陈氏则更倾向于"卜筮祷祠记录"这一说法,他说:"'卜筮祷祠记录'称述所有记述占卜、祷祠以及可能存在的相关简册。祭祀为常规之祭,祷祠系非常规之事,乃是两个联系而又彼此有别的概念,那些未书占卜而专记祷祠的简,固然应该称为祷祠记录。那些记有占卜内容的简,也大多兼记祷祠之事,称作'卜筮祷祠记录'似也无不妥。"②李家浩称这类竹简为"卜筮祭祷简"与孔仲温的称谓相一致,并认为"卜筮祭祷简"还可以统称为"卜筮简",他说:卜筮简说辞部分所说的祭祷,是贞人根据卜筮的结果拟定的,祭祷简就是对贞人拟定举行的祭祷实施的记录,由于这一层关系,所以人们又把卜筮祭祷简统称为卜筮简。③ "祷祠"简,实与"卜筮"简有关,是对某些"预卜中事"的践履,可以视为"卜筮简"的附录。在这个意义上,以"卜筮"简或"占卜简"概括全部26件简书,是有道理的。④工藤元男亦从"卜筮祭祷简"之说。⑤

以上是各家依据自己的理解或按书写载体或按简文内容并且大多是针对包山楚简中此类性质的简文命名的,因为我们所要考察研究的是新蔡简有关此类性质的简文,在新蔡葛陵楚简中还

① 陈伟:《包山楚简初探》,1996年8月,武汉大学出版社,150～151页。

② 陈伟:《竹书〈仲弓〉词句试解(三则)》,《古文字研究》第26辑,页2,中华书局,2006年11月。又陈伟主编:《楚地出土战国简册"十四种"》,页91,经济科学出版社,2009年9月。

③ 李家浩:《包山祭祷简研究》,《简帛研究二〇〇一》,广西师范大学出版社,2001年9月,页25～36。

④ 陈伟:《包山楚简初探》,1996年8月,武汉大学出版社,页150～151。

⑤ 工藤元男:《包山楚简"卜筮祭祷简"的构造与系统》,《人文论丛》(2001年卷),武汉大学出版社,2002年10月,页78～93。

有一些与卜筮无关但与祭祷密切相关却又不是严格意义上的祭祷文书竹简,基于这种考虑及为避免称谓混乱,我们将采用孔仲温、李家浩的说法,本书将统一称为"卜筮祭祷简",即"卜筮简"与"祭祷简"的合称。晏昌贵亦采用这种宽泛称呼。[①]本书的题目中将采用统称"卜筮简"。新蔡简简文内容比较复杂,且因残断甚重,不好划分。关于新蔡葛陵楚简中"卜筮祭祷简"的划分我们暂按宋华强的意见,将宋文"葛陵楚简释文分类新编"中前四项归为"卜筮祭祷简",即宋氏所说的"卜筮简、祝祷简、楚王命人祈福简、祭祷文书简",[②]其余内容明显与我们研究内容有别,暂不列入本研究范围。

三、新蔡葛陵楚墓竹简的发现、出土情况、简文内容

1994 年 10 月 23 日《中国文物报》在第 41 期第一版刊登名为《新蔡发掘一座大型楚墓》首次披露了葛陵楚简的发掘情况。葛陵楚墓,位于新蔡县城西北 26 千米处的葛陵村东北部,[③]墓葬西南为始建于东周时期、汉代继续沿用的葛陵故城,东南 6 千米为李桥回族镇政府所在地。葛陵楚墓发现于 1984 年全省文物普查过程中。[④]地面以上的封土部分于 1971 年平掉,1992—1993 年,当地群众烧窑取土将墓圹破坏。为了抢救国家文物,河南省文物研究所组队进行了发掘。墓葬在西汉、东汉和近代曾多次被盗,墓室内破坏十分严重。从发掘情况看,该墓为双棺双椁。从

---

① 晏昌贵:《巫鬼与淫祀——楚简所见方术宗教考》,武汉:武汉大学出版社,2010 年 3 月,14 页。

② 宋华强:《新蔡葛陵楚简初探》,武汉大学出版社,2010 年 3 月,页 367。

③ 发掘简报上为 25 千米,详见河南省文物考古研究所、河南省驻马店文化局、新蔡县文物保护管理所:《河南新蔡平夜君成墓的发掘》,《文物》,2002 年第 8 期,4 页。

④ 发掘简报上为 1985 年,河南省全省文物普查第 4 次普查时间为 1984—1986 年。

墓葬形制、葬俗和出土器物的造型特点分析，葛陵楚墓的年代应相当于战国中期前后，墓主人的身份应为楚国的封君，地位显赫的贵族，与楚王有着十分密切的关系。[①]竹简位于南室东南部的车伞盖上，发现时已经扰动，分布比较凌乱，一部分夹杂在漆皮中，一部分迭压在车轴或戈柲下，大部分被盗墓者扰动。为了更好的保护竹简，1994 年 8 月 20 日上午 9 时，整理组将全部竹简整体起取装箱，对竹简堆积保护。8 月 25 日，上午装车起运抵达郑州。这样，这批弥足珍贵的竹简就从田野考古发掘工地进入了室内，从而开始了针对竹简而专门开展的系统整理和综合研究工作。经过考古工作者的研究，得知墓主人是楚国封君——平夜君成，该墓葬的年代大致在战国中期前后，可定在楚悼王末年。[②]该墓平面呈 "甲" 字形，墓圹为竖穴土坑，墓室作长方形，墓坑口东西长 25.25 米、南北宽 22.50～23.25 米，墓深为 9.6 米，总面积约 654.80 平方米。墓室东壁中部有一条东西残长约 16.0 米、南北宽度为 3.05 米～6.40 米的斜坡状墓道。墓室为长方形竖穴土坑，长 13.40 米，宽 11.70 米，深 4.10 米，由棺、椁两部分组成。椁室平面呈 "亞" 字形，分为内椁、外椁两部分。外椁分东、西、南、北四个椁室，东西长 10.70 米，南北宽 9.30 米，面积为 99.50 米。内椁位于外椁中部，呈长方形，东西长 5.00 米，南北宽 4.20 米，内椁面积达 21.99 平方米。棺室由内棺和外棺两部分组成。外棺

---

① 宋国定、曾晓敏、谢巍：《新蔡发掘一座大型楚墓》，《中国文物报》，1994 年 10 月 23 日第 1 版。

② 关于新蔡葛陵楚墓的年代问题，可参看李学勤《论葛陵楚简的年代》，《文物》2004 年第 7 期；刘信芳《新蔡葛陵楚墓的年代以及相关问题》，《长江大学学报（社会科学版）》第 27 卷第 1 期，2004 年 2 月；刘彬徽《葛陵楚墓、"两陵楚墓" 的年代及相关问题的讨论》，湘鄂豫皖楚文化研究会第九次年会论文，2005 年 10 月，长沙；晏昌贵《新蔡葛陵楚简 "上逾取票" 之试解》，《新出楚简国际学术研讨会会议论文集（郭店简·其他简卷）》2006 年 6 月武汉大学简帛研究中心等编。

位于椁室中部,呈"Ⅱ"字形,长 4.00 米,宽 2.40 米。内棺位于外棺内,因为内棺室曾经遭到严重破坏,内棺部分已经残缺不全。

新蔡葛陵楚墓在历史上曾经多次被盗,除南室之外,其他各室随葬物几乎被洗劫一空。尽管如此,该墓遗留的器物依然十分丰富。例如,青铜礼器类有豆、簠、钮钟;青铜兵器类有戈、矛、剑、戟、镞;青铜工具类有凿、斧、镰刀、锯、刻刀;此外还有车马器、玉石器、铅锡器、骨角、象牙器、陶器、漆木器、铁器、陶器、皮革等等。其中,最引人注目的是在南室的东南部出土了 1 500 余枚竹简。

这批竹简因屡经盗掘而被扰乱严重,全部残断。考古工作者根据竹简层位,在起取竹简时分为甲、乙两个区,甲区编号者有523 枚残简,乙区编号者有 299 枚,残损严重者起取时没有编号,后来在临摹时编号者 749 枚,总计 1 571 枚。[①]这批竹简出土时表面呈灰黑色,经处理后呈黄褐色。原竹简长度不详,最长者估计在 70 厘米左右,宽度一般为 0.8 厘米,窄者约 0.6 厘米,宽者可达 1.2 厘米。文字一般书于竹黄一面,少数书于竹青一面。绝大多数单面书写,极少数背面有字,且字数很少。大部分墨迹清晰,由多人书写而成,字体或秀丽或奔放,字距或密集或稀疏,显示出不同的书写风格(彩版四七、四八)。[②]

这批竹简,内容较为丰富,大致可分为两类。

第一类为卜筮祭祷记录,占绝大多数。从内容和竹简本身

---

① 新蔡楚简的整理者所公布的竹简数目不太一致,如《河南新蔡平夜君成墓的发掘》一文说出土竹简甲区 497 支、乙区 298 支、未编号残简 700 余枚,总计 1 500余支;《新蔡"平夜君成"墓与出土楚简》一文说甲区 473 枚、乙区 293 枚、残简 500 余枚,总计 1 300 余枚;而在《新蔡葛陵楚墓》一书中所公布的竹简,则甲区 523 枚、乙区 299 枚、残简 749 枚,总计 1 571 枚。

② 河南省文物考古研究所:《新蔡葛陵楚墓》,页 167,大象出版社,2003 年。河南省文物考古研究所、河南省驻马店文化局、新蔡县文物保护管理所:《河南新蔡平夜君成墓的发掘》,《文物》2002 年第 8 期。

看,又可分为三种。第一种与包山楚简中的卜筮祭祷类简极为相似,主要为墓主人平夜君成生前的占卜祭祷记录,占卜的内容以询问病情为主。简文格式亦与包山楚简非常相似,由前辞、命辞、占辞等部分组成,据此可知墓主人死前的疾病情况。第二种为"小臣成(即平夜君成)"自己祭祷的记录,数量很少。这种简较宽、字亦大。第三种,内容较为单纯,仅是与祭祷有关的记录,不见占卜。从整理拼接的情况看,这类简不仅内容简单,格式统一,竹简亦很短。这类简以前发现不多,值得注意。第二类为以往被称为遣策的文书,内容为别人对墓主馈赠物品的清单,有学者称之为"赗书"。数量很少,仅 20 余枚。新蔡楚简的出土,是战国楚简的又一重大发现,其数量较多,内容丰富。简文与包山楚简内容相似,又有些不同,丰富了对比研究的资料。简文纪年较为丰富……为竹简及墓葬断代提供了重要依据,对楚文化研究具有重要的价值。①

　　2003 年 10 月《新蔡葛陵楚墓》正式出版。该书封面及彩版四七、四八刊登了 20 余枚竹简的彩色照片;187 页至 231 页是整理者日夜辛劳整理出的全部竹简的释文;图版六九至一九六是全部竹简的黑白照片,分别为甲一、甲二、甲三三组,乙一、乙二、乙三、乙四四组及临摹时编成的零组。

四、研究综述

(一)拼连方面

　　竹简的拼合、编联是楚简整理的基础工作。

　　由于楚卜筮简能与传世典籍相印证的部分较之其他简少之又少,没有传世文献的相佐证,研究者们大都不敢妄意编联,从新

---

① 河南省文物考古研究所:《新蔡葛陵楚墓》,页 173,大象出版社,2003 年。

蔡竹简拼合中我们就可以发现这一现象。《新蔡葛陵楚墓》竹简，就其数量而言应该是非常庞大的，但因其残损太严重，没有一支完整的竹简，这给简文的释读及内容的理解带来很大的困难。竹简的编联拼合工作相对来说尤为重要。基于上述原因，新蔡竹简拼合工作并没有如其他出土的竹简那样引起学界的拼合热潮，只有少数专门从事卜筮研究方面的学者做了部分编联拼合。《新蔡》简整理者首先对竹简拼合了 96 例，即《新蔡葛陵楚墓》所附的竹简照片及释文中凡是标有两个以上编号的，便是整理者们所拼合的，如甲三 8.18，即表示甲区三组 8 号简与 18 号简可以拼合编联相读。晏昌贵随后也编联拼合了 12 例[①]，零星对新蔡简做拼合的还有陈伟[②]、徐在国[③]。直到 2007 年三篇学位论文的出现，新蔡竹简的拼合工作才有了一定的进展。宋华强在其博士论文中拼合了 47 处，从形制、契口、文意等方面宋氏有理有据，令人信服。[④]单晓伟拼合 27 处，其中简甲一 5 和简乙一 21.33 拼合的非常好，"［占］之曰：吉，无咎，又（有）敓（祟）见于卲（昭）王、献惠（甲一 5），王、斉（文）君，舉（举）祷于卲（昭）王、献惠王、斉（文）君各一备（佩）玉。辛未之日祷之。（乙一 21.33）"此二简无论从形制还是契口及文意上都很相合。[⑤]邴尚白在其博士学位论文中拼合编联了 50 例，其中有与其他研究者不谋而合的，有赞同其他

①　晏昌贵：《新蔡竹简拼接举例》，简帛研究网 2004 年 2 月 22 日。

②　陈伟：《葛陵楚简所见的卜筮与祷祠》，《出土文献研究》第六辑，上海古籍出版社，2004 年 12 月，34 ～ 42 页。又见《新出楚简研读》，武汉大学出版社，2010 年 3 月，92 ～ 102 页。

③　徐在国：《新蔡葛陵楚简札记》，简帛研究网，2003-12-7；《中国文字研究》第 5 辑页 155，华东师范大学出版社，2004 年。

④　宋华强：《新蔡楚简初步研究》，页 23 ～ 43，北京大学博士学位论文，2007 年 5 月。

⑤　单晓伟：《新蔡葛陵楚墓竹简编连及相关问题研究》，安徽大学硕士学位论文，2007 年 6 月。

学者的,也有独自创新编联的。①

(二)新蔡楚简的编联情况

由于出土新蔡楚简的墓葬在历史上曾受到盗扰,导致竹简残损比较严重。这样一支简会被分成若干段残简,但是同一支简的字体书写风格、宽窄、文意等是不会变的,有很多学者就是根据上述特征作了尝试性的缀合。

陈伟(2004)②

1.☐念(闷),虘(且)瘠(疥)不出,以又(有)瘔(疛)。尚速出,毋为忎(憂)。嘉占之曰:丕(恆)貞吉,少☐(甲三 198.199-2)違(遲)出。(筮卦)或為君貞:以丌(其)違(遲)出之古(故),尚毋又(有)祟。嘉占之曰:無丕(恆)祟。(筮卦)或為君貞:以丌(其)丕(恆)祟之古(故)☐(甲三 112)

2.王遲(徙)於敄(鄩)郢之戌(歲),宫月,己巳畜(之日),諸生以衡☐為君貞:牠(將)逾取蒿(瘇),還(乙一 26.2)返尚☐(零 169)

3.☐各束繪(錦)(零 409)珈璧☐(零 727)

晏昌贵(2004)③

1.乙四 54 +乙四 98 王複于藍郢之 [歲],八月乙卯之日,鄭卜子求(從忄)以弁(從三黽)頁之黽(從咼從崔,蛙)為君三歲貞:……

2.零 165.19 +零 170 +甲三 100 +零 135 齊客陳異至福于王之戌(歲),獻 [馬] 之月,乙嬡(亥)之日,黃佗以交(從言)☐☐

---

① 郎尚白:《葛陵楚简研究》,页 23-65,暨南国际大学中国语文学系博士学位论文,2007 年。

② 陈伟:《葛陵楚简所见的卜筮与祷祠》,《出土文献研究》第六辑,上海古籍出版社,2004 年 12 月;又见《新出楚简研读》,武汉大学出版社,2010 年 3 月。

③ 晏昌贵:《新蔡竹简拼接举例》,简帛研究网 2004 年 2 月 22 日。

为君贞：既背膺疾，以肝疾，以心瘝（悶），为集骹（歲）贞：自……

3. 甲三33＋甲三62.63 齐客陈异致福于王之骹（歲）。献马之月［乙亥之日］，穌则（從炅從黾從匕）以龙雷（從黾）为君卒骹（歲）［之贞］：尚毋又（有）咎。贞無……

4. 甲三27＋乙四102＋零506 齐客陈异致福于王骹（歲）。献［马］之月丁燮（亥）之日，共（從阝）兔（從車）以卫葦为君卒骹（歲）之贞。□（卦、殘）占之□。

5. 甲三20＋乙四105 齐客陈异至（致）福于王骹（歲），献［马］之月，丁燮（亥）之日，奠（鄭）求（從亻）以长葦为君卒骹（歲）贞……

6. 甲三272＋乙四85 齐客陈异致福于王之骹（歲）［献马之月，乙丑之日，共兔以］长葦为君卒骹（歲）贞：居郢，尚毋有咎。兔（從爿）占……

7. 零142＋零584、甲三266、277＋甲三247、274［王徙於鄩］郢之骹（歲），夏［夕之月，乙巳］之日，頵與良志以陵尹懌之膚（從骨）髀为君贞：背膺疾，以腹脹、心悶，卒歲或至……毋有大咎，躬身尚自宜訓（順）。占之：恒贞吉，疾速……

8. 乙一12＋零221.甲三210 王徙於鄩郢之骹（歲），夏夕之月，乙巳之日，頵與良志以陵尹［懌之膚（從骨）髀］为君贞：背膺疾，以腹脹、心悶，卒骹（歲）或至夏夕之月，尚

9. 乙四67＋零103＋甲三219＋甲三117.120 王徙於鄩郢之骹（歲），夏［夕］之月，乙巳之日，泹我（從首）以陵尹懌之大保（寶）家（從宀）为君贞：背膺疾，以腹脹、心悶。既为贞，而效其祝（祟），自夏夕之月以至來（從止）骹（歲）之夏夕，尚毋又（有）大咎。泹我（從首）占之：恒贞吉，亡（無）［咎］。

10. 乙一18＋零117＋零199＋甲二33＋乙一19 王徙於

鄩郢之歲(歲),夏夕之月,乙巳之日,涅我(從首)以陵( )[尹]懌之大保[家]為君貞,背膺疾,以[腹脹、心]悶,尚母(毋)又(有)咎。……自夏夕之月以至來歲(歲)夏夕,尚母(毋)有大咎。涅……

11. 零222＋甲三8.18＋乙四44＋甲三218[句羊]公鄭途[縠]大城茲(從此從阝)邡(方)之歲(歲),夏夷之月,癸嬛(亥)之日,互(從走)敢(從鹵)以宛甿(從餘)為君貞:既在郢,將見王,還返毋有咎。互敢占之:兆無咎。君有……

12. 甲三217＋乙四100. 零532.678齊客陳異致福于王之歲(歲),獻馬之月,乙丑之日,□□□□筮為君貞:居郢,還返至於東陵,尚母(毋)有咎。占曰:兆亡咎。有祝(祟)……

宋華強(2010)①

1. 乙四48＋零651☒之敢甬(用)一元櫥痒(牂),先之☒

2. 零41＋零86☒占之:吉。☒

3. 零681＋零184 [占]之:吉,不瘥☒

4. 零691＋零448☒恆(亟)忻(祈)福於大☒

5. 零327＋零321☒胃疾,以☒

6. 零512＋零48☒禱於亓(其)袏(社)☒

7. 零524＋零44☒里人禱☒

8. 乙二45＋乙二41☒□牁(將)速瘊(瘥),瞿(懼)或瘤,以亓(其)古(故)敚(說)☒

9. 乙三49. 乙二21＋乙二8☒頢(夏)祭肓=(之月),己丑旹=(之日),君疈於答☒

10. 乙二37＋乙二5☒以坪夜君不瘴(懼),怀(背)雁(膺)瘌(膚)疾,瘁(胖)痕(脹),心☒

11. 零686＋零138☒疾,以瘁(胖)痕(脹)☒

---

① 宋華強:《新蔡葛陵楚簡初探》,武漢大學出版社,2010年3月,頁30～43。

12. 乙四 21 ＋零 503 ＋零 700 □城郫立之戠（歲），屈桼□

13. 零 104 ＋甲三 115 □之日,鹽（鹽）眚以黼鼄為坪夜君□

14. 甲三 81.182-1 ＋甲三 171 □一勮（薄）,歸備（佩）玉於二天子各二璧,歸□

15. 乙一 7 ＋乙一 27 □子西君、峇（文）伕＝（夫人）各戠（特）牛□

16. 零 257 ＋乙四 46 □之月,乙嬡（亥）峇（之日）,彭（彭）定以為君駱鼄㠭（卒）戠（歲）貞,占

17. 零 220 ＋乙四 125 □卯峇＝（之日）,以君之窗（躬）身不安之古（故）□

18. 零 125 ＋零 256 □痕（脤）,以百（骼）膌（骨）體□

19. 甲三 204 ＋零 199 王遷（徙）於郫（鄩）郢之戠（歲）,頵（夏）褮峇＝（之月）,癸嬡（亥）峇＝（之日）,彭定以少（小）龍鼄為君貞：怀（背）膺疾,以□

20. 甲三 183-2 ＋甲三 159-3 王遷（徙）於郫（鄩）郢之戠（歲）,頵（夏）褮峇＝（之月）,乙卯□

21. 零 507 ＋零 79 ＋零 142 王遷（徙）於郫（鄩）郢之戠（歲）,頵（夏）□

22. （零 251 ＋零 179）□（恆）貞吉,少连（遲）瘕（瘥）。以亓（其）[故說之]□

23. 零 696 ＋零 32 □西陵之□

24. 甲三 165 ＋甲三 236 □遷（徙）去氏（是）凥（處）也,尚吉。定占之曰：甚吉,晢（幾）之审（中）疾□

25. 零 87 ＋零 570 ＋零 300 ＋零 85 ＋零 593 □句（苟）思（使）坪夜君城□（琮一憎）瘳速瘕（瘥）,敢不速□

26. 甲三 298 ＋甲三 295 □樂之,百（各）之,贛之,祝唬（號）。

27. 零 338 ＋零 24 □亓（其）祉（社）禝、芒祉（社）,命發□

28. 甲三 200 +零 13 ☐各大牢(牢),饋,延(棧)鐘樂之。舉(舉)禱子西君、文夫人各戠(特)牛,饋,延(棧)鐘樂之。定占之曰:吉。氏(是)月之☐

29. 零 306 +甲三 248 ☐痒(胖)痮(脹),膚疾,以念(悶)心,卒(卒)戝(歲)國(或)至来(來)戝(歲)之顕(夏)雺☐

30. 甲三 335 +甲三 251 ☐一禝(稷)一牛,五袿(社)一豬四冢。亓(其)國之寢俈(?)靡芦☐

31. 甲三 400 +甲三 327-1 甸尹宋之述,剬(刉)於上桑丘一豭(豭),禱一冢。

32. 甲三 392 +零 382 墿城一豢,剬(刉)於澮溪☐

33. 零 317 +零 304 蔓丘一冢,剬(刉)於亓(其)舊虛一☐

34. 甲三 366 +甲三 368 +甲三 376 ☐空一冢,剬(刉)於余城一豭(豭),禱一冢。

35. 甲三 378 +甲三 373 +甲三 345-2 茅丘一冢,剬(刉)於逾鹽(醢)一豭(豭)☐

36. 甲三 363 +甲三 364 ☐一袿(社)一豢(豢),剬(刉)於娄芒鄘二豭(豭),禱二冢。

37. 甲三 372 +甲三 369 ☐三袿(社),禱三冢。剬(刉)

38. 甲三 325-2 +甲三 382 馬人二袿(社)二冢,剬(刉)於

39. 甲三 362 +甲三 361.344-2 髡二袿(社)一豬一冢,剬(刉)於鄀戲緅二豭(豭),禱

40. 甲三 282 +零 333 ☐□虛,聿(盡)割以九豭(豭),禱以九犉,剬(刉)以二豭(豭)☐

41. 甲三 337 +甲三 333 ☐部父一豬,某一冢,剬(刉)一☐

42. 甲三 383 +甲三 357.359 +甲三 358 ☐剬(刉)於肴丘、無與二豭(豭),禱二☐

43. 甲三 4 +零 219 ☐大備(佩)玉琳。睪(擇)日於是見(幾)

怠(賽)禱司命、司录(禄)備(佩)玉玅,罜(擇)日於□□

44.乙三43＋乙二11□以少(小)冠簋為君貞:怀(背)雁(膺)疾,以痒(胖)痕(脹)□

45.零121＋甲三29□[既]又(有)疾,尚速瘥(瘥),毋又(有)[咎]。盬(鹽)即□

46.甲三259＋零315王遷(徙)於鄾(鄩)郢之戕＝(之歲),會＝(八月),辛酺(酉)□

47.零158＋零67□[不懌]疠(病)之古(故),公子為□

于莆(2005)①

甲三15.60＋甲三31＋零232可以綴合為這樣一段話(釋文、標點皆據于文):□隹濼栗恐懼,用受繇元龜,巫筮曰:□其繇曰:是日未兌,大言絶絶,小言惙惙,若組若結,終以□□□是以謂之有言。其兆亡咎□

邴尚白(2007)②

1.□[占]之曰:吉,無咎,又(有)敓(祟)見於卲(昭)王、獻惠(甲一5)王、斉(文)君。舉(舉)禱於卲(昭)王、獻惠王、斉(文)君各一備(佩)玉。辛未者＝(之日)禱之。□(乙一21.33)

2.□怀(背)膺疾,以痒(胖)痕(脹),心(甲一13)念(悶),卒(卒)戕(歲)或至顋(夏)祭(栾)(甲二8)育＝(之月)尚毋又(有)咎,窜(窮—躬)身尚自宜訓(順)。定□(乙一9.乙二17)

3.□貞:怀(背)膺疾,以痒(胖)痕(脹),心念(悶)(甲一14)既為貞,而敓(說)丌(其)□(甲二35)

4.□疾,尚速瘥(瘥)。定貞(占)之:巫(恆)貞,無咎。疾逄

① 于莆:《新蔡葛陵楚墓中的繇辭》,《文物》2005年第1期。

② 邴尚白:《葛陵楚簡研究》,暨南國際大學中國語文學系博士學位論文,2007年,頁243～246。

（遅）瘱（瘥），又（有）瘤（續）。台（以）☒（甲一 24）亓（其）古（故）敚（說）之，嬰（舉）禱於卲（昭）王、献惠王各大牢，饋，脽（栈）【鐘樂之】☒（乙一 29.30）

5.☒五宝（主）山各一羒（羖）。（甲二 29 ☒聿（盡）緵（纓）以犱（兆）玉，旟（祈）☒（甲二 10）

6.【句邽公鄭途敫】大☒（城）郬（兹）邠（方）之戡（歲），頷（夏）尿（夷）之月，癸嫚（亥）之日，趄竃☒以肖瞼為（甲三 8.18）君貞：既才（在）郢，牁（將）見王，還返毋又（有）咎。趄竃☒（乙四 44）（与晏昌贵同）

7.☒至師 [於陳] 之戡（歲），十月，壬戌（零 526.甲三 37）之日禅☒（零 190）

8.☒一勔。歸備（佩）玉於二天子各二璧。☐☒（甲三 81.182-1 ＋甲三 171）（与宋华强同）

9.習牢、酉（酒）食，夏死戠（特）（甲三 86）牛、酉（酒）食。嬰（舉）禱於☒（零 1）

10.【今】亦（夜）豊（屢）出，而不良又（有）閌（聞）☒（甲三 101.94 ＋零 401）

11.☒瘥一巳。或以肎薦求亓（其）紫（說），又（有）祝（祟）於大、北（甲三 110）方、司命☒（零 378）

12.戊申多（之夕）以记（起－訖）己（甲三 126.零 95）酌（酉）酓 =（之日）祭之大廂（牢），饋之於黄李。占之：吉。酓☐☒（甲三 304）

13.☒頷（夏）粲音 =（之月），乙（甲三 159-3）卯酓 =（之日），諸 [生]☒（零 130）

14.☒遅（徙）去氏（是）尻（処）也，尚吉！定占之曰：甚（甲三 165）吉，君身☐☒（甲一 8）

15.☒為君貞：怀（背）膺疾，以痒（胖）瘭（脹），心悶（悶），萃

（卒）戢（歲）或至頣（夏）栾（栾）育 =（之月），尚（零 221. 甲三 210）毋又（有）大咎，竆（躳）身尚自宜訓（順）。占之：亙（恆）貞吉，疾速☑（甲三 247.274）

16. ☑競（景）坪（平）王以逾至（甲三 280）吝（文）君。占之曰：吉。☑（甲三 260）

17. ☑吝（文）伕 =（夫人）舉（舉）禱各一備（佩）璧。或（又）舉（舉）禱於墭武君、命（令）尹之子轍各大牢，百☑（乙一 13）☑贛。凡是戊晉（辰）以歙（会）己巳禱之。（甲一 10）

18. 王遷（徙）於敼（鄩）郢之戢（歲），亯月，己巳耆 =（之日），公子虩命謠生以衛篳（乙一 16）為君貞：牺（將）逾取啬（瘻），還返尚毋又（有）咎。生占之曰：壯（兆）[無咎] ☑（甲一 12）

19. 王遷（徙）於敼（鄩）郢之戢（歲），頣（夏）栾（乙一 20）育 =（之月），乙巳（之日），譻（许）定以陵尹懌之大堡（寶）彖為☑（乙二 25. 零 205. 乙三 48）

20. ☑舉（舉）禱子西君、吝（文）伕 =（夫人）（乙二 24.36）各戠（特）牛，饋☑（零 174）

21. ☑壯（兆）無咎（乙三 1）又（有）敓（祟）见於卲（昭）王☑（甲三 128）

22. ☑頣（夏）栾育 =（之月），己丑（之日）（乙三 49. 乙二 21）君﨟於答☑（乙二 8）

23. 以心痵（悶），為集（乙四 7）戢（歲）貞：自☑（零 177）

24. ☑□旟習之以承悳（德），占（乙四 49 ☑曰：吉，無（零 223）咎。又（有）敓（祟）见於卲（昭）王、文☑（甲三 2）

25. 鄺（應）寅以（乙四 79）衜篳忻（祈）福於袂一羊（騂）牡、一熊牡，司祴、司折☑（甲一 7）

26. ☑君、文伕 =（夫人）祝亓（其）大牧（牢），百（乙四 128）之，贛，樂之。辛酉（之日）禱之。□☑（甲三 46）

27. ☑□坅（封）中尚大箮（熟）。占（乙四 136）之,☑箮（熟）,黍箮（熟）□☑（零 415）

28. ☑各大罩（牢）,饋,延鐘（零 13）樂之。舉（舉）禱子西君、文夫人各戠（特）牛,饋,延（棧）鐘樂之。定占之曰：吉。氏（是）月之☑（甲三 200）

29. ☑嫚（亥）之日,魼（零 77.154）鼅（乙四 118）以龙黽為君,羍（卒）戠（歲）之貞：尚毋☑（乙四 103）

30. ☑之日（零 104）鹽脂以黽黽為坅夜君（甲三 115）貞：既肧（背）髀（膺）疾,以韠（肝）疾,以心（甲三 100）疼（悶）,為集戠（歲）貞：自☑（零 135）

31. ☑占之：丞（恆）貞吉,□☑（零 208）☑疾速敗（損）,少迲（遲）恚[瘥]☑（乙三 47）

32. ☑旮 =（之日）禱之。昏 =（氏日）☑（就）（零 290）禱墬（地）宝（主）一㹁。☑（就）[禱]☑（乙三 17）

33. ☑以瘩（胖）痕（脹）（零 328）心念（悶）,羍（卒）戠（歲）或至頭（夏）（甲一 16）祭,毋又（有）大咎。占[之]☑（甲三 155）

34. ☑君七日貞：尚大（零 329）□箮（熟）☑（零 368）

35. ☑樂虞（且）灨之。舉（舉）（零 331-1）☑禱於旮（文）伕 =（夫人）罟宰（牢）,樂虞（且）灨之。舉（舉）禱於子西君罟牢,樂☑（乙一 11）

36. ☑以少（小）龙（零 515）龙蘁（繹）為君貞：以亓（其）啟（肩）怀（背）疾☑（乙四 61）

37. ☑佳（唯）濄（溈—危）栗瓨（恐）瞿（懼）,甬（用）受蒏（縣）元黽（龜）、晉（巫）箮（筮）曰（甲三 15.60）有祱（祟）見于大川有沿。少（小）臣成敬之瞿（懼）☑（零 198.203）

38. □□昭告大川有沿,少（小）臣（甲三 21）成敢甬（用）解

訛（過）懌（釋）懋（憂）若（甲三 61）

39.□瘕（瘝）。以亓（其）古（故）敓（說）之。遨（迻）藍（鹽）
牸之敓（說），饓祭卲（昭）王大牢，脡（桱）鐘樂之。鄭□□（甲三
212.199–3）

单晓伟（2007）①

1. 齊客陳異至（致）福於王之哉（歲）（甲三 272）□肎＝（之
月），丁瞏（亥）□（　零 717）□長篅為君芉（卒）戠（歲）貞：居郢，
尚毋又（有）咎。脕占（乙四 85）之：吉。□（零 41 ＋零 86）

2. □□肎＝（之月），己亥肎＝（之日），起齮［以］（乙四 4）
郞䌶為君貞：才（在）郢，為三月，尚自宜訓（順）也。齮占之：亡
（無）□（乙四 35）

3. 句郳公鄭【途觳】大（城）邸（茲）立（方）之哉（歲），屈瘵
肎＝（之月），癸未肎＝（之日），諆［生］□（乙一 32.23.1）□衢篅
忻（祈）福於秋一羒（駇）牡、一熊牡，司戠、司折（甲一 7）公北、堕
（地）宐（主）各一青義（犧）；司命、司褐（禍）各一勖，與（舉）禱，
屚（厭）之。或□（乙一 15）□客（文）侠＝（夫人）墨（舉）禱各
一備（佩）璧。或（又）墨（舉）禱於墅武君、命（令）尹之子軄各大牢，
百□（乙一 13）

4. 王遲（徙）於敽（鄩）郢之哉（歲），窅月，己巳肎＝（之日），
諆生以衢篅為君貞：牀（將）逾取蒿（瘝），還□（乙一 26.2）返尚□
（零 169）□又（有）敓（祟）見於司命、老嬞（童）、祝雦（融）、（穴）
奮（熊）。癸酡（酉）肎＝（之日）墨（舉）禱□（乙一 22）□於司命
一勖。墨（舉）禱於□（甲一 15）□［祝］雦（融）、空（穴）奮（熊）
各一痒（牂），琝（瓔）之衪（珧）玉。壬唇（辰）肎＝（之日）禱之。（乙

①　单晓伟：《新蔡葛陵楚墓竹简编连及相关问题研究》，安徽大学硕士学位论
文，2007 年 6 月。

一24）

5. 王遲（徙）於敧（郢）郢之戕（歲），肙月，己巳肙＝（之日），公子虩命諸生以衛篁（乙一16）為君貞：牀（將）逾取（瘥），還返尚毋又（有）咎。生占之曰：狈（兆）[無咎]（甲一12）囗[有]敓（祟）見於卲（昭）王、旮（文）君、旮（文）伕＝（夫人）、子西君。是囗（乙一6）囗舉（舉）禱於卲（昭）王大牢，樂之，百，贛囗（乙二1）囗禱於旮（文）伕＝（夫人）刏宰（牢），樂虞（且）贛之。舉（舉）禱於子西君刏牢，樂囗（乙一11）囗贛。凡是戊唇（辰）以敓（会）己巳禱之。（甲一10）

6. 王遲（徙）於龡（郢）郢之戕（歲），頵（夏）祭（乙一20）肓＝（之月），乙巳肙＝（之日），暜（許）定以陵尹懌之大堡（寶）豪為囗（乙二25．零205．乙三48）

7. 王遲（徙）於龡（郢）（零112）囗郢之戕（歲），頵（夏）祭肓＝（之月），癸丑肙＝（之日），君霄於答囗（乙一5）

8. 郢之戕（歲），頵（夏）祭（欒）之月，乙卯之日，鄹（應）嘉以衛厌（侯）之囗（筮）為坪夜君貞：既又（有）疾，尚速瘥（瘥），毋又（有）囗（零112＋甲三114.113）嘉占之曰：吉。（甲三75）

9. 王遲（徙）於龡（郢）郢之戕（歲），頵（夏）祭（欒）肓＝（之月）囗（甲三159-2）囗丑肙＝（之日），彭定以少（小）冤（龙）蕈（繹）為囗（乙三38）囗君貞：既怀（背）雁（膚）疾，以囗囗（乙三22）囗瘑（膚）疾、心念（悶），卒（卒）囗（零215）

10. 王遲（徙）於龡（郢）郢之戕（歲），頵（夏）祭（欒）肓＝（之月），癸丑之[日]囗（甲三299）公子虩命彭定以少（小）冤（龙）聯為君貞：既怀（背）囗（甲一25）疾，尚速瘥（瘥）。定貞（占）之：死（恆）貞，無咎。疾迳（遲）瘥（瘥），又（有）瘑（續）。台（以）囗（甲一24）

亓（其）古（故）敓（說）之，舉（舉）禱於卲（昭）王、献惠王各

大牢,饙,脀(桟)【鐘樂之】□(乙一29.30)□赣,樂之。是日
□(甲三98)

11. 王遏(徙)於郮(郢)郢之戢(歲),頤(夏)祭斉＝(之月),
癸嬡(亥)音＝(之日),彭定以少(小)龙(甲三204)为君贞:
怀(背)膺疾,以□(零199)□【心】疼(閔),尚毋又(有)咎□□(甲
二33)

12. 王遏(徙)於郮(郢)郢之戢(歲),八月,己巳音＝(之日),
盬(鹽)痁以駐薷(電)为坪(平)夜君贞:既心(甲三215)念(閔),
䘚(卒)戢(歲)或至頤(夏)祭(甲三87)

13. 王遏(徙)於墊(郢)郢之戢＝(之歲)□(甲三259)□八
月□(零530)□己巳□(零141)□盬(鹽)痁以駐電为坪夜君□
(甲三115)□贞:既肧(背)髀(膺)疾,以髀(胛)疾,以心□(甲
三100)疼(閔),为集戢(歲)贞:自□(零135)

14. 王遏(徙)於敨(郢)郢之戢(歲),分＝(八月),丁巳音＝(之
日),郷(應)寅以大央(甲三258)□为君贞:既怀(背)雁(膺)
疾,以痒(胛)痕(脹),瘤(膚)□(甲三257)

15. 王遏(徙)於哪(郢)郢之[歲]□(乙四47)□戢(歲),八
月,己未之日,盬(鹽)侁以長□(甲三26)□□箮为君贞:忻(祈)
福於卲(昭)王、献惠王、東(簡)大(烈)王□(甲一21)□舉(舉)
禱備(佩)玉各䑓璜,冊告自斉(文)王以就聖(聲)赳(桓)王,各
束絡(紾)珈璧。(甲三137)□既䚊(皆)告,虔(且)禱巳。(甲
三138)

16. □念(閔),虔(且)瘠(疥)不出,以又(有)瘄(疖)。尚速
出,毋为忑(憂)。嘉占之曰:死(恆)贞吉,少□(甲三198.199–2)
逓(遲)出。(筮卦)或为君贞:以丌(其)逓(遲)出之古(故),尚
毋又(有)祟。嘉占之曰:無死(恆)祟。(筮卦)或为君贞:以丌(其)
無死(恆)祟之古(故)□(甲三112)

17. □之,賡(庚)於競(景)坪(平)王、卲(昭)王□(甲三69)文君逨(就)禱□□□(甲三276)□大單(牢),饋、延(棧)鐘樂之。(甲三261)□競(景)坪(平)王大單(牢),饋、延(棧)鐘樂之。逨(逐)暊(夏)【與良志】□(甲三209)□墨(與)良之敓(說),墨(舉)禱於卲(昭)王、吝(文)□(乙三28)

18. □速瘠(瘥),毋又(有) [咎]。盬(鹽)貼占□(甲三29)□[占]之曰:吉,無咎,又(有)敓(祟)見於卲(昭)王、献惠(甲一5)王、吝(文)君。墨(舉)禱於卲(昭)王、献惠王、吝(文)君各一備(佩)玉。辛未吝=(之日)禱之。□(乙一21.33)

19. □厴(厭)禱一勋。歸備(佩)玉於二天子各二璧。歸(甲一4)備(佩)玉於郋山一珧璜。□□(乙三44.45)

20. □牂,綏(瓔 − 纓)之狀(兆)玉。定占之曰:吉。(甲三170)□巳之昏鳶(薦)賦(且)禱之堕(地)宝(主)。八月辛酉□(乙三60. 乙二13)

21. □解於北方。翠(擇)□(甲三239)方、吝(文)君與帝,□(攻?)解於犬,逨(逐)其定祝(說)。肖=(八月),壬午吝=(之日)鳶(薦)犬(甲三300.307)

22. □吝=(之日)廪(薦)犬一犙,綏(纓)之以狀(兆)玉,旂(祈)之。既成,杠逾而厴(厭)之。氏(是)日國(或)□(甲三111)□廪(薦)三楚先客(各)□(甲三105)

23. □□翠(擇)日於□(零5)□頯(夏)尿、宫月寛(賽)禱大水備(佩)玉狀(兆)。翠(擇)日於屈栾□(乙四43)□□远栾、習尿(夷)寛(賽)禱□(零248)□犬備(佩)玉狀(兆)。翠(擇)日於是見,寛(賽)禱司命、司录(禄)備(佩)【玉】□(甲三4)□備(佩)玉狀(兆)。翠(擇)日於□□(零219)□競(景)坪(平)王以逾至□(甲三280)

24. □一青義(犧),[先]之一璧。墨(舉)禱於堕(地)宝(主)

[一]青義(犧),先之一璧。舉(舉)禱於二天子各瘅(牂)☐(乙二38.46.39.40)☐於北方一犕,先之以☐【一璧】(乙三40)

《简册合集2013》①

1. 齊客陳異至(致)福於王之歲(歲),献馬之月,乙丑之日,☐☐(甲三217)☐竈以龍竈☐(零122)☐為君集歲(歲)之貞,尚毋又(有)咎。占曰:紤(兆)亡(無)咎,君牺(將)喪祂,又(有)火戒,又(有)外☐(乙四122)

2. ☐郪(鄱)郢之歲(歲)(零216)顕(夏)㝵齊=(之月),己丑咅=(之日)(乙三49.乙二21),君☐於答☐(乙二8)

3. 王逓(徙)於郪(鄱)郢之歲(歲),顕(夏)㝵(乙一20)齊=(之月),乙巳咅=(之日),瞽(許)定以陵尹懌之大堡(寶)豪為(乙二25.零205.乙三48)君貞:既怀(背)雁(膺)疾,以☐(乙三22)

4. 王逓(徙)於敫(鄱)郢之歲(歲),顕(夏)㝵齊=(之月),乙巳咅=(之日),昒(夏)與良志以陵尹(乙一12)懌之大堡(寶)豪☐(零117)

5. ☐咅=(之日),瞽(許)定以陵尹懌之大堡(寶)豪為君貞(乙二27)既怀(背)☐(零296)

6. 卯咅=(之日),彭(零108)定以羴(駁)竈☐(甲三157)

7. ☐疾,尚速瘥(瘥)。定貞(占)之:死(恆)貞,無咎。疾逗(遲)瘥(瘥),又(有)瘤(續)。台(以)(甲一24)疾臟,痕(脹)腹,(膚)疾。自顕(夏)㝵齊=(之月)以至各(冬)㝵齊=(之月),聿(盡)七月尚毋又(有)大[咎](乙一31.25)

8. ☐膚疾,瘁(胖)痕(脹),心[悶]☐(乙三35)☐心念(悶),䍗(卒)歲(歲)或至顕(夏)【㝵(栾)】☐(甲一16)

① 武汉大学简帛研究中心、荆门市博物馆编著:《楚地出土战国简册合集》(二),文物出版社,2013年1月。

9.□祭（栾）肯＝（之月）尚□（零 275）□尚毋又（有）咎□（零 93）

10.□嘂（郙）郢之戠（歲），頯（夏）（乙四 16）祭（栾）□（零 379）

11.王遅（徙）於嘂（郙）郢之（乙四 47）戠（歲），八月，己未之日，盬（鹽）佚以長□（甲三 26）

12.王遅（徙）於郙（郙）郢之戠（歲），八月，己巳肯＝（之日），盬（鹽）牁以駣鬲（電）為坪（平）夜君貞：既心［悶］□（甲三 215）□［心］念（悶），卒（卒）戠（歲）或至頯（夏）祭（甲三 87）

13.□盬（鹽）牁以駣電為坪夜君（甲三 115）貞：既怀（背）雁（膺）疾，以□（乙三 51）

14.王遅（徙）於郙（郙）郢之（乙四 2）戠（歲），八□（零 194）

15.髳二祉（社）一猪一豢，酜（旬）於郚豛緅二狖（豭），禱□（甲三 362 ＋甲三 361.344-2）□禱二豕。硅。（乙三 62）

陈剑[①]

句郙公郪（乙一 32）途毂（零 319）大□（城）郚（兹）竝（方）之戠（歲），屈祭肯＝（之月），癸未肯＝（之日），諾［生］□（乙一 23.1）

（二）文字考釋方面

文字考釋工作无疑是簡文整理工作的重中之重。其釋讀的准確与否，直接影响到对簡文的把握，从而影响到利用这些出土材料所进行的其他研究。因此，文字考釋历来都是人们研究的热点，楚卜筮祭祷簡自然也不例外。由于卜筮祭祷簡文能与传世文献相对读的极少，某种程度上加大了文字釋讀的难度，并且簡文的残损程度极为严重（仅包山卜筮祭祷簡为整簡，其余均为

---

① 陈说见宋华强：《新蔡葛陵楚簡初探》，武汉大学出版社，2010 年 3 月，页 400。

残损坏简),这些都在一定程度上影响了卜筮祭祷简的研究进程。尽管如此,学者们的研究成果却也异常丰富。《新蔡葛陵楚墓》[①]2003年正式出版,该书释文大致通畅可读,但由于时间仓促加之工作量极大,简文的释读方面尚待进一步研究。此后研究字词考释的文章层出不穷,其中很多意见都是可信的。徐在国释🔲为"鬼"[②],刘信芳、张新俊极有见地的将🔲释为"早",宋华强在此基础上又将"蒉生"理解为"晚生",整个词语为"晚生早孤"意即生的晚孤的早。[③]"髑髀"两字皆从"骨",它很可能是一种卜骨名,"髑髀"疑当读为表肩胛骨之"髆髀"[④],于成龙则认为"髑髀"用作龟名。[⑤]🔲,袁国华认为是特殊写法的"祟"[⑥];张新俊则认为此字应释为"柰",读作"祟"[⑦]。张氏在《新蔡葛陵楚墓竹简文字补正》中读🔲为"酰",读"郫思"为"期思",读"恚瘥"为"蠲瘥"训"病愈"。[⑧]何琳仪、冯胜君释"🔲"为"虐"。[⑨]新蔡简中有

---

①　河南省文物考古研究所:《新蔡葛陵楚墓》,大象出版社,2003年第1版。

②　徐在国:《新蔡葛陵楚简札记》,简帛研究网,2003-12-7;《中国文字研究》第5辑155页,华东师范大学出版社,2004年11月。

③　宋华强:《试论平夜君成即平夜文君之子》简帛研究网2006/05/26首发。

④　宋华强:《释新蔡简中一个卜骨名》简帛研究网2006/06/25首发。又宋华强:《新蔡葛陵楚简初探》,页157-162,武汉大学出版社,2010年3月。

⑤　于成龙:《楚礼新证——楚简中的纪时、卜筮与祭祷》,页32,北京大学博士学位论文,2004年5月。

⑥　袁国华:《〈新蔡葛陵楚墓竹简〉文字考释》《康乐集》中山大学出版社2006年1月。

⑦　张新俊:《释新蔡楚简中的"柰(祟)"》简帛研究网2006/05/03首发。

⑧　张新俊:《新蔡葛陵楚墓竹简文字补正》,简帛研究网,2004年2月22日;又,《中原文物》2005年4期,页82～84。

⑨　何琳仪:《新蔡竹简选释》,简帛研究网,2003年12月7日;又,《安徽大学学报(哲学社会科学版)》2004年3期,页6。冯胜君:《论郭店简〈唐虞之道〉、〈忠信之道〉、〈语丛〉一～三以及上博简〈缁衣〉为具有齐系文字特点的抄本》,北京大学博士后研究工作报告,2004年8月,页265。

大量的杀牲祭祷的记录,"畹"即是其中一种重要的杀牲行为,该字简文中共出现 60 余次。刘钊、贾连敏、于成龙等先后对此字作过研究,相继将之读为典籍中表示衅礼之"刉"。①新蔡简中"延"及从"延"诸字,陈伟、徐在国、宋华强等对此进行了考证并从李家浩之说,指出简中的"延钟""脡钟""膲钟""醚钟"都应该读为"栈钟",即编钟。②这些都是很有见地的说法,值得我们采用。此外,对个别词语的理解,诸家颇多异议,如鬻熊、穴熊是否为同一人,"大川有泲"的"泲"的所指,"卹 遧(追)"的释读等,后文将详细研讨。

（三）专著方面

吉林大学研究生张胜波硕士学位论文《新蔡葛陵楚墓竹简文字编》③,为我们研究新蔡简提供了极大的便利。该论文在充分吸收学术界最新考释成果的基础上,对新蔡简中字形进行了穷尽性的整理,按照《说文》字头顺序排列,并且附有笔画检索。字形全部用原简照片剪贴,保证了字形的准确度。

2007 年可谓楚卜筮简研究丰收的一年。这一年有 3 本博士学位论文和 2 本硕士学位论文同时探讨了新蔡简。它们分别是北京大学博士研究生宋华强的博士学位论文《新蔡楚简初步研

---

① 刘钊:《释新蔡葛陵楚简中的"畹"字》,简帛研究网,2003 年 12 月 28 日。贾连敏:《新蔡葛陵楚简中的祭祷文书》,《华夏考古》2004 年 3 期,页 98～99。于成龙:《楚礼新证——楚简中的纪时、卜筮与祭祷》,北京大学博士学位论文,2004 年 5 月,页112～114;《释畹——新蔡楚简中的衅礼》,《故宫博物院院刊》2004 年 4 期。

② 陈伟:《新蔡楚简零释》,《华学》第六辑,紫禁城出版社,2003 年 6 月。徐在国:《新蔡葛陵楚简札记(二)》,简帛研究网 2003 年 12 月 17 日;又《从新蔡葛陵楚简中的"延"字谈起》,《简帛》第一辑,页 199～201,上海古籍出版社,2006 年。宋华强《新蔡简"延"字及从"延"之字辨析》,简帛网,2006 年 5 月 3 日。

③ 张胜波:《新蔡葛陵楚墓竹简文字编》,吉林大学硕士学位论文,2006 年 5 月。

究》①,台湾暨南国际大学博士研究生邴尚白的博士学位论文《葛陵楚简研究》②,安徽大学博士研究生袁金平的博士学位论文《新蔡葛陵楚简字词研究》③,吉林大学硕士研究生蔡丽利的硕士学位论文《新蔡葛陵楚墓卜筮简集释》④,安徽大学硕士研究生单晓伟的硕士学位论文《新蔡葛陵楚墓竹简编连及相关问题研究》⑤。可以说这几篇学位论文各有角度,各有所长。其中,最值得推荐的是宋华强的博士学位论文。该论文无论是竹简编联、内容整理还是相关问题的研究探讨,都达到了一定的深度,对一些问题的探讨见解独到。论文论证有理有据,旁征博引,举证翔实,研究新蔡简不能不看宋氏文章。2010 年该论文交付出版⑥,文章内容略有改动,我们所引宋说均据此书。还有一本值得大家参看的有关楚卜筮简的专著,即晏昌贵《巫鬼与淫祀——楚简所见方术宗教考》,该书主要从文化角度论述了楚卜筮简的有关问题,可以参看。2011 年 4 月,吉林大学博士研究生朱晓雪提交了《包山楚墓文书简、卜筮祭祷简集释及相关问题研究》博士学位论文,该论文对包山卜筮祭祷简等有关方面做了集释,相关资料穷尽式收集,很多不易找到的文章朱氏都已收录于文章中,难能可贵。⑦对于集释类的论文能够做到数据完备,这篇论文的价值也就达到

---

① 宋华强:《新蔡楚简初步研究》,北京大学博士学位论文,2007 年 5 月。

② 邴尚白:《葛陵楚简研究》,暨南国际大学中国语文学系博士学位论文,2007 年 5 月。

③ 袁金平:《新蔡葛陵楚简字词研究》,安徽大学博士学位论文,2007 年 5 月。

④ 蔡丽利:《新蔡葛陵楚墓卜筮简集释》,吉林大学硕士学位论文,2007 年 5 月。

⑤ 单晓伟:《新蔡葛陵楚墓竹简编连及相关问题研究》,安徽大学硕士学位论文,2007 年 6 月。

⑥ 宋华强:《新蔡葛陵楚简初探》,武汉大学出版社,2010 年 3 月。

⑦ 朱晓雪:《包山楚墓文书简、卜筮祭祷简集释及相关问题研究》,吉林大学博士学位论文,2011 年 5 月。

了,朱文取舍得当,略加按语,点说精辟,为学者们洞悉包山简研究全貌提供了便利。后朱《包山楚简综述》由福建人民出版社正式出版(2013年12月)。2015年10月,拙作《楚卜筮简文字编》由学苑出版社出版。该著作对新蔡简字形结合其他卜筮简形体,重新编录。2013年,武汉大学简帛研究中心联合河南省文物考古研究所对楚地出土的战国简册重新红外扫描、整理,查漏补缺,为学界提供了一套质量较高的楚简简册新版本,其中武汉大学简帛研究中心、河南省文物考古研究所编著《楚地出土战国简册合集》(二),主要整理了新蔡葛陵楚墓竹简,文中编联审慎,意见选取得当,受到广大学者欢迎。

☐一犬，門一羊☐（甲一2）

王遝（徙）於郬（郢）郢之戠（歲），昷=（八月），丁巳酓=（之日），愴以大央為坪［夜君貞］☐（甲一3）

☐厝（厭）禱一勐。歸備（佩）玉於二天子各二璧。歸☐（甲一4）

☐［占］之曰：吉，無咎，又（有）敓（祟）见於卲（昭）王、獻惠【王】（甲一5）

☐銜箮忻（祈）福於祑一羊（騂）牡，一熊牡，司戬、司折☐（甲一7）

☐吉，君身☐☐（甲一8）

☐又（有）瘥（瘳），躳=（躳身）尚☐（甲一9）

☐贛（戁）。凡是戊唇（辰）以斂（会）己巳禱之。（甲一10）

☐忻（祈）福於北方，舉（舉）禱一備（佩）璧。（甲一11）

為君貞：牁（將）逾取薗（瘽），還返尚毋又（有）咎。生占之曰：㪿（兆）［無咎］☐（甲一12）

☐㤅（背）膚疾，以瘏（胖）痕（脹），心【悶】☐（甲一13）

☐貞：㤅（背）膚疾，以瘏（胖）痕（脹），心念（悶）☐（甲一14）

☐於司命一勐。舉（舉）禱於☐（甲一15）

☐心念（悶），㝅（卒）戠（歲）或至頟（夏）【䄍（禜）】☐（甲一16）

☒既城(成),虘(且)□☒(甲一17)

☒之☒(甲一18)

☒□筸為君貞:忻(祈)福於卲(昭)王、獻惠王、柬(简)大(烈)王☒(甲一21)

☒[占]之:死(恆)貞吉,無咎。疾罷(一)瘨(續)罷(一)巳(已),至九月又(有)良閒(閒)。(甲一22)

☒與賓禱之。(甲一23)

☒疾,尚速瘉(瘥)。定貞(占)之:死(恆)貞,無咎。疾迲(遲)瘉(瘥),又(有)瘨(續)。台(以)☒(甲一24)

☒☒公子虩命彭定以少(小)寵(尨)醅為君貞:既伓(背)☒(甲一25)

☒[樂]之,百之,贛(贛)。舉(舉)禱於子西君戠(特)牛,樂☒(甲一27)

☒痒(牂),绶(纓)之以[䖘(兆)]玉。舉(舉)[禱]☒(甲二2)

☒之☒(甲二3)

☒一☒(甲二4)

☒之日,☒公子虩命彭定以少(小)寵(尨)醅為君貞:既伓(背)☒(甲二5)

王遅(徙)於鄩(鄩)郢之戢(歲),八月,丁巳畬=(之日),盬(鹽)壽君以吳顗(夏)【之】☒(甲二6、30、15)

☒陞(地)宔(主)一痒(牂)。辛彫(酉)□☒(甲二7)

☒[心]悆(悶),卒(卒)戢(歲)或至顗(夏)褮(栾)(甲二8)

☒顗(夏)褮(栾)☒(甲二9)

☒聿(盡)绶(纓)以䖘(兆)玉,旂(祈)☒(甲二10)

☒䝴(匃)☒(甲二11)

☒舉(舉)禱☒(甲二12)

王遅(徙)於鄩(鄩)郢之戢(歲),八=(八月),辛酉畬=(之日),

東☐（甲二14、13）

☐諸生以☐筸為君貞：牆（將）逾【取啬（瘻）】☐（甲二16）

☐以豚（豭）☐（甲二18）

☐虔（且）君必遷（徙）尻（处）安（乃）善。（筮卦）或為君貞☐（甲二19、20）

☐王為坪夜☐（甲二21）

[王徙]於鄩（鄩）郢之戢（歲），亯＝（八月），丁巳音＝（之日），雁（應）寅以少（小）央為【君貞】☐（甲二22、23、24）

☐占之曰：吉。𦘔（盡）亯＝（八月）疾瘤（瘥）☐（甲二25）

繮子之里一豢。☐（甲二27）

☐瘠（疥）不出。今亦（液）豊（屢）出，而不良又（有）閼（間）。（甲二28）

☐五宔（主）山各一𢽤（羖）。☐（甲二29）

☐禱以☐（甲二31）

☐牆（將）為瘨（續）於後☐（甲二32）

☐【心】疗（悶），尚毋又（有）咎☐☐（甲二33）

☐[占]之曰：吉，無咎，速瘤（瘥）。☐（甲二34）

☐既為貞，而敓（說）丌（其）☐（甲二35）

☐𫝀（筮卦）死（恆）生☐（甲二37）

☐樂之。饋祭子西君型☐（甲二38、39）

☐[上]下内外䰠（鬼）神，句（苟）所☐（甲二40）

我王於林丘之戢（歲），九月☐☐（甲三1）

☐[無]咎。又（有）敓（祟）见於卲（昭）王、文☐（甲三2）

☐亡（無）咎。又（有）敓（祟），與龍同敓（祟），见於大☐（甲三3）

☐大備（佩）玉𠦪（兆）。睪（擇）日於是見，寋（賽）禱司命、司录（祿）備（佩）【玉】☐（甲三4）

☐【頵（夏）】柰愲（賽）禱於酓（荆）王以毹（逾）訓（順）至文王以逾☐（甲三 5）

☐坪夜君貞：既☐（甲三 6）

【句邞公鄭途敓】大☐（城）邨（兹）邡（方）之戠（歲），頵（夏）层之月，癸㜎（亥）之日，趄臀以肙噭鷻為☐（甲三 8、18）

☐貞：既疾於肵（背），以䪤（胛）疾，自☐（甲三 9）

☐先，少又（有）外言感也，不為懟（尤）。君牁（將）又（有）志成也☐（甲三 10）

☐昔我先出自㴗遈（追），宅茲泥（沮）、章（漳），台（以）選☐（遷）尻（处）（甲三 11、24）

☐ [恆] 貞吉，義（宜）少疫（瘥），以☐（甲三 12）

☐□罷夜遂先＝（先人）☐（甲三 13）

☐审（中）戠（特）牛，樂之。夤（就）禱☐（甲三 14）

☐佳（唯）湪（為一危）栗忎（恐）矍（懼），甬（用）受謠（繇）元黿（龜），昏（巫）箐（筮）曰☐（甲三 15、60）

☐少（小）臣成速瘥是□☐（甲三 16）

☐凸中無咎，又（有）閟（閒）。☐（甲三 17）

☐衵（兆）亡（無）咎，又（有）蘂（祟）☐（甲三 19）

齊客陳異至（致）福於王戠（之歲），献☐（甲三 20）

☐□昭告大川有汷，少（小）臣☐（甲三 21）

☐㤅（背）膺念（悶）心之疾，㤅（背）膺念（悶）心之疾速瘥速瘟（瘥），黽日癸丑少（小）☐（甲三 22、59）

☐食。昭告大川有汷，曰：於（嗚）唬（呼）哀哉！少（小）臣成募（暮）生早孤☐（零 9、甲三 23、57）

☐【占】之，亡（無）咎，牁（將）又（有）喜。奠（鄭）憲習之以隆（隨）厌（侯）之☐（甲三 25）

☐戠（歲），八月，己未之日，䁂（盬）侸以長☐（甲三 26）

齐客陈异至(致)福於王之㦛(岁),献[马之月]□(甲三27)

□又(有)疾,尚速瘥(瘥),毋又(有) [咎]。盬(盐)贴占□(零121＋甲三29)

□□公城戟之㦛(岁),宫月□(甲三30)

□其繇(繇)曰:昏末兑,大言□＝(绝绝),小言悁悁,若组若结,冬(终)以胃(谓)□(甲三31)

□献马肯＝(之月),[乙] 还(亥)肯＝(之日),鹳喜以定□(甲三32)

齐客陈异至(致)福於王之㦛(岁),献马之月,鮄龜以龙灵为君罕(卒)㦛(岁)[贞]□(甲三33)

□[蔓菭受女]於楚之㦛(岁),远䌛(栾)之月,丁酉[之日]□(甲三34)

□[老] 童、祝觑、穴熊芳屯一□(甲三35)

□大莫嚚为[战]於长城之[岁]□(甲三36)

□至师[於陈]之㦛(岁),十月,壬戌【之日】□(零526、甲三37)

□尚毋又(有)咎。占【之】□(甲三38)

□有瘳,至癸卯之日安(乃)良瘥(瘥)。丌(其)祝(说)與黾(龟)□(甲三39)

□【尚】毋死。占之:㳅(兆)不死。亡(无)祝。(甲三40)

□氏(是)日,彭(彭)定習之以鸣(乌)䍃(簬)□(甲三41)

蔓菭受女於楚之㦛(岁),䚁(远)䌛(栾)肯＝(之月),丁酉肯＝(之日)□(甲三42)

□黄佗占之:㳅(兆)亡(无)咎,未及中見君王□(甲三43)

□又(有)咎。惡(恒)占之:㳅(兆)□(甲三44)

□□之祝(说)。占之:吉。既成。(甲三45)

☑之,贛(贛),樂之。辛酉(之日)禱之。□☑(甲三46)

☑占之:兆(兆)亡(無)咎。(甲三47)

☑占之:君身亡(無)咎。☑(甲三48)

☑至師於陳之戠(歲),十月壬【戌之日】☑(甲三49)

☑禱一□☑(甲三50)

☑㞟㞷之月,己巳旮=(之日),□☑(甲三51)

☑[習]之以牂羖。占之曰:吉。☑(甲三53)

☑月,丁巳之日,洹晳以牂羖為☑(甲三54、55)

☑戠(特)牛,樂之。橐(就)禱戶一羊;橐(就)禱行一犬;橐(就)禱門☑(甲三56)

☑午之日,尚毋瘖(續)。占之:亟(恆)☑(甲三58)

成敢甬(用)解訧(過)懌(釋)懋(尤),若☑(甲三61)

☑尚毋又(有)咎。貞:無【咎】☑(甲三62、63)

☑□少(小)臣成奉(逢)☑(害)戲(虐)☑(甲三64)

☑霝(靈)力,休有成慶,宜爾☑(甲三65)

☑之,☑(賡)於競(景)坪(平)王、卲(昭)王☑(甲三69)

☑☑篆占之曰:吉。(甲三71)

以☑之大肜箸(筮)為君貞:既心疾,以☑(甲三72)

☑占之曰:吉。(甲三73)

☑椯(楷)里一☑(甲三74)

嘉占之曰:吉。(甲三75)

☑霝(靈)君子、戶、步、門,巫☑(甲三76)

☑里一豢;馭(馭)里一豢☑(甲三77)

☑冢☑(甲三78)

☑白。一乘絑(朱)迮(路),驪犧馬。一☑(甲三79)

分=(八月)甲戌旮=(之日)鷹(薦)之。(甲三80)

☑一勮。歸備(佩)玉於二天子各二璧。□☑(甲三81、

182—1＋甲三 171）

☑［祝］鬵（融）、穴［熊］、卲（昭）王、献［惠王］☑（甲三 83）

☑□義（犧）馬。女乘黄以☑（甲三 84）

☑冡（甲三 85）

習牢、酉（酒）食，夏死戠（特）☑（甲三 86）

☑［心］念（悶），辠（卒）戠（歲）或至頯（夏）祭甲三 87）

☑育＝（之日）禱之。（甲三 88）

☑以丌（其）古（故）□□□☑（甲三 91）

☑□於郢之☑（甲三 93）

☑□遅（遲）巳（已），又（有）祝（祟）。以丌（其）古敓（說）之。
☑☑（甲三 96）

☑獵（狙）。□□☑（甲三 97）

☑贛（戇），樂之。是日☑（甲三 98）

☑犧馬。先之以一璧，辺（乃）而逗（歸）之。邎（逐）名（文）
君之祝（說）☑（甲三 99）

☑貞：既肨（背）髀（膚）疾，以鱗（胛）疾，以心☑（甲三 100）

☑【今】亦（液）豊（屢）出，而不良又（有）閞（聞）☑（甲三
101、94＋零 401）

☑之。是日遭（就）禱於☑（甲三 102）

☑泃走（上），舉（舉）☑（甲三 103）

☑廪（薦）三楚先客（各）☑（甲三 105）

☑□□陵□☑（甲三 106）

□貞，七月至冬祭（欒）之月，尚［毋］☑（甲三 107）

簽。……庚申之昏以起（極）辛酉之日禱之。（甲三 109）

☑瘴一巳。或以膏藋求丌（其）祭（祟），又（有）祝（祟）於大、
北【方】☑（甲三 110）

☑育＝（之日）廪（薦）大一牂，缓（纓）之以秕（兆）玉，旎（祈）

之。既成,社逾而厝(厭)之。氏(是)日國(或)☐(甲三111)

迖(遲)出。(筮卦)或為君貞:以丌(其)迖(遲)出之古(故),尚毋又(有)祟。嘉占之曰:無死(恆)祟。(筮卦)或為君貞:以丌(其)無死(恆)祟之古(故)☐(甲三112)

王遷(徙)於鄩(鄩)郢之戢(歲),頣(夏)褒(栾)之月,乙卯之日,鄦(應)嘉以衛医(侯)之簟(筮)為坪夜君貞:既又(有)疾,尚速瘛(瘥),毋又(有)☐(零112+甲三114、113)

☐藍(鹽)瘖以黠竈為坪夜君☐(甲三115)

☐坪夜文君。戊午之昏以☐(甲三116)

☐褒之月以至坕(來)戢(歲)之頣(夏)褒(栾),尚毋又(有)大咎。涎讐占之:死(恆)貞吉,亡(無)咎☐(甲三117、120)

☐甲戌之昏以起(訖)乙亥旮=(之日),廌(薦)之。(甲三119)

☐[平]夜文君各一玉　(甲三121)

☐詠(豭)☐(甲三122)

下贚一豬(狙)。(甲三123)

☐豬(狙)☐(甲三124)

戊申夛=(之夕)以记(起－訖)己[酉禱之]☐(甲三126、零95)

☐□疾,尚速【瘛(瘥)】☐(甲三127)

☐□(訨)。又(有)敚(祟)见於卲(昭)王☐(甲三128)

☐□占之曰:甚吉,女(如)西北　(甲三129)

疾,膾疾,以心痵(悶),尚毋死。與良志☐(甲三131)

☐(筮卦)或為君貞:以亓(其)不安於氏(是)凥(处)也,死(亟)遷(徙)去☐(甲三132、130)

☐肓=(之月),己巳旮=(之日),公子命彭(彭)定以少(小)龙簏為☐(甲三133)

□甲戌與乙亥禱楚先與五山。庚午夕＝（之夕）內齋。（甲三 134）

□□難出，今亦（液）少□（甲三 135）

□璧，以罷禱大牢，饋，脰（棧）鐘樂之，百之，贛（竷）。盬（鹽）倦占之曰：吉。既告，慮（且）□（甲三 136）

□舉（舉）禱備（佩）玉各弊璜，冊告自詧（文）王以就聖（聲）趄（桓）王，各束綿（紟）珈璧。（甲三 137）

□既□（皆）告，慮（且）禱巳。（甲三 138）

□选（先）之一璧□（甲三 142—1）

□尚毋為蚘（尤）。諸生占之□（甲三 143）

□起（訖）己酉（酉）禱之。（甲三 144）

□饋，延（棧）鐘樂之。（甲三 145）

□舉（舉）禱於祆一精□（甲三 146）

□舉（舉）禱於□（甲三 147）

□敓（說）之，舉（舉）禱型□□（甲三 148）

□膺疾，以瘁（胖）痕（脹）□（甲三 149）

□獵（狙），䞕（旬）於葓（蘸）□（甲三 150）

□之顋（夏）祭，毋又（有）大咎。□（甲三 151）

□以衛箅為君□（甲三 152）

□□□□宜少达（遲）慮　（且）□□（甲三 153）

□吉，峚（卒）□（甲三 154）

祭，毋又（有）大咎。占 [之]□（甲三 155）

□脊＝（之月），乙□（甲三 156）

□定以睿（駁）戁□（甲三 157）

□閖（間），峚（卒）戝（歲）無咎。□（甲三 158）

□祝昊（炅）禱之。（甲三 159–1）

王遷（徙）於鄁（鄩）鄲之戝（歲），顋（夏）祭（梥）脊＝（之月）

☑（甲三 159-2）

　　☑頖（夏）柰冑＝（之月），乙卯［之日］☑（甲三 159-3）

　　☑［占之］曰：甚吉，未聿（盡）（八月）疾必瘥（瘥）。（甲三160）

　　☑壬午冑＝（之日），祭卲（昭）王☑（甲三 161）

　　介＝（八月）辛巳夗＝（之夕）歸一璧於☑（甲三 163）

　　☑己未冑＝（之日），以君不懌（懌）之古（故）☑（甲三 164）

　　☑遟（徙）去氏（是）尻（處）也，尚吉！定占之曰：甚【吉】☑（甲三 165）

　　☑舉（舉）禱於二天子各兩痒（牂），瑿（瓔）之以狱（兆）玉。☑（甲三 166、162）

　　☑乘，騟☑（甲三 167）

　　☑彭定☑（甲三 168）

　　☑古（故）敓（說）之。邎（迻）☑（甲三 169）

　　☑牂，缓（瓔－纓）之狱（兆）玉。定占之曰：吉。（甲三 170）

　　☑【之月】癸丑冑＝（之日），彭定以少（小）冠（龙）蘥為☑（甲三 172、乙三 19）

　　☑無咎。疾犀（遲）瘥（瘥）☑（甲三 173）

　　☑一沏（殺），道一豾（貊）□☑（甲三 174）

　　肥陵陳猳之述鉤（勹）☑（甲三 175）

　　☑疠（病）。以亓（其）古（故）敓（說）之。畲（文）君、畲（文）夫人，歸☑（甲三 176）

　　☑［無］咎。又（有）敓（祟）見於大☑（甲三 177）

　　［王徙］於邾（鄩）鄍之戢（歲），介＝（八月），丁巳冑＝（之日），鄉（應）寅☑（甲三 178）

　　☑鉤（勹）於江一豾（貊），禱一冢。（甲三 180）

　　☑璧。占之：甚吉。（甲三 181）

☐司馬蚘逗於甕☐（甲三182-2）

☐女乘，驪☐（甲三183-1）

王遅（徙）於敔（鄩）郢之戠（歲），☐（甲三183-2）

☐□未良瘼（瘥）。（筮卦）或為君貞：以亓（其）不良恚（蠲）瘼之古（故），尚毋又（有）祟。倉占之 （甲三184-2、185、222）

☐占之曰：吉，速☐（甲三187）

☐以亓（其）古（故）敓（說）之。舉（舉）禱楚先老童、祝螎（融）、禤（鬻）酓（熊）各兩羊，旂（祈）[福]☐（甲三188、197）

☐【為】坪夜君貞：既心念（悶）、瘀（胖）痕（脹），以百膧體疾。卜簹（筮）為杠（攻），既☐（甲三189）

☐以至青＝（十月），三月☐（甲三191）

盬（鹽）痁習之以黽黿。占之：吉，不瘇（續）。（甲三192、199-1）

鄆尹羕習之以新承惪（德）☐（甲三193）

☐君貞：既又（有）疾，尚速瘼（瘥），毋又（有）咎。占之：難瘼（瘥）。以☐（甲三194）

☐舉（舉）禱五山衦祟☐（甲三195）

☐時☐（甲三196）

☐念（悶），虞（且）瘠（疥）不出，以又（有）痞（疒）。尚速出，毋為忞（憂）。嘉占之曰：死（恆）貞吉，少☐（甲三198、199-2）

☐各大單（牢），饋，延（棧）鐘樂之。舉（舉）禱子西君、文夫人各戠（特）牛，饋， 延（棧）鐘樂之。定占之曰：吉。氏（是）月之☐（零13＋甲三200）

☐（擇）日於分＝（八月），脡祭競（景）坪（平）王以逾至雺（文）君。占之：吉。既敘（除）之。（甲三201）

☐☐（就）禱子西君戠（特）牛。壬脣（辰）奇＝（之日）禱之。☐（甲三202、205）

王遷（徙）於鄩（鄩）郢之戢（歲），顕（夏）柰育＝（之月），癸嫚（亥）斊＝（之日），彭定以少（小）龙麓▨（甲三 204）

珥、衣裳，虘（且）祭之以一豬（豠）於東陵。占之：吉。（甲三 207）

郷（應）寅習之以大央。占之：□速又（有）閒（閒），無祱（祟）。（甲三 208）

▨競（景）坪（平）王大牢（牢），饋，延（棧）鐘樂之。遯（迻）頣（夏）【與良志】▨（甲三 209）

▨為君貞：伓（背）膺疾，以痒（胖）脹（脹），心念（悶），卒（卒）戢（歲）或至顕（夏）柰（柰）育＝（之月），尚▨（零 221、甲三 210）

▨瘧（瘥）。以亓（其）古（故）敓（說）之。遯（迻）盬（盬）脂之敓（說），饆祭卲（昭）王大牢，腱（棧）鐘樂之。鄭□▨（甲三 212、199-3）

▨戶、門。又（有）祱（祟）见於卲（昭）王、蕙（惠）王、文君、文佚＝（夫人）、子西君。斆（就）禱▨（甲三 213）

▨□斆（就）禱三楚先屯一牂，綅（纓）之兆（兆）玉；斆（就）禱□□▨（甲三 214）

王遷（徙）於鄩（鄩）郢之戢（歲），八月，己巳斊＝（之日），盬（盬）脂以駐蘦（靇）為坪（平）夜君貞：既心［悶］▨（甲三 215）

▨巳斊＝（之日），䚻（许）定以陵尹懌之大堡（寶）豪（家）為▨（甲三 216）

齊客陳異至（致）福於王之戢（歲），献馬之月，乙丑之日，□▨（甲三 217）

占之：兆（兆）亡（無）咎。君又（有）▨（甲三 218）

以陵尹懌之大保豪為君貞：肧（背）膺疾，痒（胖）脹（脹），心念（悶）。既為貞，而敓（奪）亓（其）祱（說），自顕（夏）（甲三 219）

王［徙］於鄗郢之戙（歲），八月，己巳之日，鄭建以□□（甲三223）

王遷（徙）於敔（鄗）郢之戙（歲），頔（夏）祭（杘）肻＝（之月），乙巳肻＝（之日）□（甲三225、零332-2）

瘢（瘥），無咎□□（甲三226）

□於絫（盟）禠（詛）、無□（甲三227）

□之里害（割）以豚（豰）□（甲三228）

還返尚毋又（有）咎。［占］之：狐（兆）亡（無）咎。先□（甲三229）

□又五。凶（使）攻□（甲三230）

□於絫（盟）禠（詛）。無？（與？）□（甲三231）

牁（將）速又（有）閖（閒），無咎無敓（祟）。（甲三232、95）

□郊（葉）少（小）司馬陳覤惄（衍）以白霝（電）為君坪夜君貞：既心疾，以貪（合）於怀（背），虞（且）心疼（悶）□（甲三233、190）

□為坪邺君卜之□（零66、甲三234）

□肻＝（之日），盬（鹽）侁以長剌□（甲三235-1）

□占之：義（宜）速又（有）閖（閒），無咎無敓。（甲三235-2）

吉，凸之审（中）疾□（甲三236）

□舉（舉）禱一乘大逶（路）黃輆，一軡玉罜□□（甲三237-1）

□虞（且）舉（舉）羋（騂）熊□（甲三237-2）

□貞：既怀（背）膺疾，以□（甲三238）

□解於北方。罩（擇）□（甲三239）

□王自肥遺郢遷（徙）於郊（鄗）郢之戙（歲），宮月□（甲三240）

□樂之。占之：吉。…□□（惠王）。良志占之曰□（甲三

241）

☑坪栁文君子良樂赣（赣）☑（甲三 242）

☑之，舉（舉）禱酭（荆）亡酭（荆）單（牢）、酉（酒）食，頙（夏）亡哉（特）牛、酉（酒）食；舉（舉）禱☑（甲三 243）

☐疾，醢疾，以心☑（甲三 245）

☑豪（家）為坪夜君貞：既☑（甲三 246）

☑〔尚〕毋又（有）大咎，窋（躬）身尚自宜訓（順）。占之：死（恆）貞吉，疾速☑（甲三 247、274）

窣（卒）哉（歲）國（或）至杢（來）哉（歲）之頙（夏）檠（夽）☑（甲三 248）

☑一豻（貚），禱一豕。（甲三 249）

王虗二袿（社）一猎（狙）、一豕，毗（勽）於☑（甲三 250）

㔷一襫（稷）一牛，五袿（社）一猎（狙）四豕。亓（其）國（域）之癙偄麿☐☑（甲三 335 ＋甲三 251）

☑狅☑（甲三 252）

☑綬（組）。赫者甫☑（甲三 253）

☑癙（瘥）。以亓（其）古（故）敓（説）之。亯（享）虆（薦）☑（甲三 256）

☑為君貞：既怀（背）雁（膺）疾，以瘇（胖）痕（脹），癙（膚）☑（甲三 257）

王遝（徙）於敆（郼）郢之哉（歲），肖（八月），丁巳㝵＝（之日），鄉（應）寅以大央☑（甲三 258）

王遝（徙）於塈（郼）郢之哉＝（之歲），八月，辛酓（酉）☑（甲三 259 ＋零 315）

☑䢋（文）君。占之曰：吉。☑（甲三 260）

☑大單（牢），饋，延（棧）鐘樂之。（甲三 261）

賓之命＝（命，命）里人禱☑（甲三 262）

鳴父、蔛丘、枯☐(甲三 263)

城再以豢,亓(其)廂☐(甲三 264)

☐迖(遲)恚(蠲)瘽(瘥),又(有)祱(祟)。以亓(其)古(故)敚(説)之。舉(舉)禱☐(甲三 265)

☐旾=(之日),暊與良志以陵尹懌之髗髀為君貞:伓(背)膺疾,以痒(肨)脹(脹),心悆(悶),卒(卒)戢(歲)國(或)至【來歲】☐(零 584、甲三 266、277)

佚占之曰:吉。冊告自吝(文)王以遷(就)聖(聲)趄(桓)[王]☐(甲三 267)

☐返(及)江、灘、沮(沮)、漳,延至於滰(淮)。是=(是日)歊(就)禱楚祧(先)老嫜(童)、祝☐(甲三 268)

☐珥、衣常(裳),虐(且)祭之以一猎(狙)於東陵。占☐(甲三 269)

亡(無)敚(祟),見中又(有)外䘮(喪)。(甲三 270)

☐瀫郚社,大殤坪夜之楚禝(稷),東☐(甲三 271)

齊客陳異至(致)福於王之戢(歲)☐(甲三 272)

☐大邑以牛;中邑以豬(豢);少(小)[邑]☐(甲三 275)

文君遷(就)禱☐☐☐☐(甲三 276)

☐虛,刞(钊)二豬(豭),禱二冢。(甲三 278)

☐刞(钊)於☐(甲三 279)

☐競(景)坪(平)王以逾至☐(甲三 280)

☐城一豬(豭),禱一䍮。(甲三 281)

☐厝(厭)虛,聿(盡)割以九豬(豭),禱以九犉,刞(钊)以二豬(豭)☐(甲三 282 +零 333)

☐旾=(之日),以君之不瘻(懌)也☐(甲三 283)

☐死(恆)貞:無咎,疾,罷(一)瘨(續)罷(一)已。☐(甲三 284)

□里二獵(狙)、三冢。亓(其)國(域)愄三祱(社)□□(甲三285)

□既心念(悶),以疾虔(且)痕(脹),瘥(疥)不[出]□(甲三291-1)

□痕(脹),膚疾,念(悶)心□(甲三291-2)

□[大]莫囂易(陽)為、晉帀(師)戰於長【城】□(甲三296)

王復於藍郢之[歲]□(甲三297)

□樂之,百之,贛(灨)之,祝唬(號)。(甲三298＋甲三295)

王遷(徙)於敔(郚)郢之哉(歲),頾(夏)禜(栾)肻＝(之月),癸丑之[日]□(甲三299)

□方、峇(文)君與喬,□(攻?)解於犬,遜(逐)其正祝(說)。肻＝(八月),壬午(之日)鷹(薦)犬(甲三300、307)

□以髐䯄為坪[夜君]貞:既肧(背)膺□(甲三301-2、301-1)

□(筮卦)尚毋□(甲三302)

□之祝(说)。敦(擇)日於肻＝(八月)之(中),賽禱□(甲三303)

□酓(酉)肻＝(之日),祭之大牖(牢),饋之於黄李。占之:吉。峇□□(甲三304)

□□肻＝(之日)禱之。(甲三305)

□堕(地)宝(主)□(甲三306)

□一祱(社)一獵(狙)。䟏(句)於□□(甲三308)

禜與一狂。(甲三309)

喬尹申之述䟏(句)於趄骨、郳思二豻(貒)□(甲三310)

奠(鄭)視之述䟏(句)於下肜、蒞二豻(貒),禱二狂。(甲三312)

亡夜一獵（狙），賏（刌）於隋（隨）一狢（豭），禱一狂。（甲三 313）

幻（觀）悥（憙）之述賏（刌）於下寀（縈）、下姑留二狢（豭），禱□（甲三 314）

黃宜日之述賏（刌）於焤（新）邑、缶（礪）弞□（甲三 315）

司馬□（录？）之述賏（刌）於獧宗、余乏二狢（豭），禱二［狂］。（甲三 316）

浮□（四）袚（社）□（四）狂，一狢（豭）賏（刌）於桐者□（甲三 317）

□櫏與亓（其）國（域）不視界。（甲三 318）

□西陵與亓（其）國（域）不視界。（甲三 319）

□䛡（許）智，䛡（許）智之述賏（刌）於醒（醓）取三狢（豭），禱三狂。（甲三 320）

舟室一狂，賏（刌）於魚是（氏）一狢（豭），禱一［狂］。（甲三 321）

郕（沈）余穀之述賏（刌）於溫父、鴒二□（甲三 322）

□一狂。（甲三 323）

屈九之述賏（刌）於毛生、𥴩二狢（豭）□（甲三 324）

蓏一犙（豢），賏（刌）於䨣丘、桐棗二狢（豭）□（甲三 325-1）

馬人二袚（社）二𧱓，賏（刌）於□（甲三 325-2＋甲三 382）

下獻司城己之□（隋）人賏（刌）一狂，禱□（甲三 326-1）

□一狢（豭），禱一狂。（甲三 326-2）

□一狢（豭），禱一狂。（甲三 327-1）

□縈、聖二狢（豭），禱二狂。（甲三 327-2）

□夊一狢（豭），禱一狂。（甲三 328）

苟三袚（社）［三］□（甲三 329）

□二袚（社）□（甲三 330）

☑ [睭] 於倉陽一豭(豛),禱一狂。(甲三 331)

☑睭(刉)安一豭(豛),禱一狂。(甲三 332)

☑□郜父一豵(狙),某(梅)一狂,[睭(刉)]一☑(甲三 337＋甲三 333)

聞(關)郳三袿(社)三狂☑(甲三 334)

邑一禝(稷)一牛,五☑(甲三 335)

☑睭(刉)於競(景)方一豭(豛),禱☑(甲三 336)

☑陞一狂。新☑(甲三 338)

☑睪(擇)日於八月之中脭[祭]☑(甲三 339)

☑禱一狂。(甲三 340)

☑□(危)一禝(稷)一牛☑(甲三 341)

[王徙於鄩郢之]戠(歲),介=(八月),丁巳窨=(之日),鹽(鹽)壽君以吳穎(夏)之☑(甲三 342-1、零 309)

☑獻馬肎=(之月),乙還(亥)窨=(之日),盧玭以尨竃為☑(甲三 342-2)

佝(為)已之述睭(刉)於濯脣袿(社)二豭(豛),禱二[狂]。(甲三 343-1)

鈝(舒)羍(羌)之述睭(刉)於上獻、友焚二豭(豛)☑(甲三 343-2)

☑痞,又(有)祱(祟)。以亓(其)古(故)敓(說)之。舉(舉)禱卲(昭)王、文君☑(甲三 344-1)

又(有)咎。痪占之☑(甲三 345-1)

☑酲(醘)一豭(豛)☑(甲三 345-2)

☑豢,睭(刉)於無夜一豭(豛),禱一狂。(乙三 37＋甲三 346-1)

隍(唐)無龍之述睭(刉)於菫丘、弇二豭(豛),禱二狂。(甲三 346-2、384)

毫（亳）良之述朓（勹）於郊于二祍（社）二豧□（甲三 347-1）

閟（閒），陽大宫果之述□（甲三 348）

司城均之述朓（勹）於洛、鄅二祍（社）二豧（豭），禱［二　］□（甲三 349）

箴一獵（狙），朓（勹）於舊虚、祟父二豧（豭）□（甲三 350）

角二祍（社）二狂。（甲三 351）

固二祍（社）一獵（狙）一狂，朓（勹）於郰思虚一豧（豭），禱□（甲三 353）

獻二祍（社）一牛一□（甲三 354）

莆泉一狂，朓（勹）於栗溪一豧（豭），禱一狂。（甲三 355）

愳思為之宵，以徹䣗尹弢與□（甲三 388＋甲三 356）

□朓（勹）於纍丘、無與□（甲三 383＋甲三 357、359）

□二豧（豭），禱二□（甲三 358）

髳二祍（社）一獵（狙）一狂，朓（勹）於邯（邯）匫緵（组）二豧（豭），禱□（甲三 362＋甲三 361、344-2）

□一祍（社）一㺝（豢），朓（勹）於敓芒、廊二豧（豭），禱二狂。（甲三 363＋甲三 364）

□□死（恆）貞，狄（兆）亡（無）咎，疾，罷（一）□（甲三 365）

□空一狂□□（甲三 366）

□某（梅）丘一狂□（甲三 367）

□朓（勹）於余城（甲三 368）

□朓（勹）□（甲三 369）

□述□（甲三 370）

□禱一狂□（甲三 371）

□三祍（社），禱三狂。□（甲三 372）

茅丘一狂，朓（勹）於逾醓（醓）一豧（豭）□（甲三 378＋甲三 373＋甲三 345-2）

箮生一狂,瞗(刉)於疋虢☐(甲三 374、385)

☐梘一狂,新☐☐(甲三 375)

☐一豭(豠),禱一狂。☐(甲三 376)

惻陽一豭(豠),瞗(刉)於竺☐(甲三 377)

☐述瞗(刉)於倎豎一☐(甲三 379)

☐梘寴戔尹☐☐(甲三 380)

☐狂,瞗(刉)於☐(甲三 382)

鄝一狂,瞗(刉)☐(甲三 386)

☐寺二祍(社)二狂,瞗(刉)於高寺一豭(豠),禱一狂。(甲三 387)

☐☐又☐無☐(甲三 389)

☐丘一豭(豠),瞗(刉)經寺一豭(豠),禱一狂。(甲三 390)

奠(鄭)余穀☐(甲三 391)

墼城一狂,瞗(刉)於☐(甲三 392)

南郔一狂,瞗(刉)於☐(甲三 393)

☐一豭(豠)。(甲三 394)

利旃一狂。(甲三 395)

☐祍(社)一狂☐(甲三 396)

夫它一狂,瞗(刉)於☐(甲三 397)

鄐(沈)昱(竪)之述瞗(刉)於舊瘤一豭(豠)☐(甲三 398)

☐狂。(甲三 399)

甸尹宋之述瞗(刉)於上桑丘☐(甲三 400)

☐ [擇] 日於九月鷹(薦)虡(且)禱之。吉。(甲三 401)

☐述瞗(刉)於䍃林釋☐(甲三 402)

潩(瀆)溪一豭(豠),瞗(刉)於習丘、某(梅)丘二【豭(豠)】☐(甲三 403)

☐一豭(豠),瞗(刉)於窮(窮)鷉、解溪三豭(豠)三☐☐(甲

三 404）

☐［三］祀（社）一豲、一猎（狙）、一狂，剈（匀）於麓☐（甲三
405）

邸余二☐（甲三 406）

☐一狂☐（甲三 407）

☐坣丘三豧（貑），禱 （甲三 408）

上郊以豲，剈（匀）於朷一豧（貑）☐（甲三 409）

下蓄一☐（甲三 410）

狂，剈（匀）於上蓄一豧（貑），禱☐（甲三 411、415）

☐之，慭（祈）福，擧（舉）禱斉（文）君大牢，饋之☐（甲三
419）

下郊以豲，□☐（甲三 413）

亳二祀（社）一豲、一猎（狙），剈（匀）於淋☐（甲三 414、412）

☐里☐（甲三 416）

☐狂。（甲三 417）

☐於萉丘一豧（貑），禱☐（甲三 418）

☐之，慭（祈）福，擧（舉）禱斉（文）君大牢，饋之☐（甲三
419）

☐各一痒（牂）☐（乙一 3）

頳（夏）㝐斉＝（之月），己丑［之日］，以君不繹（懌）之古（故），
遭（就）禱陳宗一猎（狙）。壬脣（辰）肴＝（之日）禱之。（乙一 4、
10、乙二 12）

☐郢之戠（歲），頳（夏）㝐斉＝（之月），癸丑肴＝（之日，君霣
於筓☐（乙一 5）

☐敓（祟）见於卲（昭）王、斉（文）君、斉（文）伕＝（夫人）、
子西君。是☐（乙一 6）

☐子西君，斉（文）伕＝（夫人）各戠（特）牛☐（乙一 7＋乙

一 27）

☐室审（中）哉（特）[牛]☐（乙一 8）

肎 =（之月）尚毋又（有）咎，竆（窮一軀）身尚自宜訓（順）。定☐（乙一 9、乙二 17）

☐禱於各（文）伕 =（夫人）型宰（牢），樂虗（且）贛（竷）之。舉（舉）禱於子西君型牢，樂☐（乙一 11）

王遝（徙）於敔（郢）郢之戠（歲），題（夏）柰肎 =（之月），乙巳肎 =（之日），頭（夏）與良志以陵尹[惶]☐（乙一 12）

☐各（文）伕 =（夫人）舉（舉）禱各一備（佩）璧。或（又）舉（舉）禱於塩武君、命（令）尹之子敫各大牢，百☐（乙一 13）

句郱公奠（鄭）余毃大城郱（茲）立（方）之戠（歲），屈柰之月，癸未[之日]☐（乙一 14）

☐公北、塦（地）宔（主）各一青義（犧）；司命、司裑（禍）各一勶，舉（舉）禱，屌（厭）之。或☐（乙一 15）

王遝（徙）於敔（郢）郢之戠（歲），亯月，己巳肎 =（之日），公子虢命諸生以衛篓☐（乙一 16）

題（夏）柰肎 =（之月），己丑肎 =（之日），以君不釋（惶）之古（故），遷（就）禱三楚先屯一痒（牂），瓁（瓔）之扒（兆）玉，壬唇（辰）肎 =（之日）禱之。（乙一 17）

王遝（徙）於敔（郢）郢之戠（歲），題（夏）柰肎 =（之月），乙巳肎 =（之日），湢瞀以陵[尹惶之]☐（乙一 18）

☐自題（夏）柰柰肎 =（之月）以至垶（來）戠（歲），題（夏）柰，尚毋又（有）大咎。湢[瞀]☐（乙一 19）

王遝（徙）於敔（郢）郢之戠（歲），題（夏）柰[之月]☐（乙一 20）

☐王、各（文）君。舉（舉）禱於邵（昭）王、献惠王、各（文）君各一備（佩）玉。辛未肎 =（之日）禱之。☐（乙一 21、33）

☑又（有）敓（祟）见於司命、老嬞（童）、祝䖍（融）、空（穴）禽（熊）。癸酉（酉）㜜＝（之日）㱲（舉）禱☑（乙一22）

☑[祝]䖍（融）、空（穴）禽（熊）各一㹥（牂），瑶（瓔）之㞢（兆）玉。壬㖓（辰）㜜＝（之日）禱之。（乙一24）

王遷（徙）於敔（鄩）郢之㱎（歲），宫月，己巳㜜＝（之日），諸生以衡篿為君貞：㾕（將）逾取茜（瘥），還☑（乙一26、2）

顗（夏）㝮㞆＝（之月），己丑㜜＝（之日），以君不㿝（懌）志（之）古（故），遟（就）禱霝（靈）君子一㹥（牂）；，遟（就）禱門、戶屯一羖；，遟（就）禱行一犬。壬㖓（辰）㜜＝（之日）[禱之。]（乙一28）

亓（其）古（故）敓（說）之，㱲（舉）禱於卲（昭）王、献惠王各大牢，饋，朡（棧）【鐘樂之】☑（乙一29、30）

☑疾瀧，痕（脹）腹，瘑（膚）疾。自顗（夏）㝮㞆＝（之月）以至各（冬）㝮㞆＝（之月），聿（盡）七月尚毋又（有）大[咎]☑（乙一31、25）

句䢅公鄭【途毃】大䵼（城）邸（兹）竝（方）之㱎（歲），屈㝮㞆＝（之月），癸未㜜＝（之日），諸[生]☑（乙一32、23、1）

☑㱲（舉）禱於卲（昭）王大牢，樂之，百，贛（戁）。☑（乙二1）

☑毋又（有）咎。（筮卦）占之曰：吉。宜少遟（遲）瘥（瘥）。以亓（其）☑（乙二2）

☑吉。疾速歑（損），少遟（遲）悳瘥（瘥）。以亓（其）古（故）敓（說）[之]☑（乙二3、4）

瘑（膚）疾，瘁（胖）痕（脹），心[悶]☑（乙二5）

☑戊申以起（訖）己酉（酉）禱之。（乙二6、31）

☑禱於亓（其）袵（社）一㹥（牂）。（乙二7）

☑君䣆於禼☑（乙二8）

☑兩義（犧）馬，以㱲（舉）禱☑（乙二9）

☒乘騅（雀）迻（路），驪[犧馬]☒（乙二 10）

雁（膺）疾，以瘇（胖）痕（脹）☒（乙二 11）

☒䠠（匀）羅丘、霈☒（乙二 14）

☒□一狃☒（乙二 15）

☒衽（社）一豯（豢）。（乙二 16）

☒貞：怀（背）膺疾，以瘇（胖）痕（脹）☒（乙二 19）

☒之，惥（賽）禱人一☒（乙二 20）

☒[司]命一瘁（牂），琠（瓔）之以祔（兆）[玉]☒（乙二 22）

☒兩瘁（牂），琠（瓔）之祔（兆）玉。壬脣（辰）膂=（之日）禱之。（乙二 23、零 253）

☒舉（舉）禱子西君、吝（文）伕=（夫人）☒（乙二 24、36）

☒𦞤=（之月），乙巳膂=（之日）膂（許）定以陵尹懌之大堡（寶）豪為☒（乙二 25、零 205、乙三 48）

☒膂=（之日），膂（許）定以陵尹懌之大堡（寶）豪為君貞☒（乙二 27）

☒□□曰☒（乙二 29）

☒古（故）敓（說）之。遻（逜）彭定之祝（說）於北方一靜（𢥠），先之☒（乙二 30）

☒又（有）大咎，窮（窮一躬）身尚自宜訓（順），定占☒（乙二 35、34）

☒以坪夜君不瘇（懌），怀（背）☒（乙二 37）

☒一青義（犧），[先]之一璧。舉（舉）禱於垈（地）宔（主）[一]青義（犧），先之一璧。垈（舉）禱於二天子各瘁（牂）☒（乙二 38、46、39、40）

☒瘋（續）。以亓（其）古（故）敓（說）☒（乙二 41）

☒亥之日皆禱（薦）之。吉。☒（乙二 42）

☒一豬（狙）☒（乙二 43）

☑肴 =（之日），頤（夏）與良志以☑（乙二 44）

☑□牭（將）速瘥（瘥），戁（懼）或☑（乙二 45）

☑頡（夏）褖肎 =（之月），己丑肴 =（之日）☑（乙三 49、乙二 21）

☑怵（兆）無咎☑（乙三 1）

☑牭（將）速瘥（瘥），無咎無效（祟）。（乙三 2、甲三 186）

☑[不]釋（懌）之古（故），忻（祈）福於司褖（禍）、司裱、司骶各一瘁（牂）☑（乙三 5）

☑箪為君貞：忻（祈）福，舉（舉）禱於☑（乙三 6）

☑禁[麓]濾謑生以長箪為君貞：既☑（乙三 7）

☑□以亣（其）古（故）舉（舉）禱肎（文）☑（乙三 8）

☑禱陛（地）宝（主）一牂。臺（就）[禱]☑（乙三 17）

☑艅（豢）。（乙三 18）

☑白蘿（繹）為坪[夜君貞]☑（乙三 20）

☑絑（朱）遝（路），驪義（犧）馬☑（乙三 21）

☑君貞：既怀（背）雁（膺）疾，以□☑（乙三 22）

☑□鞻之里一豢，鄩里一猵（狙），王☑（乙三 23）

☑祭王孫厝☑（乙三 24）

☑舉，斯（祈）之。（乙三 27）

☑舉（與）良之敓（說），舉（舉）禱於卲（昭）王、肎（文）☑（乙三 28）

☑於蘴（鄩）郢之戠（歲），佾 =（八月），辛酓（酉）之☑（乙三 29）

☑社☑（乙三 30）

☑□□（就）禱三楚[先]☑（乙三 31）

☑或（又）以義（犧）生（牲），璧玉☑（乙三 32）

☑為箸告我悤所取於□☑（乙三 33）

☐膺疾,瘇(胖)瘢(脤),心[悶]☐(乙三 35)

☐求亓(其)縈(祟),又(有)縈(祟)於☐(乙三 36)

☐豢,剔(刉)於無☐(乙三 37)

☐丑肙=(之日),彭定以少(小)冡(尨)纏(繹)為☐(乙三 38)

☐無咎,疾迖(遲)瘑(瘥),又(有)瘲(續)。以亓(其)古(故)敓(說)[之]☐(乙三 39)

☐於北方一耩,先之以【一璧】☐(乙三 40)

☐玉。舉(舉)禱於三楚祙(先)各一羘(牂),琅(瓏)之妼(兆)[玉]☐(乙三 41)

☐飤。是日祭王孫厭一狂,酉(酒)飤(食)。(乙三 42)

☐以少(小)冡纏(繹)為君貞:懷(背)☐(乙三 43)

歸備(佩)玉於郘山一玟璜。□☐(乙三 44、45)

☐霝於肙(文)伕=(夫人)卅=(三十)乘☐(乙三 46)

☐疾速敓(損),少迖(遲)恚[瘥]☐(乙三 47)

☐顕(夏)禜肎=(之月),已丑肙=(之日)☐(乙三 49、乙二 21)

☐生之敓(說),歸一璧☐(乙三 50)

☐貞:既懷(背)雁(膺)疾,以☐(乙三 51)

☐猪(豭),禱二狂。矴。(乙三 52)

☐禱於亓(其)祉(社)一艅(豢)。(乙三 53)

稌室之里人禱☐(乙三 54)

☐猪(豭),禱一狂。(乙三 55)

☐虛二猪(豭),禱二☐(乙三 56)

☐一狂☐(乙三 57)

☐某一猪(豭)☐(乙三 58)

☐剔(刉)一猪(豭)☐(乙三 59)

☑巳之昏鷹（薦）虘（且）禱之堃（地）宔（主）。八月辛酉☑（乙三60、乙二13）

☑[有]瘧（續）。以亓（其）古（故）敚（說）之。

寣（賽）禱北方☑（乙三61）

☑禱二牂。硅。（乙三62）

☑醒（棧）鐘樂之。（乙三63）

☑禱一牂。（乙三64）

☑禱於亓（其）袿（社）一豩（豢）。（乙三65）

王遲（徙）於鄋（鄩）郢之[歲]☑（乙四2）

亓（其）古（故）敚（說）之，舉[禱]☑（乙四3）

☑□齊＝（之月），己亥杳＝（之日），趄醫[以]☑（乙四4）

☑肙＝（八月），己未夗（之夕），以君之疕（病）之[故]☑（乙四5）

以心瘁（悶），為集[歲]（乙四7）

☑貞：既帬（背）膲（膺）疾，以鞾（胂）疾☑（乙四8）

☑渚、沘（沮）、章（漳）迖（及）江迠（上）逾取蒿（蘦）☑（乙四9）

☑□□□□□□既☑（乙四11）

☑一精；臺（就）禱卲（昭）王、蕙（惠）王屯☑（乙四12）

☑禱北方一精，先之一璧。敷（就）[禱]☑（乙四14）

（筮卦）王遲（徙）於鄩郢之戤（歲），頥（夏）夵☑（乙四15）

☑嘟（鄩）郢之戤（歲），頥（夏）[夵之月]☑（乙四16）

☑戁（義？）疫習之以白☑（乙四17）

[句邦]公鄭途[殼大]城邨（茲）竝（方）之戤（歲），屈夵☑（零222＋乙四21＋零503＋零700）

☑尚毋死。占之：不死。（乙四22）

☑[占]之：尣（兆）亡（無）咎。中見君王又（有）亞（惡）於外☑（乙四23）

☑[占]之：甚吉。（乙四24）

☑大留（牢），百☑（乙四25）

☑三楚先、墬（地）宝（主）、二天子、郙山、北☑（乙四26）

☑□疾，死（極）凶（使）郙亥敚（說）於五殜（世）☑（乙四27）

☑[小]臣成敢☑（乙四28）

☑臨爾产毋遆爾☑（乙四30、32）

☑不譽（遷）☑（乙四31）

☑□之黿为君卒（卒）戕（歲）之贞☑（乙四34）

☑[以]郙龜为君贞：才（在）郢，为三月，尚自宜訓（順）也。瞀占之：亡（無）☑（乙四35）

☑兩（？）又五。丁巳之昏以☑（乙四36）

☑卒（卒）戕（歲）贞。占之：㱿（兆）無咎，有☑（乙四38）

☑[卒]戕（歲）之贞：尚毋有咎☑（乙四40）

☑頮（夏）屈、宫月竄（賽）禱大水備（佩）玉㱿（兆）。罕（擇）日於屈柰☑（乙四43）

☑君贞：既才（在）郢，牂（將）见王，還返毋又（有）咎。起瞀☑（乙四44）

☑□白（凶？）文（？）末白（凶）□（仆？），是以胃（謂）之喪祔。駮黿禺（遇）□□□以火□☑（乙四45）

☑之月，乙嬜（亥）昏＝（之日），彭（彭）定以駮黿为君卒（卒）戕（歲）贞。占☑（零257＋乙四46）

王遻（徙）於嘟（郹）郢之[歲]☑（乙四47）

☑之，敢用一元攡痒（牂），先之☑（乙四48＋零651）

☑□鴋習之以承悳（德），占☑（乙四49）

☑無咎無祝（祟）。（乙四50）

☑行，又（有）外霙（喪）。（乙四52）

☑□□禱裪（祠），林（麓）有☑（乙四 53）

王復於藍郢之［歲］☑（乙四 54）

☑篁為君貞：才（在）行，還［返］☑（乙四 55）

☑為孯＝（賢子）款哀告大［司城］☑（乙四 57）

☑□犠、六女☑（乙四 58）

☑司馬之簹（筮）趡（復）惪（德）為君☑（乙四 59）

☑陵，尚毋又（有）☑（乙四 60）

☑尨韁（繹）為君貞：以亓（其）敧（肩）怀（背）疾☑（乙四 61）

☑兩牂。占之：吉☑（乙四 62）

［王復於］藍郢之戗（歲），各（冬）夰斉＝（之月），丁嬛（亥）斉＝（之日），鄭疢以駁藿為君☑（乙四 63、147）

王遟（徙）於鄡（鄩）郢之［歲］☑（乙四 66）

王遟（徙）於鄡（鄩）郢之戗（歲），頴（夏）☑（乙四 67）

（筮卦）辛亥之［日］（乙四 68）

☑少（小）臣成拜＝（拜手）糌＝（稽首），敢甬（用）一元☑（乙四 70）

☑尚自宜訓（順）。定占之：犾（兆）亡（無）咎。☑（乙四 71）

☑祄（社）一豭（豢）。（乙四 74）

☑禱於□鄰之祄（社）一豭（豢）。（乙四 76）

（筮卦）鄉（應）寅以☑（乙四 79）

墬子肥豭（狙）、酉（酒）食，虘（且）☑（乙四 80）

☑禱於亓（其）祄（社）一豭（狙）。（乙四 81）

☑君、墬（地）宝（主）、霝（靈）君子。己未斉＝（之日）弍禱卲（昭）【王】☑（乙四 82）

☑占之：犾（兆）☑（乙四 83）

☑毋有咎。占之曰：死（恆）貞吉，少（稍）逄（遲）☑（乙四

84）

□長篿為君罶（卒）戠（歲）貞：居郢，尚毋又（有）咎。脫占□（乙四 85）

□於陛（地）宔（主）一牂□（乙四 86）

桮里人禱於亓（其）社（社）一豭（豠）。（乙四 88）

□郢一襛（稷）一牛，三社（社）□（乙四 90）

□窔（賽）禱□（乙四 91）

堵父一狅。（乙四 92）

羣丘之□（乙四 94）

□中，君又（有）行，君又（有）子，牰（將）感之弗卹也。（筮卦）習之以衛 [篿] □（乙四 95）

□以籤（兆）玉，刊（荆）王臱（就）禱刊（荆）牢籤；文王以俞（逾）臱（就）禱大牢籤□（乙四 96）

□ [地] 宔（主）與司命禩（就）禱璧玉籤。（乙四 97）

□分 =（八月），乙卯旮 =（之日），鄭卜子怵以鸞（俛）頁（首）之蠆（蠇）為君三戠（歲）貞□（乙四 98）

□□□□禰篿（筮）為君貞：居郢，徼（還）反（返）至於東陵，尚毋又（有）咎。占曰：籤（兆）亡（無）咎。又（有）祱（祟）（乙四 100、零 532、678）

□分 =（八月），丁曼（亥）旮 =（之日），㒸鼿以鄭韋為君罶（卒）戠（歲）之貞。（筮卦）占之（乙四 102）

□以龙黽為君罶（卒）戠（歲）之貞：尚毋□（乙四 103）

□□旮 =（之月），丁嬛（亥）旮 =（之日），奠（鄭）怵以長篿為君罶（卒）戠（歲）貞□（乙四 105）

□八月又（有）女子之賞，九月、十月又（有）外 [喪] □（乙四 106）

□己未旮 =（之日），斢（就）禱三殜（世）之殤□（乙四 109）

☑□（王？）迡（遲）速從邔坙（來），公子見君王，尚慍懌，毋□☑（乙四 110、117）

☑又（有）祱（祟）見☑（乙四 111）

☑邔之古（故），命悆（祈）福☑（乙四 113）

☑鼀☑（乙四 118）

☑霝（靁）□□☑（乙四 119）

☑□不瘻（懌）□（於）☑（乙四 120）

☑君王。定占之☑（乙四 121）

☑為君集戠（歲）之貞，尚毋又（有）咎。占曰：𣦸（兆）亡（無）咎，君牁（將）喪衸，又（有）火戒，又（有）外☑（乙四 122）

☑陵，君身☑（乙四 123）

☑一牂。欻（就）[禱]☑（乙四 124）

☑以君之竆（躬）身不安之古（故）☑（乙四 125）

☑月，辛酓（酉）𠬝＝（之日），西陵執事人台（以）君王☑（乙四 126）

☑一勮，飤之。還（就）[禱]☑（乙四 127）

☑君、文伕＝（夫人）祝元（其）大牷（牢），百☑（乙四 128）

[王]復於藍邔之戠（歲），各（冬）栾𣉺＝（之月），丁嫚（亥）〔之日），黿（龜）尹[丹]☑（零 294、482、乙四 129）

☑龙黿（繹）為君卆（卒）戠（歲）貞。占之□☑（乙四 130）

☑以君之 旻（得）瘄□☑（乙四 132）

☑貞，□占之：𣦸（兆）亡（無）咎。君☑（乙四 133）

☑□薺之囨（牢）沖晉𦥑為酓（熊）相（霜）之敓（昭）告大【司城】☑（乙四 134）

☑狂。硅。（乙四 135）

☑□坪（封）中尚大管（熟）。占☑（乙四 136）

☑斗句逾三豻（貈），禱三狂。未内（入）☑（乙四 137、甲三

360）

☑狂。（乙四 138）

☑一劂。北方祝禱乘良馬，珈（加）璧☑（乙四 139）

☑禱埅（地）宔（主）☑（乙四 140）

東陵黽（龜）尹丹以承國為☑（乙四 141）

☑狂。砝。（乙四 142）

☑思（使）為之求四羍（駍）義（犧）☑（乙四 143）

☑之戠（歲），九月，甲申昏＝（之日），攻差（佐）以君命取惪黽☑（乙四 144）

☑霝（靈）君子祝亓（其）戠（特）牛之禱。奠（鄭）憲占之：枞（兆）☑☑（乙四 145）

☑淲，䀠（勺）二豭（豛），禱☑（乙四 146）

☑丁酉（酉）昏＝（之日），弍禱火、北方屯☑☑（乙四 148）

☑☑簪（筮）於東陵，盟以長刺☑（乙四 149、150）

☑三乘，尚吉。占之：吉。癸未之日☑（乙四 151 ＋零 540）

☑牛、酉（酒）食。舉（舉）禱於☑（零 1）

☑☑熊犧☑☑（零 2）

埅（地）宔（主）以☑☑☑（零 3）

☑田，又（有）祱（祟）見☑（零 4）

☑☑罜（擇）日於☑（零 5）

☑司救返（及）左☑（零 6）

☑亙（恆）貞☑（零 7）

☑脡（棧）鐘☑（零 8）

☑禱之。饋☑（零 10）

大槧（楷）里人禱☑（零 11）

☑所枞者以速，憲（賽）禱☑（零 12）

☑各大罩（牢），饋，延鐘［樂之］（零 13）

☑宜訓(順)。定☑(零14)

☑[司]命一勎☑(零15)

余甕□□□(零16)

☑崒(卒)戗(歲)☑(零17)

☑罚☑(零18)

☑之月,乙卯之☑(零20)

☑禱以☑(零21)

☑[之]日薦(薦)之。(零23)

☑亓(其)祉(社)禝(稷),芒祉(社),命𢵧(發)☑(零338+
零24)

王遅(徙)於郰(郚)☑(零25)

☑痕,以念(悶)☑(零26)

☑顕(夏)紮(柰)☑(零27)

☑中無咎,牀(將)☑(零28)

☑□□□一痒(羊)。輿☑(零29)

中楊里人☑(零30)

☑一牛。(零31)

☑西陵之☑(零696+零32)

冒猶一狂。☑(零35)

□禁之月☑(零36)

☑[有]䌛(祟)見於□□(零38)

☑辰,芓=(小子)夜成(?)☑(零39、527)

☑王大牢,百之,贛(竷)。壬唇(辰)旹=(之日)禱之。(零
40)

☑[占]之:吉。☑(零41+零86)

☑安,陵尹(零42)

☑祉(社)一牛☑(零43)

☑里人禱☑（零 524＋ 零 44）

☑於亓（其）袥（社）☑（ 零 45）

王☐☐見☑（零 47）

☑禱於亓（其）袥（社）☑（ 零 48）

王遬（徙）☑（零 49、62）

☑壬唇（辰）☑（ 零 50）

☑之戠（歲），宫月☑（零 51）

☑又（有）欰（祟）见☑（零 52、54）

☑［占］之：死（恆）☑（零 53）

☑尚毋又（有）咎☑（零 55）

☑狅。☑（ 零 56）

☑王一璧☑（零 57）

☑既成，逾☑（零 58）

☑疾，以☑（零 60）

☑占之曰：吉☑（零 61）

☑尚果见☑（零 63）

☑迒於☐☑（零 64）

☑尚自宜訓（順）☑（零 65）

☑☐疠（病）之古（故），公子為☑（零 158＋零 67）

☑禱於亓（其）☑（ 零 68）

☑占之☑（零 69）

☑之戠（歲）☑（零 70）

☑一熊精、一羊（駵）☐☑（零 71、137）

☑為君貞☑（零 73）

☑☐愆（賽）☑（零 75）

☑此至東☑（零 76）

☑媛（亥）之日，鮋☑（零 77、154）

☑一舿(豢)。☑(零78)

王逃(徙)於郬(鄗)郢☑(零79)

辛未之【日】☑(零80)

☑貞:既☑(零81)

☑狄(兆)亡(無)咎。(零83)

☑命賽尹以(零84)

☑句(苟)思(使)坪夜君城宰(速)瘳速瘥(瘥),敢不速☑(零87＋零570＋零300＋零85＋零593)

☑里人禱於亓(其)袥(社)一☑(零88)

☑君牁(將)又(有)惷(意)【於】☑(零89)

☑才(在)郢,舶☑(零90)

☑夜之里一豢☑(零91)

☑礼(祂)配卿(饗)賜☑(零92)

☑尚毋又(有)咎☑(零93)

有楚之☑(零94)

☑頤(夏)槃(栾)之月☑(零96)

☑翠(卒)歲(歲)☑(零97)

☑豢。亓☑☑(零98)

☑於楚先與五山☑(零99)

☑貞。占之:逃(兆)亡(無)咎,又(有)(零100)

☑昏=(之日),定為公子☑(零101)

為賢子郢果告大司城瘛☑(零102、59)

☑昏=(之月),乙巳昏=(之日),沚晢☑(零103)

☑之日☑(零104)

☑[小]臣成之☑(零106)

☑北宗☑(零107)

卯昏=(之日),彭☑(零108)

之,酉(丙)唇(辰)旮=(之日),台(以)君☐(零109、105)

☐憙(喜),又(有)☐(零110)

☐卲(昭)王、吝(文)君各大牢☐(零111)

[王徙]於鄩郢之戢(歲),旮=(八月),戊☐(零113)

☐于天之若☐(零114)

□(筮卦)是(寔)𣎵(髗)𠝏(壯—創)而(爾)口,亦不為大訽,勿卹,亡(無)咎。☐(零115、22)

堵里人禱於亓(其)[社]。(零116)

☐懌之大堡(寶豢☐)(零117)

☐□豢以新□☐(零118)

☐□王各一大☐(零119)

☐[占之]曰:丞(恆)貞吉。☐(零120)

䶮以龙黿(零122)

☐大造(路)車☐(零123)

與𣶒,㕣中☐(零124)

☐痵(胖)痮(脹),以百☐(零125)

☐以念(悶)☐(零126)

☐槩兄(祝)☐(零127)

無咎無□☐(零128)

☐尚賫(購)之☐(零129)

☐卯旮=(之日),諡[生]☐(零130)

☐□□□楚邦又(有)□☐(零131)

☐□頣(夏)☐(零132)

☐禱於亓(其)☐(零133)

☐□樂☐(零134)

㾕(悶),為集戢(歲)貞:自☐(零135)

☐[占之]曰:宜少☐(零136)

☑瘁(胖)痕(脹)☑(零 138)

☑又(有)惪(憙)☑(零 139)

☑癸☑(零 140)

☑己巳☑(零 141)

郢之戠(歲),頤(夏)[柰之月]☑(零 142)

☑此至☑(零 143)

☑尚毋☑(零 144)

☑☑鄙之☑(零 145)

☑羣(犧)以逑☑(零 146)

☑禱子西君戠(特)牛。壬唇(辰)酓＝(之日)禱之。(零 147)

☑尚敚敀(祛)☑(零 148)

解於犬。豪(就)禱☑之☑☑☑(零 151)

☑一牛☑(零 152)

☑脡(梃)☑(零 153)

☑[平]夜君城貞☑心悶☑☑☑(零 156)

☑司戠☑(零 159)

☑☑☑以長剌☑(零 160)

☑公北☑(零 161)

☑☑禝(社)褼(稷)舼(篆)、山義(犧)☑(零 163)

☑咎。觏愆占☑(零 164)

齊客陳異至(致)福於王之戠(歲),献[馬之月]☑(零 165、19)

☑車,義(犧)馬☑(零 167)

☑里人禱於亓(其)禝(社)☑(零 168)

返尚☑(零 169)

☑之月,乙嬛(亥)之日,黃佗以詨☑☑為君☑(零 170)

☑之日，珤（瑤）☑（零 171）

☑貞：楚邦既☑（零 172）

☑顝（聞）智（知）☑（零 173）

☑各敊（特）牛，饋☑（零 174）

☑簹（筮）以☑（零 175）

☑酉（丙）唇（辰）舍＝（之日）☑（零 176）

☑戠（歲）貞：自☑（零 177）

☑大、北方、楚☑（零 178）

死（恆）貞吉，少（小）迖（遲）瘧（瘥）。以亓（其）[故說之]☑（零 251 ＋零 179）

☑【長】刺為坪☑（零 180）

☑之。占之☑（零 181）

☑頯（夏）蔡（柰）之月☑（零 182）

☑定習之☑（零 183）

☑[占]之：吉，不瘧（續）☑（零 681 ＋零 184）

☑☑為☑☑君一☑☑（零 185）

珤（瑤）命鄅（許）☑（零 187）

☑以一璧。既☑（零 188）

☑思（使）坪夜君城☑（速）瘳速瘧（瘥）☑（零 189）

☑之日褌☑（零 190）

☑咎，疾一☑☑（零 191）

大資，十月☑（零 192）

☑之☑之不歃取於㲋與靠☑（零 193）

☑戠（歲），八☑（零 194）

☑[占]之：死（恆）貞無咎☑（零 195）

☑亓（其）祉（社）一豢（㝮）。（零 196）

而歸之於☑（零 197）

☑有祝（祟）见于大川有泑。少（小）臣成敬之瞿（懼）☑（零198、203）

為君貞：怀（背）膚疾，以☑（零199）

☑頪（夏）凓肯＝（之月），酉（丙）脣（辰）旮＝（之日），陵君（尹）懌☑（零200、323）

☑［占］之：死（恆）貞亡（無）咎，君身少（小）又（有）☑（零201）

☑［占］之：死（恆）☑（零202）

☑女子之慼，又（有）痾疾復（作），不為訧（尤）。訬☑（零204）

☑☑尹丁以長☑（零206）

☑☑、元黿（龜）、簪（筮）、義（犧）牪、珪璧，唯☑☑（零207）

☑占之：死（恆）貞吉，☑☑（零208）

☑［以君］不瘳（懌）病之古（故），祝丁☑（零209）

☑尚毋☑（零210-1）

☑脙（背），以☑（零210-2）

焅良之☑（零211）

☑周墨習之以寅黿☑（零213、212）

［齊客陳異至（致）福於］王之敤（歲），献馬之月，乙睘（亥）之日☑（零214）

☑瘡（膚）疾、心忩（悶），圉（卒）☑（零215）

☑自我先人，以☑（零217）

☑禱二狂。砳。（零218）

☑備（佩）玉仦（兆）。睪（擇）日於☑☑（零219）

☑卯旮＝（之日），以☑（零220），

［句斨］公鄭途［穀］☑（零222）

☑曰：吉，無☑（零223）

☑師賓之□(命)☑(零224)

☑有志□□☑(零225)

☑牛。占☑(零226)

☑毋☑(零227)

☑之古(故),命西陵人☑(零228)

☑一犕,司☑(零229、261)

☑饋之於黃李。占□☑(零230)

☑就禱犬☑(零231)

☑大牢,是以胃(謂)之又(有)言,亓(其)𠦝(兆)亡(無)咎☑(零232)

☑之月,尚☑(零233-2)

☑童首以昬(文)黿為☑(零234)

☑告大司城☑(零235、186)

☑車,鄎(息)公中、大司馬子砋(瑕)、郁(宛)公☑(零236、186)

☑郋山一□☑(零237)

☑速瘛(瘥),起瘋緹命坪夜君☑(零238)

☑羘。砫。(零239-1)

☑□亡(無)不☑(零240)

☑祟,與鼁(龜)同敓(祟)☑(零241)

☑犠。與☑(零242)

祝禱於☑(零243)

☑□白黿☑(零244)

占之:吉。牆(將)☑(零246)

☑□智(知)之☑(零247)

☑□远栾、晉层(夷),寋(賽)禱☑(零248)

☑虩命祝☑(零249)

☑王元□☑（零250）

☑祉（社）一縢（豢）。（零252）

☑[祝]虪（融）、穴酓（熊）。歔（就）禱北☑（零254、162）

☑邉（就）禱文（零255）

☑脯（骨）體☑（零256）

☑之月，乙嬛（亥）肯=（之日）☑（零257）

☑舉（舉）□☑（零260）

☑祭各（零262）

☑丘二狙（豻），禱二☑（零263）

☑戌之☑（零264）

☑祝☑（零265）

☑【司】折、公北、司命、司褙（禍）☑（零266）

☑[夏]簽（栾）肯=（之月），己丑肯=（之日）☑（零267、269）

☑諸生以衢[篙]☑（零268）

☑或篿（迻）彭定之[崇]☑（零270）

☑丁丑肯=（之日），箴（織）尹☑（零271）

☑珥。己未☑（零272）

王遲（徙）☑（零274）

☑簽（栾）肯=（之月）尚☑（零275）

☑以良□☑（零276）

☑悶，兩髊☑（零277）

☑先之各一☑（零278）

☑舉（舉）□□☑（零279）

☑塞累（盟）禱。是=（是日）☑（零281）

☑舊丘，是=（是日）歔（就）禱五祀☑（零282）

☑[元]龜、籛（笼）、義（犧）[牲]☑（零283）

☐旂（祈）之☐（零284）

君貞：既☐（零285）☐

☐自宜訓（順）☐（零286）

☐[樂]之，百（白）之，贛（竷）。以旂（祈）☐（零287）

☐[祝]蠤（融）、空（穴）酓（熊）各☐（零288）

☐為君占☐（零289）

☐肖＝（之日）禱之。昏＝（氏日）臺（就）[禱]☐（零290）

☐匈（胸），所蚾者☐（零291）

☐痕（脤），膚疾☐（零292）

☐☐之，窮（躬）身毌☐（零293）

☐敓（奪）氏（是）祝（說）☐☐（零295）

☐既怀（背）☐（零296）

☐耳（珥）、元黿（黿）、箵（笙）☐☐（零297）

☐又（有）大咎。☐（零298）

☐剉（荆）王、文王以逾至文君。巳（已）解之☐（零301、150）

☐之少多，我伇☐（零302）

☐戠（特）牛。既鷹（薦）之於東陵（零303）

☐自八☐（零305）

☐痒（胖）痕（脤），膚疾，以念（悶）心☐（零306）

☐亡（無）咎。己酓（酉）唇（晨）禱之。（零307）

☐飤䐑（紊）台（以）䐑（紊），飤猎（狙）台（以）【猎（狙）】☐（零308）

☐☐（四）貒（貒），禱☐（四）豕。（零310）

☐[鬐]牌為坪夜☐（零311）

☐於火，臺（就）禱☐（零312）

☐之日祭王孫☐（大？）☐（零313）

☑☑，舉（舉）禱三楚［先］☑（零 314）

☑禱一狂。（零 316）

蔓丘一狂☑（零 317）

睪（擇）日邅（就）［禱］☑（零 318）

☑痒（牂）☑（零 320）

☑疾以☑（零 321）

☑☑占之曰：甚［吉］☑（零 322）

☑瘴（憚）之古（故），邅（就）禱☑（零 324）

☑之戶一戶☑（零 325）

☑己巳之日，觀☑（零 326）

☑☑疾，以☑（零 327）

☑以瘇（胖）痕（脹）☑（零 328）

☑君七日貞：尚大☑（零 329）

丞（恆）貞無咎，迡（遲）瘲（瘥）。以亓（其）【故說之】☑（零 330）

☑樂虡（且）贛（戁）之。舉（舉）（零 331-1）

☑辠，𣓀（勾）以二狄（猭）☑（零 333）

☑二天子屯（零 335）

曰（貞？）：𣥈（兆）亡（無）咎，幾（幾）中☑（零 336、341）

☑楚选（先）☑（零 337）

☑罷（一）已。又（有）祱（祟）☑（零 339）

姑瘤一祍（社）☑（零 340）

☑奠（鄭）余觳☑（零 342）

☑☑一牂。嘉占☑（零 344）

☑☑素（索？）自中𣓀（勾）三☑（零 345）

北𣥈一猲（狙）（零 346）

☑肓＝（之月），壬☑（零 347-2）

☐豻(貒),禱☐(零 348)

☐□一豻(貒),禱一狂。(零 349)

☐王☐(零 350)

☐一勅☐(零 351)

☐於成斗臩☐(零 352)

☐寺、怡☐(零 353)

☐霝君子☐(零 355)

☐寺邵(？)□☐(零 356)

☐瘳(膚)疾☐(零 357)

☐□虞(零 358)

☐頯(夏)□☐(零 359)

戠(歲),頯(夏)桼(柰)[之月]☐(零 360)

☐[昭]王、惠[王]☐(零 361)

☐丘一狂,戠(旬)☐(零 362)

☐敢汩☐(零 363)

☐□君之☐(零 365)

☐[犧]馬☐(零 366)

☐之☐(零 367)

□箮(熟)☐(零 368)

☐為坪夜[君]☐(零 369)

☐白藋☐(零 370)

☐一璧。敓(就)【禱】☐(零 371)

☐君貞,以亓(其)☐(零 372)

☐戠(旬)於□之丘☐(零 374)

☐以少(小)央☐(零 376)

☐□敓敓☐(零 377)

☐方、司命☐(零 378)

[王徙於]鄗(鄗)郢之戢(歲),顕(夏)□(乙四16)綮(桼)□(零379)

□一犃□(零380)

□蒂□(零381)

□濁溪□(零382)

□以牛；丘以□(零383)

□郢之戢(歲)□(零384)

□占之□(零385)

□瘇□(零386)

□吝(文)夫人□(零387)

敓(祟)见於□(零388)

□之：兆(兆)□(零389)

□更□(零390)

□氏楚□(零391)

□□之不懌□(零392)

□獵(狙),瘇(零393)

□□有(侑)禱,安□(零394)

□坪(平)王□(零395)

□吉。既成□(零396)

□珈(加)璧,以□(零397)

□[占之]曰：吉。(零398)

□睭(刉)□(零399)

□二祏(社)一獵(狙)一□(零400)

又(有)閖(闍)為□(零401)

□犬一憿□(零402)

□之古(故),嬰(舉)[禱]□(零406)

□昀一□(零407)

▱君身▱（零408）

▱各束綵（錦）▱（零409）

▱舉（舉）禱▱（零410）

▱西陵▱（零411）

▱［占］之曰：死（恆）貞▱（零412）

▱宔（主）□▱（零413）

▱戠（歲），屈禜之［月］▱（零414）

▱之，箮（熟），黍箮（熟）□▱（零415）

▱鴿藍▱（零416）

▱肎＝（之所）以▱（零417）

▱育＝（之月），酉（丙）▱（零418）

畬，少（小）又（有）□▱（零419）

▱□於氏尻（処）▱（零420）

王復於藍［郢之歲］（零421）

▱速▱（零422）

▱肙＝（八月），癸丑之［日］▱（零423）

▱見於大▱（零426）

▱又（有）［敓見］於司▱（零427）

▱又▱（零428）

▱［司］命，老童▱（零429）

▱祍（社）二猎（狙）▱（零430）

▱之戠（歲）九月乙卯育＝（之日）▱（零431）

▱告大［司城］▱（零432）

▱大帀（師）□□▱（零433）

▱□未良▱（零434）

蟲（蛾）一▱（零435）

▱卲（昭）王，□▱（零436）

☑死（恆）貞☑（零437）

☑不為☑（零438）

☑☑之，祝禱於□□□（零439）

☑又（有）良閒（間）☑（零440）

☑豜（豭）☑（零441）

☑禱門、戶☑（零442）

☑□☑（零：443）

☑卲（昭）王、文☑（零445）

☑□子☑（零446）

☑懌（懌）之古（故），為☑（零447）

☑簭（筮）恆（恆－亟）忻（祈）福於大☑（零448、零691）

☑之宝，奠（鄭）☑（零450）

☑旮=（之日）瞶（皆）告虘（且）禱之。（零452）

☑占之：君☑（零453）

☑□君身以☑（零454）

□豕里☑（零455）

☑長箁☑（零456）

□（為？）□（靈？）☑（零457）

☑[占之]曰：吉。□☑（零458）

☑□之馘（歲）☑（零459）

☑□定占之：㳄（兆）亡（無）☑（零460）

大□以☑（零461）

☑亓（其）舊☑（零462）

☑□吉日宔亓（其）☑（零463）

☑杠☑（零465）

焚二☑（零466）

☑大薫白☑（零467）

☑大咎。占之☑（零468）

☑瘇（膚）疾☑（零469）

☑牢□□☑（零470）

☑猒☑（　零471）

☑㤅（作），不為忧（尤）☑（零472）

☑陞以☑（零473）

☑可志☑（零474）

☑疼（悶），尚☑（零475）

北宗各一□☑（零476）

☑□禱☑（零477）

☑□☑（零478）

☑［之］戢（歲）□☑（零479）

☑□□之疾牸（將）速瘳（瘥）☑（零481）

☑以□豪□☑（零483）

☑窒（速）塞（賽）☑（零484）

☑咎，又（有）敓（祟）☑（零485）

☑祏（社）一㺉（豢）。（零486）

☑㐱（兆）無咎。又（有）☑（零487）

☑□□☑（零488）

☑速☑（零489）

箸（筮）為坪夜君☑（零490）

☑念（悶），卒（卒）戢（歲）國（或）至☑（零492）

☑無敓（祟）。（零493）

☑以☑（零494）

☑之戢（歲），冬㸑（栾）之月☑（零496）

☑［占］之，㐱（兆）亡（無）咎，見中□□☑（零497）

王遷（徙）於鄩（鄩）郢［之歲］☑（零498）

☑君、文夫人☑（零499）

☑☑☑☑（零500）

☑馬臤☑（零501）

☑☑☑君☑（零502）

☑之甬☑（零504）

☑占之☑（零506）

☑王自☑（零505）

王遷（徙）☑（零507）

☑敢不速☑（零508）

☑狂。（零509）

☑狂。砫。（零510）

☑吝（文）君☑（零511）

☑禱於亓（其）社（社）☑（零512）

☑戠（歲）無☑（零513）

☑瘲☑（零514）

☑以少（小）龙☑（零515）

□尹申☑（零516）

☑□一牛。（零517）

☑吝＝（之日）禱之。□☑（零518）

☑占之曰☑（零519）

☑［無］咎無祱。（零520）

☑戠（歲），尚□又（有）☑（零521）

☑□子西君於☑（零523）

☑□一狂☑（零528）

椺（楷）里☑（零529）

☑八月☑（零530）

☑於亓（其）社（社）一䑇（豭）。（零531）

☑之，祝禱於☑（零 533 ）

☑鰧（豢）。（零 534 ）

☑戊午之☑（零 535、704 ）

☑牢☑（零 537 ）

☑兩牂☑（零 538 ）

箮里☑（零 539 ）

☑未肴＝（之日）☑（零 540 ）

☑☑☑（零 541 ）

☑辛酌（酉）肴＝（之日）☑（零 542 ）

☑日，尚毋瘟（續）☑（零 543 ）

☑占☑（零 544 ）

☑於文王以☑☑（零 546、687 ）

☑☑☑☑（零 547 ）

☑辛☑（零 548 ）

☑☑☑（零 549 ）

☑☑☑☑（零 550 ）

☑敓。（零 551 ）

☑狟（猳），攻☑（零 552 ）

☑一牂☑（零 553 ）

☑以☑（零 555 ）

☑尹丹以☑（零 556 ）

☑☑☑與☑（零 557 ）

☑以義（犧）☑（零 559 ）

☑ [祝] 曍（融）、穴熊、卲（昭）[王] ☑（零 560、522、554 ）

☑之神☑（零 561 ）

☑☑☑☑（零 562 ）

☑畑☑（零 563 ）

☑氵□☑（零564）

☑氵□☑（零565）

☑☑☑☑（零566）

☑☑☑☑（零567）

☑占之☑（零568）

☑坪夜君☑（零570）

☑怀（背）疾☑（零571）

☑[陽]無龍☑（零572）

☑一☑（零573）

☑☑☑☑☑（零574）

☑癸☑（零575）

☑☑☑☑（零576）

☑巳☑（零577）

☑☑☑☑☑（零578）

☑[王]徙於䣓（鄩）郢之☑（零580、730）

☑☑☑（零581）

☑與☑（零582）

☑貞☑（零583）

☑☑☑（零585）

☑一瘥（恙）,瑗（瓔－纓）☑（零587、598、569）

☑一狂。（零588＋零650）

☑與□之[祟]☑（零589）

☑之日☑（零590）

☑☑☑（零591）

☑占之☑（零592）

☑☑☑☑（零594）

☑牛□☑（零595）

☑里人☑（零 596）

☑之☐占☑（零 597）

☑☐天☐弞☑（零 599）

☑食☑（零 601）

☑宗、霝 [君子] ☑（零 602）

☑之☑（零 603）

☑☐☑（零 604）

☑☐☑（零 605）

☑☐☑（零 606）

☑☐☐☑（零 607）

☑狂☑（零 608、613）

☑一牛☑（零 609）

☑☐☐☑（零 610）

☑☐☐☑（零 611）

☑☐貞☑（零 612）

☑悳☑（零 614）

☑☐☑（零 615）

☑☐☐☑（零 616）

☑咎☐☑（零 617）

☑禱於亓（其）祉（社）☑（零 618）

☑☐☑（零 620）

☑☐☑（零 621）

☑☐☑（零 622）

☑☐☑（零 623）

☑见於☑（零 624）

☑☐之日☑（零 625）

☑尚毋☑（零 626）

☑四☑☑（零627）

☑狂（零628）

☑王　備（佩）☑（零629）

☑瘝（膚）☑☑（零630）

☑☑☑（零631）

☑君（零632）

☑藍（零633、634）

☑☑☑（零636）

☑☑☑（零637）

☑☑臛☑（零638）

☑呇（文）君，辛☑（零640）

☑樂☑（零641）

☑喜☑（零642）

☑占☑（零643）

☑☑☑☑（零644）

☑☑曰☑（零645）

☑☑☑☑☑（零646）

☑☑☑☑☑（零647）

☑一☑☑（零648）

☑☑☑☑（零649）

☑敢甬（用）☑（零651）

☑可之☑☑☑（零652）

☑☑☑（零653）

☑☑☑（零654）

☑二狂☑（零655）

☑☑☑（零656）

☑☑又☑（零657）

☑☑☑☑☑（零 658）

☑☑☑☑☑（零 659）

郗（蔡）☐☑（零 660）

☑顇（夏）☑（零 663）

☑☐君至☑（零 664）

☑☐疾☑（零 665）

☑祭王☑（零 666）

☑☐☑（零 667）

☑城☑（零 668）

☑☑☐☑（零 669）

☑王復於☑（零 670）

☑☐☑（零 671）

☑☑☐☑（零 672）

☑☐☐☐☑（零 673）

☑獵（狙）☑（零 674）

☑王，文☑（零 676）

王遷（徙）☑（零 677）

☑自☐☑☑（零 679）

☑☐☐☑（零 680）

☑☐☐☐☑（零 681）

☑砡☑（零 682）

☑☐☑（零 683）

☑☐☑（零 684）

☑尚☑（零 685）

☑疾，以☑（零 686）

☑☐☑（零 688）

☑與禱☑（零 689）

☐[於]大,遠(就)禱☐（零690）

☐忻(祈)福☐（零691）

☐又(有)☐☐（零692）

☐三羊(羳)☐☐（零693）

☐☐☐☐☐（零694）

☐☐☐☐☐（零695）

☐☐之☐（零696）

☐☐☐（零697）

☐之以☐（零698）

☐☐☐☐（零699）

☐☐栾☐（零700）

☐☐☐☐（零701）

☐☐☐（零702）

☐☐☐☐（零703）

☐☐☐☐☐（零705）

☐☐☐☐（零706）

君☐☐☐（零707）

☐以君☐（零708）

☐☐☐☐（零709）

☐☐☐☐（零710）

☐☐☐☐☐（零711）

☐☐☐☐（零712）

☐沘☐（零713）

☐☐☐（零714）

☐☐☐（零715）

☐☐☐☐（零716）

☐肯＝（之月),丁睘(亥)☐（零717）

☑亓(其)社(社)☑(零718)

☑一冢。☑(零719)

☑之,祝☑(零720)

☑☑☑☑(零721)

☑☑☑(零722)

☑以☑(零723)

☑☑☑(零724)

☑☑☑☑(零725)

☑☑☑(零726)

☑珈璧☑(零727)

☑☑☑☑(零728)

☑☑☑☑(零729)

☑郳☑(零731)

☑☑☑☑(零732)

☑以☑(零733)

☑鳶(薦)☑(零734)

☑之戕(歲)☑(零735)

☑☑☑☑(零736)

☑☑☑☑☑(零737)

☑以☑☑(零738)

☑☑☑☑(零739)

☑☑☑(零740)

☑君貞☑(零741)

☑兄☑☑(零742)

☑☑☑☑(零743)

☑豪☑(零744)

☑☑☑☑(零745)

第三章　　集　释

凡　例

1.《新蔡葛陵楚墓卜筮简集释》中所收录的卜筮简文字,均来源于大象出版社 2003 年出版的《新蔡葛陵楚墓》一书。

2. 每一例集释都按《新蔡葛陵楚墓》原书编号,相同辞例列为一例。

3. 给出的原释文【　】中为笔者根据文中相同辞例所拟加。

4. 每例集释按作者发表时间先后顺序排列。按语附其后。

5. 本书参考文献收录至 2018 年 12 月 31 日。

6. 另有一些与《新蔡》简相关的学术文章,由于它们与笔者所写的"卜筮祭祷"内容关联不大,故未收入。由于此类文章与《新蔡》简内容有关,为了便于他人进一步研究,现暂列于参考文献之后。

〖 以事纪年 〗

甲一：3 ▢王遷（徙）於鄢（鄩）郢之戠（歲），

甲二：6、30、15 王遷（徙）於鄢（鄩）郢之戠（歲）

甲二：14、13 王遷（徙）於鄩（鄩）郢之戠（歲）

甲二：22、23、24 ▢［王徙］於鄢（鄩）郢之戠（歲）

甲三：114、113 ［王徙於］鄢（鄩）郢之戠（歲）

甲三：26 ▢【王遷（徙）於鄢（鄩）郢之】戠（歲）

甲三：159–2 王遷（徙）於鄢（鄩）郢之戠（歲）

甲三：178 ［王徙］於鄩（鄩）郢之戠（歲）

甲三：183–2 王遷（徙）於鄢（鄩）郢之戠（歲）

甲三：204 王遷（徙）於鄢（鄩）郢之戠（歲）

甲三：215 王遷（徙）於鄢（鄩）郢之戠（歲）

甲三：221 王遷（徙）於鄢（鄩）郢之戠（歲）

甲三：223 王【遷（徙）】於嘵（鄩）郢之戠（歲）

甲三：225、零 332–2 王遷（徙）於鄢（鄩）郢之戠（歲）

甲三：258 王遷（徙）於鄢（鄩）郢之戠（歲）

甲三：259 王遷（徙）於塑（鄩）郢之戠（之歲）

甲三：299 王遷（徙）於敼（鄩）郢之戠（歲）

甲三：342–1、零 309 ［王徙於鄢郢］之戠（歲）

乙一：5 【王徙於鄢】郢之戠（歲）

乙一：12 王遷（徙）於敼（鄩）郢之戠（歲）

乙一：16 王遷（徙）於敼（鄩）郢之戠（歲）

乙一：17 【王徙於鄢郢之歲】

乙一：18 王遷（徙）於敼（鄩）郢之戠（歲）

乙一：20 王遷（徙）於郬（鄩）郢之戜（歲）

乙一：26、2 王遷（徙）於敔（鄩）郢之戜（歲）

乙一：28 王遷（徙）於郬（鄩）郢之戜（歲）

乙二：25、零 205、乙三 48 王遷（徙）於郬（鄩）郢之戜（歲）

乙三：29【王徙於】敔（鄩）郢之戜（歲）

乙三：49、乙二 21 王遷（徙）於郬（鄩）郢之戜（歲）

乙四：2 王遷（徙）於郬（鄩）郢之［歲］▨

乙四：15 王遷（徙）於敔（鄩）郢之戜（歲）

乙四：16 王遷（徙）於郬（鄩）郢之戜（歲）

乙四：47 王遷（徙）於嘷（鄩）郢之［歲］

乙四：66 王遷（徙）於郬（鄩）郢之戜［歲］

乙四：67 王遷（徙）於郬（鄩）郢之戜（歲）

零：25 王遷（徙）於郬（鄩）［郢之歲］▨

零：49、62 王遷（徙）【於郬郢之歲】

零：51【王徙於郬郢】之戜（歲）

零：79 王遷（徙）敔（鄩）郢［之歲］

零：112 王遷（徙）於【郬郢之歲】

零：113［王徙］於郬（鄩）郢之戜（歲）

零：142［王徙於郬］郢之戜（歲）

零：216［王徙於］敔（鄩）郢之戜（歲）

零：274 王遷（徙）於［郬郢之歲］

零：498 王遷（徙）郬（鄩）郢［之歲］

零：507 王遷（徙）【於郬郢之歲】

零：580、730［王徙］於郬（鄩）郢之【歲】▨

零；667 王遷（徙）【於郬郢之歲】

宋定国、贾连敏（2000）𩜹，从“邑”，“𣀦”声。“𣀦”应从“支”“𧰼”，与包山简“𨛪”应为一字异体。“𨛪”地名。“𨛪郢”与文献中的"鄀郢"、"陈郢"包山简中的"蓝郢"等同类。在"郢"前冠以地名,这些地名非一般城邑,可能是一些别都。①

整理者(2003)王徙于鄩郢之岁,出现最为频繁当系墓主死亡下葬之年,或前一年。②

刘信芳(2003)据简文月份干支的配合,在楚悼王和肃王时期,只有楚肃王四年(前377)能与之全部相合。③

何琳仪(2004)"鄩郢"简文大约出现30余条。《说文》"鄩,周邑也。从邑寻声。"地望有三:周地、卫地、齐地。本文倾向卫地。凡楚王驻跸之处皆可称"郢"。④

李学勤(2004)王徙于鄩郢之岁,是公元前377年,就是楚肃王四年,为墓下葬的年代。⑤

晏昌贵(2006)墓葬的年代明确,即楚肃王四年,公元前377年。⑥

罗运还(2006)整理者的释文正确。鄩郢,是等级较高的楚别都,即汉代的寻阳县今湖北黄梅县西南。⑦

---

① 宋定国、贾连敏《新蔡"平夜君成"墓与出土楚简》,《新出简帛研究—新出简帛国际学术研讨会论文集》,页12-25,2004年12月,文物出版社。本文为2000年8月北京大学·达穆斯大学·中国社会科学院主办《新出简帛国际学术研讨会》论文。

② 河南省文物考古研究所:《新蔡葛陵楚墓》,大象出版社,2003年。下文同出者,不再一一作注。

③ 刘信芳《新蔡葛陵楚墓的年代及相关问题》简帛研究网2003年12月17日首发,后发表于《长江大学学报》第27卷第1期,2004年。

④ 何琳仪:《新蔡竹简选释》,《安徽大学学报》(哲学社会科学版)2004年5月,2003/12/7网上首发。下文同出者,不再一一作注。

⑤ 李学勤《论葛陵楚简的年代》《文物》2004年第七期

⑥ 晏昌贵《新蔡葛陵简"上逾取禀"之试解》,《新出楚简国际学术研讨会会议论文集(郭店简·其他简卷)》2006年6月武汉大学简帛研究中心等编。

⑦ 罗运环《葛陵楚简郢考》《新出楚简国际学术研讨会会议论文集(郭店简·其他简卷)》2006年6月武汉大学简帛研究中心等编。

刘彬徽（2007）楚历建丑,据张培瑜《中国先秦史历表》推算,简文此年即公元前 398 年(楚悼王四年)。[①]

武家璧（2009）通过推算历法,"敔(鄩)鄢之岁"是楚悼王四年,即公元前 398 年。[②]

按 "郏"新蔡简字形作"⿰⿱"（新蔡·甲三·393）与"⿰⿱"等形体相差甚远。新蔡简"敔"有多种形体,如"⿰⿱"（新蔡·甲三·183-2）、"⿰⿱"（新蔡·甲三·223）,或累增意符"邑"作"⿰⿱"（新蔡·零·79）,或增加"艹"旁作"⿰⿱"（新蔡·乙三·29）。从"邑"旁的形体不是很清晰,包山简另有"⿰⿱"（《包山 12》）,或更换意符"土"旁"⿰⿱"（新蔡·甲三·259）,或累增意符"邑"作"⿰⿱"（新蔡·甲二·6、30、15）,或增加"火"旁作"⿰⿱"（新蔡·甲二·14、13）。《说文》:"鄢,周邑。"《左传·昭公二十三年》:"二师围郑。癸卯,郊、鄢溃。"杜预注:"河南巩县西南有地名鄢中。郊、鄢二邑,皆子朝所得。"简文"鄢鄢"当为楚都之一。诸家对"鄢鄢"地望各有倾向,但都无十分有力的证据,吴良宝认为其地望就目前现有材料还不能确定。[③]"敔(鄩)鄢"亦见于《清华简〈楚居〉》中,[④]"敔(鄩)鄢之岁"是楚悼王四年,即公元前 398 年,已由清华简《楚居》证实。[⑤]

甲三：42 蔓莪受女於楚之戠(歲)

甲三：34[蔓莪受女]於楚之戠(歲)

邴尚白（2007：105）受女于楚,应指至楚"逆女",即迎娶的

①　刘彬徽:《葛陵楚墓的年代及相关问题的讨论》,《楚文化研究论集》,长沙:岳麓书社,2007 年 9 月,页 377 ～ 378。

②　武家璧:《葛陵楚简历日"癸嬛"应为"癸巳"解》,《中原文物》,2009 年第 2 期。

③　吴良宝:《战国楚简地名辑证》,武汉大学出版社,2010 年 3 月,页 62 ～ 64。下文同出者,不再一一注明。

④　李学勤主编:《清华大学藏战国竹简(壹)》,中西书局,2010 年 12 月,页 182。

⑤　李学勤:《清华简〈系年〉及有关古史问题》,《文物》,2011 年第 3 期。

意思。①

按 "萋荃"或为小诸侯国。

甲三：36 大莫囂旇（昜）为 [戬（戰）] 於長城之 [歲]

甲三：296 [大] 莫囂昜（陽）為、晉帀（師）戬（戰）於長【城】

整理者（2003：190）甲三 36 补"戬"字。②

李学勤（2004）"旇"读为"阳"，"阳为"。人名。楚有阳氏，出于穆王。"阳为"又见于曾侯乙墓 1 号简作"旇（阳）像（为）"。"阳为"和"晋帀（师）"之间当点断，"戬"读为"战"。结合屬羌钟铭文，"[大] 莫器昜（阳）为、晋帀（师）戬（战）于长【城】"应该是楚声王四年，即公元前 404 年。③又根据清华简《系年》认为昜（阳）为与晋帀（师）这次战役实际发生在公元前 423 年。④

何琳仪（2004）"戬"读为"狩"。"长"之后补"城"。"长城"又见于晋器屬羌钟。《水经·汶水注》："晋烈公十二年，王命韩景子、赵烈子及翟员伐齐，入长城。"战国前期三晋和楚都曾染指齐地。⑤

邴尚白（2007：94）屬羌钟铭文"入齐，伐长城"是指魏文侯"东胜齐于长城"，据文献记载，该年代很可能是魏文侯四十六年（前 400 年），简文年代应为公元前 400 年或前 399 年。⑥

---

① 邴尚白：《葛陵楚简研究》，暨南国际大学中国语文学系博士论文，2007 年，页 105。下文同出者不再一一注明。

② 河南省文物考古研究所：《新蔡葛陵楚墓》，大象出版社，2003 年第 1 版，页 190。

③ 李学勤：《论葛陵楚简的年代》，《文物》2004 年第 7 期。

④ 李学勤：《清华简〈系年〉及有关古史问题》，《文物》，2011 年第 3 期。

⑤ 何琳仪：《新蔡竹简选释》，《安徽大学学报》（哲学社会科学版）2004 年 5 月，2003 年 12 月 7 日网上首发。

⑥ 邴尚白：《葛陵楚简研究》，暨南国际大学中国语文学系博士论文，2007 年，页 94。

宋华强（2010：123）根据学者研究，楚简用以纪年之事往往是上一年发生的，故简文年代应定为楚声王五年，即前 403 年。

按 新蔡简出现最多的纪年是"王遷（徙）于郪（郢）郢之戠（岁）"。该年年代已被清华简证实为楚悼王四年，即公元前 398 年。由此，李学勤先生认为"易（阳）为与晋帀（师）这次战役实际发生在公元前 423 年"，是最为合理的。

甲三：49 至（致）師於陳之戠（歲）

零：256、甲三：37 至（致）師 [於陳] 之戠（歲）

整理者（2003）简文纪年中的致师与文献中的楚悼王"北并陈、蔡、郯三晋"有关。

邴尚白（2007：105）至师即"致师"，据《周礼》郑注认为"致师"即挑战。

宋华强（2010：399）《左传·僖公二十八年》："乡役之三月，郑伯如楚，致其师"杜预注："致其师者，致其郑国之师，许以佐楚也。"简文意为"楚国因某种缘故向陈地派遣军队"。

《简册合集（二）》（2013:55）据梁玉绳《史记疑志》："陈灭于楚惠王三十一年，蔡灭于惠王四十二年，何待悼王始并之，此与蔡泽传同妄，而实误仍秦策也"认为，根据《史记》等相关文献并不能确定本简所记之事的年代是楚悼王时期。而简文的"陈"同样不能确定是陈国还是灭于楚之后的陈国故地。若指陈国，"致师"意可为引敌出战；若指被灭后的陈国故地，"致师"可理解为"集合军队"。[①]

按 诸多意见中，《简册合集》意见更为合理：因简文残断，没有完整语境，无法断定"陈"具体所指，这就决定了

---

① 武汉大学简帛研究中心、河南省文物考古研究所编著：《楚地出土战国简册合集》（二），北京：文物出版社，2013 年 1 月，页 55。下文同此书者，不再一一注明。

"致师"一词的理解,"致师"发生在哪一年,具体含义,还需更多材料进一步左证。

甲三:1 我王於林丘之戠(歲)

郦尚白(2007:106)"我王"与"王"的称谓不同,或与境内、境外的区别不同。或"林丘"并非位于楚国境内,故加"我"以表明。

何琳仪(2004)"林丘"读为"廩丘"。《史记·赵世家》:"救魏于廩丘,大败齐人。"在今河南范县东南。

郦尚白(2007:106)认为"楚王至廩丘"于文献无证。《史记》赵世家所言"救魏于廩丘"说的是赵国军队救魏,并非楚国军队。

按 简文"我王于林丘之岁"与简文"王遷(徙)于鄗(鄢)郢之戠(岁)""齐客陈异至福于王之戠(岁)""王复于蓝郢之[岁]"句式略有差异。后三句"于"前均冠动词,而"我王于林丘之岁"的"于"前没有动词。这里需要考虑两个问题,一个是"于"的性质,一个是"于"前是否脱落动词,关于这两个问题,内容稍复杂,将另文详细讨论。

甲三:297 王復於藍郢之[歲]

乙四:54 王復於藍郢之[歲]

零:294、482 乙四:129[王]復於藍郢之戠(歲)

乙四:63、147[王復於]藍郢之戠(歲)

零:421 王復於藍[郢之歲]

按 "蓝郢"又见于包山楚简"王廷于蓝郢之游宫"(包山·7)。包山整理者认为,"蓝郢或许在蓝县一带"[1],或可理解为楚陪都之一,但与文献中的"蓝尹"无关[2]。

甲三:20 齊客陳異至(致)福於王之戠(歲)

① 湖北省荆沙铁路考古队:《包山楚简》,文物出版社,1991年10月第一版,页40。
② 吴良宝:《战国楚简地名辑证》,武汉大学出版社,2010年3月,页58。

零: 165、19 齐客陈异至(致)福於王之戠(岁)

甲三: 33 齐客陈异至(致)福於王之戠(岁)

甲三: 27 齐客陈异至(致)福於王之戠(岁)

甲三: 217 齐客陈异至(致)福於王之戠(岁)

甲三: 272 齐客陈异至(致)福於王之戠(岁)

零: 214 □ [齐客陈异至(致)福] 於王之戠(岁)

"至(致)福"早在《包山楚简》中就已出现。包山简整理者引用《礼记·少仪》:"为人祭曰致福。"[1]

李家浩(2001)古人认为吃了祭祀过的酒肉可以得福,故"致胙"或"归胙"又叫作"致福"。[2]

《十四种》(2009)同意包山简整理者意见。《礼记·少仪》:"为人祭曰致福。"郑注:"摄主言'致福',申其辞也。"孔疏:"为人摄祭而致饮胙于君子也。其致胙将命之辞曰'致福'也,谓致彼祭祀之福于君子也。"邵吉代替邵佗祷祀,将牲肉带回给邵佗,称作"致福"。[3]

按 包山楚简中有"东周之客響(许)綟逯(归)厦(作—胙)于蔵郢之戠(岁)"(包山·212)。"至福"与"归胙"当同,即祭祀用过的牲肉。

甲三: 8、18[句郛公鄭途毂]大戭(城)邸(兹)郍(方)之戠(岁)

乙一: 14 句郛公奠(鄭)余毂大城邸(兹)立(方)之戠(岁)

乙一: 32、23、1 句郛公奠(鄭)【途毂】大戭(城)邸(兹)立

---

① 湖北省荆沙铁路考古队:《包山楚简》,文物出版社,1991 年 10 月第一版,页 55。

② 李家浩:《包山祭祷简研究》,《简帛研究二〇〇一》,广西师范大学出版社,2001 年 9 月。

③ 陈伟主编:《楚地出土战国简册"十四种"》,经济科学出版社,2009 年 9 月,页 105。本文简称《十四种》,凡引此书者,不再一一注明。

（方）之祱（歲）

乙四：21【句邽公奠（鄭）余殼大】城邨（兹）竝（方）之祱（歲）

《挖掘简报》（2002）"公"即"县公"。"句邽公"即句邽之县公。"大城"意为"大规模建城"。"邨并"读作"兹方"，地名。《史记·楚世家》："肃王四年，属伐楚，取兹方"《正义》：荆州松滋县古鸠兹地，即楚兹方是也。①

整理者（2003：183）简文年代应在楚肃王四年之前，即悼王末年。

何琳仪（2003）"邨"疑为从"邑"，从"盂"省，可直接隶定作"邘"字。"句邘"疑读"皋浒"。《左传》注云"皋浒，楚地"。②

邴尚白（2007：92）根据上三组简文所记月份、干支，查公元前400至377年间的历法，可以排入的有前400、390、388、387、379、378六个年份。楚国加强边防，可能在楚国进攻前不久，故此绝对年代似以楚肃王二年或三年（前379年或前378年）的可能性最大。

苏建洲（2008）"邨"应分析为从邑"血＋丂"声，疑读为"亶"，"句邨公"读作"句亶公"。"句亶"，楚地名，学者或以为在今湖北宜城县南境。③

甲三：30 □公城鄩之祱（歲）

宋华强（2010：399）整理者所释"鄩"，其所从"寻"旁与其他简"敽"所从"寻"旁有异。葛陵简"泉"字写法与"鄩"下所从相似，疑简文此字从邑、鼏声之字。

---

① 河南省文物考古研究所、河南省驻马店文化局、新蔡县文物保护管理所：《河南新蔡平夜君成墓的发掘》，《文物》2002年第8期。

② 何琳仪：《新蔡竹简地名偶识———兼释次方并戈》，《中国历史文物》2003年第6期。

③ 苏建洲：《楚简文字考释四则》，简帛网2008年11月8日。

按　该简释为“鄗”更为合理，简文的“鄗”与“王徙于鄩郢之岁”之“鄩郢”有关，或为一处之地。

〖纪月〗

【型(荆)层】

甲三：51 型(荆)层之月

零：248 型(荆)层

【夏层】

甲三：8、18 頣(夏)层之月

乙四：43 頣(夏)层

【亯月】

甲三：30 亯月

甲三：240 亯月

乙一：16 亯月

乙一：26、2 亯月

乙四：43 亯月

零：51 亯月

宋定国、贾连敏(2000.8)“亯(享)月”，楚“六月”名。[①]

陈伟(1996)楚八月为颛顼历五月；楚夏栾之月又作楚七月为颛顼历四月；楚享月又写作纺月为颛顼历三月。[②]

李守奎(2001)楚简中楚月名頣栾之月在秦简中写作七月为颛顼历四月，楚简中楚月名八月在秦简中写作八月为颛顼历五

① 宋定国、贾连敏《新蔡“平夜君成”墓与出土楚简》,《新出简帛研究—新出简帛国际学术研讨会论文集》，页 12-25，2004 年 12 月，文物出版社。本文为 2000 年 8 月北京大学、达穆斯大学、中国社会科学院主办“新出简帛国际学术研讨会”论文。

② 陈伟:《包山楚简初探》，1996 年 8 月，武汉大学出版社。

月,楚简中楚月名享月在秦简中写作纺月为颛顼历三月。[1]

【夏柰(七月)】

甲三:107 七月至冬柰(柰)之月

甲三:5 颓(夏)柰

甲三:114、113 颓(夏)柰之月

甲三:299 颓(夏)柰之月

乙一:31、25 颓(夏)柰之月

零:200、323 颓(夏)柰之月

甲三:204 颓(夏)柰(柰)之月

乙一:12 颓(夏)柰(柰)之月

【八月】

甲二:6、30、15 八月

甲二:22、23、24 亼=(八月)

甲三:26 八月

甲三:80 亼=(八月)

甲三:215 八月

零:530 八月

【九月】

乙四:106 九月

甲三:1 九月

甲三:401 九月

零:431 九月

乙四:144 九月

【十月】

零:256、甲三:37 十月

---

① 李守奎师:《江陵九店楚墓〈岁〉篇残简考释》《古籍整理研究学刊》2001 年第3 期。

甲三：49 十月

乙四：106 十月

【献马】

甲三：33 献马之月

甲三：217 献马之月

零：214 献马之月

【冬柰】

甲三：107 冬褅（柰）之月

乙一：31、25 冬　褅（柰）之月

乙四：63、147 冬　褅（柰）之月

零：294、482 乙四：129 冬　褅（柰）之月

零：496 冬　褅（柰）□

【屈柰】

乙四：43 屈柰□

乙一：14 屈褅（柰）之月

乙一：32、23、1 屈褅（柰）之月

零：414 屈褅（柰）之【月】

【远柰】

甲三：34 远褅（柰）之月

甲三：42 覾（远）褅（柰）之月

零：248 远褅（柰）

按　“屌”，不见于《说文》。楚月名“啙（荆）屌”在云梦睡虎地秦简《日书》中写作“刑夷”，秦简中“屌”字或作“夷”，或作“尸”。[1]经典文献中有“荆尸”一语，辞例有二。《左传·庄公四年》“四年春王三月，楚武王荆尸，授师孑焉，以伐

① 王胜利：《再谈楚国历法的建正问题》，《文物》，1990 年 3 期，页 67～68。

随。"《左传·宣公十二年》:"荆尸而举,商农工贾不败其业,而卒乘辑睦,事不奸矣。"《左传》中的"荆尸"与楚卜筮简中的"晋(荆)屄"是否都指楚月名还有待进一步探讨,可参看诸家意见。①楚简中"屄"所出现的语言环境单一,新蔡简文中只有"晋(荆)屄"、"夏屄"两种辞例,其他楚简中少见,若出现也基本都是以上两种辞例,均指楚月名。由此可知,"屄"是表示楚月名"晋(荆)屄"、"夏屄"的专字。根据睡虎地秦简,或可推断,楚卜筮简中"屄"曾由"尸"承担过一部分义项,"屄"是"尸"的分化字,"示"旁兼具表音作用,成为表示楚月名的专字。清华简有辞例"惧其主,夜而入屄,抵今曰崇"(清华一·楚居5),根据《楚居》可知,"屄"是"祭名"。楚之月名"荆屄"、"夏屄"等,得名之由都可能与此祭祀相关。②

"崇",不见于甲骨文。春秋晚期金文作"▆"(晋篙钟),铜器铭文作"隹(唯)晋(荆)篙(历)屈崇晋人救戎于楚境。"③铜器铭文中明确说明"屈崇"乃楚历纪月,也就是楚月名,但奇怪的是该铜器铭文没有纪年,因与本文关联不大,故不作详细讨论。另有一金文形体"▆"(大市量,战国中期,楚国),因字形残损,《新金文编》为谨慎起见,该字形未收于"崇"字头下。④吴镇烽将此字

———————————

① 曾宪通:《楚月名初探——兼谈昭固墓竹简的年代问题》,《中山大学学报》,1980年第1期;于豪亮:《秦简〈日书〉记时记月诸问题》,《云梦秦简研究》,中华书局,1981年,页355;李学勤:《〈左传〉"荆尸"与楚月名》,《文献》,2004年4月第2期,页17～19;王红亮:《〈左传〉之"荆尸"再辨证》,《古代文明》,2010年10月第4卷第4期,页58～66。

② 李守奎、肖攀:《清华简〈系年〉文字考释与构形研究》,上海:中西书局,2015年11月,页141。

③ 此处采用宽式隶定,详见吴镇烽:《商周青铜器铭文暨图像集成》(第二十七卷),上海古籍出版社,2012年9月,页82。

④ 董莲池:《新金文编》,作家出版社,2011年10月,页35。

隶作"栾"①；李守奎师很有灼见地将此字收于"栾"字形体中②。
楚卜筮简"栾"的形体或作"栾"（新蔡·甲三·114、113）、
或作"栾"（新蔡·甲三·117、120），"栾"虽残，但"栾"的基本
笔画还是能看出来的。"大市量"铜器铭文"滕公昭者果跖秦
之岁，颜（夏）栾之月，辛未之日，工佐竞之上以为大市铸征雁首"
（本处采用宽式隶定），年月日均有，典型的楚历法程序，"栾"目
前所能见到的语言环境中，除一例用于地名（坪夜）用字外，其余
全部出现在楚月名语境中（夏栾、冬栾、屈栾、远栾），字形比对加
上辞例卡定，因此将"栾"释为"栾"是不误的。云梦睡虎地秦简
《日书》中，"秦楚月名对照表"凡楚简中出现"栾"的位置，秦简
中则或书"夕"、或作"夷"、或作"尸"。因与"栾"有关，此处简要
谈谈"亦"和"夜"形体。"亦"甲骨文作"亦"（合 20957）、"亦"（合
21844），金文作"亦"（亦车矛，商）、"亦"（毛公旅方鼎，西周早期）。
"夜"西周甲骨文作"夜"（H11：56，西周），金文作"夜"（启卣，西
周早期）、"夜"（伯中父簋，西周中期），楚文字作"夜"（包山·206）、
"夜"（郭店·老甲·八）。"夜"本是从夕亦声的形声字，③由此，夜、
亦是可通用的。楚卜筮祭祷简中有"坪夜君"，其中"夜"或作"夜
（麦）"（包山·206）、或作"夜（夜）"（新蔡·零·490）、或作"栾
（栾）"（包山·203）。

　　1975 年，云梦睡虎地出土了秦简《日书》，④其中详细记录了
秦楚月名对应关系，如下：

　　十月楚冬夕，日六夕十

---

　　① 吴镇烽：《商周青铜器铭文暨图像集成》（第三十四卷），上海古籍出版社，2012
年 9 月，页 267。

　　② 李守奎：《楚文字编》，华东师范大学出版社，2003 年 12 月，页 16。

　　③ 裘锡圭：《文字学概要》（修订本），北京：商务印书馆，2013 年 7 月，页 122。

　　④ 睡虎地秦墓竹简整理小组编《睡虎地秦墓竹简》，文物出版社，1990 年 9 月，页
191。

十一月楚屈夕,日五夕十一

十二月楚援夕,日六夕十

正月楚刑夷,日七夕九

二月楚夏屎,日八夕八

三月楚纺月,日九夕七

四月楚七月,日十夕六

五月楚八月,日十一夕五

六月楚九月,日十夕六

七月楚十月,日九夕七

八月楚爨月,日八夕八

九月楚献马,日七夕九

列表于下。

月序		正	二	三	四	五	六	七	八	九	十	十一	十二
		十月	十一月	十二月	正月	二月	三月	四月	五月	六月	七月	八月	九月
楚	秦简所记	冬夕	屈夕	援夕	刑夷	夏屎	纺月	七月	八月	九月	十月	爨月	献马
月	楚简所记	冬柰	屈柰	远柰	型屎	夏屎	亯月	夏柰	八月	九月	十月	奥月	献马

楚历岁首问题纠结了学术界几十年[①],目前学界基本赞同

---

① 主要讨论见朱晓雪:《包山楚简综述》,福建人民出版社,2013 年 12 月,页 745 ～ 750。

"酅(荆）尻"为岁首①,但还有很多问题不能很好解决,尚待新材料进一步研究。新蔡简共有九条大事纪年,为方便读者,我们将纪年中出现的纪月列表如下。

1. 蔞莕受女於楚之戠（歲）

纪月	覩(远)禀(栾)	远禀(栾)
纪日	丁酉	丁酉
出处	甲三 42	甲三 34

2. ▨至師於陳之戠（歲）

纪月	十月	十月
纪日	壬戌	壬戌
出处	甲三 49	零 526、甲三 37

3. 我王於林丘之戠（歲）

纪月	九月
纪日	
出处	甲三 1

4.[王] 復於藍郢之戠（歲）

纪月	酓(冬)栾	酓(冬)栾

---

① 陈伟:《包山楚简初探》,武汉大学出版社,1996 年 8 月,页 8;刘乐贤:《九店楚简日书补释》,《简帛研究》第三辑,南宁:广西教育出版社,1998 年,页 83～95;邴尚白:《楚历问题综论》,《古文字与古文献》试刊号,楚文化研究会筹备处,1999 年,页 146～187;李家浩:《包山祭祷简研究》,《简帛研究二○○一》,广西师范大学出版社,2001 年 9 月,页 25～36;晏昌贵:《巫鬼与淫祀——楚简所见方术宗教考》,武汉:武汉大学出版社,2010 年 3 月,页 41～61。

续表

纪日	丁燹（亥）	丁燹（亥）
出处	乙四 63、147	零 294、482、乙四 129

5. 齊客陳異至（致）福於王之戠（歲）

纪月	献馬	献馬	献馬
纪日	乙丑		乙罷（亥）
出处	甲三 217	甲三 33	零 214

6. □公城蕲之戠（歲）

纪月	九月高月
纪日	
出处	甲三 30

7. 大莫囂旂（易）為 [戰] 於長城之 [歲]

纪月	
纪日	
出处	甲三 36

8. 句邟公奠（鄭）余彀大城邖（兹）立（方）之戠（歲）

纪月	顗（夏）层（夷）	屈槷	屈槷	屈槷
纪日	癸燹（亥）	癸未	癸未	
出处	甲三 8、18	乙一 14	乙一 32、23、1	零 503 零 700

9. 王自肥遺郢遷（徙）於郹（鄩）郢之䞦（歲），亯月

王遷（徙）於敔（鄩）郢之䞦（歲），

纪月	亯月	亯月	亯月	顕（夏）葉	顕（夏）葉（栾）	顕（夏）葉	顕（夏）葉	顕（夏）葉【（栾）】	顕（夏）【葉（栾）】	顕（夏）葉	顕（夏）【栾】
纪日		己巳	己巳	癸丑	癸丑	乙巳	乙巳	乙巳		癸未	
出处	甲三240	乙一26	乙一16	乙一5	甲三299	乙一12	乙一18	甲三225、零332-2	乙四67	乙四15	零142

纪月	（夏）	（夏）（ ）	（夏）	八月	八月	八月	八月	八月	八月	八月	八月	八月	八月	八月
纪日		乙卯	癸壝（亥）	己巳	己巳	丁巳	丁巳	丁巳	丁巳	丁巳	丁巳	辛酉	辛酉	辛酉	戊
出处	乙一20	甲三114、113	甲三204	甲三223	甲三215	甲二6、30、15	甲二22、23、24	甲一3	甲三342-1、零309	甲三178	甲三258	甲二14、13	甲二14、13	乙三29	零113

通过各纪年与所对应出现的纪月，可以发现除了"句郹公䵼（郑）余䊷大城邨（兹）并（方）之䞦（岁）"和"王遷（徙）于敔（鄩）郢之䞦（岁）"两个纪年外，其余纪年基本只出现一个纪月并伴随一个纪日出现，也就是说卜筮祭祷日期的选择非常有规律性，一般越是到病情的后期贞卜的越是频繁，由此可以推定上述两个纪年是与墓葬年代最为相近的年份。

上述表格中，纪日空缺的为竹简残断缺无的。正因为有的纪年与纪月的有规律对应关系，所以陈伟等学者据甲三1零431简补出乙四144简残缺的部分作"【我王于林丘】之䞦（岁），九

月,甲申者=(之日),攻差(佐)以君命取惷鼀▢(乙四144)"。①

甲一:3 愶曰(以)大央爲坪[夜君貞]▢

何琳仪(2004) 雁恄之"雁"释文误脱。

大央之"央",读"鼃"。《集韵》"鼃,龟属。头喙似鸥。"见天星观简或作"大英"皆占卜所用大龟。

宋华强(2005) 何先生读"央"为"鼃"是很有道理的,这里稍作补充。鼃"字除了见于《集韵》外,还见于《玉篇·龟部》:鼃,临海水吐气,觜似鹅。指爪。又《本草纲目·介部·鱼鳖类》水龟中的摄龟别名"鼃龟"。《集解》引陶弘景说:鼃,小龟也,处处有之。狭小而长尾。用卜吉凶,正与龟相反。鼃龟就是鼃,"摄龟"是《尔雅》十龟之三。鼃龟可用于占卜吉凶,与新蔡简"大央"、"小央"用于占卜相同,可见把"央"释为"鼃"是有道理的。②

甲一:4 ▢厴(厭)祷一勋。歸備(佩)玉於二天子,各二璧;歸▢

甲一:15 ▢於司命一勋,舉禱於▢

甲三:4 …窟(賽)禱於司命、司录

甲三:81、182—1＋甲三:171 ▢一勋,歸備(佩)玉於二天子,各二【璧】▢

乙一:15 ▢…司命、司禍(禍)各一勋,與禱厴(厭)之。或▢

乙一:22 又(有)放(祟)見於司命

乙三:27 ▢勋斳(祈)之。▢

乙四:97 宝(主)與司命…

乙四:127 ▢一勋飤之,遆(就) ▢

---

① 武汉大学简帛研究中心、河南省文物考古研究所编著:《楚地出土战国简册合集》(二),北京:文物出版社,2013年1月,页6。

② 宋华强:《新蔡简所见龟补考》简帛研究网2005年12月2日首发;后见《新蔡葛陵楚简初探》,武汉大学出版社,2010年3月,页146～147。

乙四：139　☐一劂,北方兄（祝）禱乘良馬、珈[璧]　☐

零：15　☐[司]命一劂☐

零：351　☐一劂☐

零：266 折、公北、司命、司禑（禍）

零：378 [北]方、司命

零：又（有）[敓見]於司【命】

甲三4：犬（太）,佩玉觓。罦（擇）日於是見（期）,憝（賽）禱司命、司录

《包山》整理者,引《周礼·大伯宗》释“司命”为天神。[1]

《望山》整理者,引《礼记·祭法》释“司命”为“五祀”、“七祀”居家小神。[2]

陈伟（1996）“司命”是五祀中“中留神”的异名。[3]

何琳仪（2004）司命,又见望山简、天星观简,乃掌管生命之神。司录亦为神名,《周礼·春官·天府》“祭天之司民,司录…”注“司录文昌第六星”《宋史·天文志》“司录二星在司命北,主增年延德,由主管功赏食料官爵。”司命与司录对举。

杨华（2006）司命之祭,早就见于包山、望山、天星观、秦家嘴等墓所出简中,司命被视为与生死、疾病有关的生命之神,其崇拜在春秋战国时期颇为流行,诸子典籍屡有所见。两汉时期司命神极为流行,民间还将司命神塑为人像。司禄之祭,仅见于新蔡楚简,其神也见于《周礼·春官·天府》和《史记·天官书》,往往与司命对举。在道教经典中,司禄神也掌管生死籍簿。[4]

何琳仪（2004）麖,鹿。“力”为“鹿”的叠加音符,二字来

---

① 湖北省荆沙铁路考古队:《包山楚简》,文物出版社,1991年10月第一版。

② 湖北省文物考古研究所:《江陵望山沙冢楚墓》,文物出版社,1996年4月第1版。

③ 陈伟:《包山楚简初探》,1996年8月,武汉大学出版社。

④ 杨华:《楚简中的诸“司”及其经学意义》,《中国文化研究》2006春之卷。

纽双声。

宋华强(2006)原整理者把""(宋用 A 代替)隶定为"**廘**",读为"鹿"。细察字形,A 的上部偏旁""(宋暂用 B 代替)并不是"鹿",我们认为 B 就是"虎"字的异体。《汗简》和《古文四声韵》所录"虎"字古文有下面一种形体: 如果把新蔡简 B 那样写法的"虎"形的头部讹写为"鹿"头,就变成上揭《汗简》《古文四声韵》里""这样的形体了。B 的下部和上揭战国中期以后楚系"鹿"字下部完全相同,无疑也会"诱发"这种讹写的出现。图示如下:

所以 A 其实是一个从"力","虎"声的字,可以隶定为"勮"。我们认为从"力","虎"声从文字上说,《说文》说"虏"字从"力",从"毋","虍"声,如此"勮"可能是"虏"字的异体;从用法上说,"勮"可以读为楚简中的""或""。""或""不可能是指牛牲,而应该是指一种羊牲。如此""应该是本字,而""则可能是""的异体;或另是一字,在简文中借为""。"勮"从"虎"声,"肤"从"虏"声,《说文》说"虏"从"虍"声,实际就是"虎"省声,所以"勮"可以读为""。新蔡简中旧释为从"鹿"从"力"的字,应该改释为"勮"。作为一种祭牲名,"勮"应该读为见于包山简和天星观简的""或"",指一种羊牲。①

按 汤余惠、何琳仪认为""是黑羊;陈伟则认为"肤"与从"甫"得声的字古音相近,或可通假。""也许假作"羒"。依《广韵·释兽》,指阉割了的公羊。②我们来看一下这

---

① 宋华强:《释新蔡简中的一个祭牲名》;简帛研究网 2006 年 5 月 24 日;后收入氏著《新蔡葛陵楚简初探》,武汉大学出版社,2010 年 3 月,页 218～228。

② 陈伟:《包山楚简初探》,武汉大学出版社,1996 年 8 月,页 176。

两个字的字形：

A. □（天卜）□（包山·237）

B. □（天卜）□（天卜）□（天卜）

C. □（包山·237）□（包山·243）□（包山·243）

把字形放在一起比对，便会发现问题，A组与B组偏旁不同；C组是B组的省写形式，发生了借笔情况，牛旁和肉旁共享偏旁，C、B二组当为一字。无论是"牂"还是"牄"他们所祭祷的对象相同或地位相当，祭祷规格相等，对此宋华强有很好的解释：

> "牛"旁、"膚"旁左右并列。释"牄"当无疑。包山简237号所记祭祷内容与243号相同，237号说"举祷大一牂"，243号说"举祷大一牄"；又天星观简祭祷后土所用牺牲一处说一牂，另一处则说一牄。凡此都说明"牂"与"牄"表示的应该是同一种祭牲，单纯根据字形认为"牂"、"牄"所指有羊、牛之异是不对的。此其一。包山简中"牂"、"牄"用于祭祷犬和大水，犬与后土、司命同祭，大水与二天子同祭，后土、司命、二天子所用祭牲都是一样；而且从这五位神祇在包山简所记神祇系统中的地位来看，它们也不可能有享用牛牲的待遇。此其二。所以"牂"或"牄"不可能是指牛牲，而应该是指一种羊牲。如此"牂"应该是本字，而"牄"则可能是"牂"的异体；或另是一字，在简文中借为"牄"。[①]

下面再列举几对字形：

A1：□天卜：娉祷秋一□

B1：□新蔡·甲三·111禀（薦）犬一□□新蔡·乙四·48敢用一元□痒（牂）

① 宋华强：《新蔡葛陵楚简初探》，武汉大学出版社，2010年3月，页218～228。

〓新蔡・乙三・40 於北方一犕〓新蔡・零・402 犬一犕

C1：〓天卜：虞禱大水一精〓天卜：賽禱大水一精〓天卜：虞禱秋一精〓新蔡・甲三・146 虞（舉）禱於秋一精〓新蔡・乙四・14 禱北方一精

不难发现 A1、B1、C1 三组，与上述 A、B、C 三组情况基本相同，B1、C1 二组也应是省写关系，而 A1、B1 则也只是偏旁不同，那么，这三组同样适用于宋氏的理论，这样我们似乎也可以得出相同的结论："犕"或"犕"不可能是指牛牲，而应该是指一种羊牲。如此"犕"应该是本字，而"犕"则可能是"犕"的异体，或另是一字，在简文中借为"犕"。若此，我们就会发现一个很奇怪的现象，为何异写"牛"旁的字形会占据百分之九十以上位置，而本字却只出现一例？若为借字，我们知道所祭祀对象的规格并不是很高，为何单单就借"牛"旁，而不借与之规格基本相等的"豕"旁？这是值得我们思考的。请再看下列几组字形：

A2：〓包山・202 宫埅（地）宝（主），一粘

〓包山・214 宫侯（后）土一粘

〓包山・233 宫侯（后）土，一粘

〓包山・237 屋（危）山一粘

〓包山・237 老僮、祝融、酓（熊），各两貈

B2：〓秦九九・一四埅（地）主一貈

〓望一・109 宫地主一貈

〓包山・207 埅地主一貈

〓包山・207 宫地主一貈

〓新蔡・甲三・174 道一貈

〓新蔡・甲三・180 江一貈

我们知道"粘""貈"是两个不同的字，但是他们却共同享祭"宫地主"这一地祇。而大多数学者又认为"宫地主"就是"宫后

土",若此,岂不是说"䊆""黏"也是异写关系,亦或是一个字是另一个字的假借? 综上,"䊆""牆"是异体还是借字,还是各有所指? 就现有条件很难判断,若作准确判断,还需多方面材料支撑。本书暂将"䊆""牆"放在一处,具体是牛牲还是羊牲暂阙如,但是作为祭牲是没有问题的。

甲三:99…迺而逼(歸)之…

零:197☐【迺】而歸之☐

何琳仪(2004)"乃",原篆下从"辵",见《集韵》。训"往"或"及",即《说文》训"惊声"之"乃"(五上十二)的异文。

"乃而",应读"乃若"。("而""若"相通,典籍习见。)王引之曰"乃若,亦转语词也。《墨子·兼爱》篇曰:'然而今天下之士君子曰然。乃若兼则善矣。'《孟子·离娄》篇曰:'乃若所忧则有之。'"

陈斯鹏(2005)此字诸家释"起",察其字形实是一从辵从乃之字,其义待考。当然,也可能是"起"字的讹写。[①]

宋华强(2006)"迺而"又见于上博简《柬大王泊旱》(下文简称《泊旱》)17号:将为客告。"大宰迺而谓之:"君皆楚邦之将军……"迺"字整理者原释为"起",读为"起"。何有祖先生说:作为"起"异体字的"起",楚简多见,如上博四《曹沫之阵》55号简、上博二《容成氏》37号简、郭店《老子甲》31号简,以"己"为声。而本简所谓的"起"与之异,原图版作,应以"乃"为声(何有祖:《上博楚竹书(四)札记》,简帛研究网,2005-4-15),是"迺"字。《集韵·增韵》:"迺,及也。"《广韵·增韵》:"迺,往也。""太宰迺而谓之"上文有缺失,文意待考。这个"迺"字写法与新蔡简"迺"字完全相同,比较: (新蔡简)(《泊旱》)

根据上下文并且和新蔡简的"迺而"对照来看,可以确定《泊

---

① 陈斯鹏:《〈柬大王泊旱〉编联补议》,简帛研究网,2005年3月10日。

旱》"迈而"之"迈"绝非"起"之误字,何有祖先生的改释是可从的。何琳仪先生读"迈"为"乃"无疑是对的,但是把"乃而"读为"乃若"却不可从。"乃若"是一个表示转接的连词,在新蔡简,"乃而"所连接的分句"先之以一璧"与"归之"是顺承关系。可见"乃而"不能读为"乃若"。我们认为,新蔡简和《泊旱》的"乃而"就是由表示顺接关系的"乃"和"而"组成的复合连词,仍然是表示顺接,连接两个有顺承关系的分句。其用法似与"乃"无别:"乃而归之"即"乃归之","乃而谓之"即"乃谓之"。简文中的"乃而"似也可以替换为"因","乃而归之"即"因归之","乃而谓之"即"因谓之"。"乃而"不见于文献,可能是楚国方言词,后来失传了。虚词复说是一种语法的强化现象。①

按 宋华强认为"乃而"是表顺承关系。袁金平赞同宋华强顺承关系但认为"迈而"当读"仍而",因也。②宋、袁二学者认为"迈而"表顺承关系的前提是有"先"这个前导词,"以一璧"先于其他祭品献给神灵,楚卜筮简相似的辞例还有:

遬(逐)彭定之祝(说)於北方一静(犓),先之□(新蔡·乙二·30)

擧(举)禱於墬(地)宔(主)[一]青義(犠),先之一璧。(新蔡·乙二·38、46、39、40)

这里的"先"均可用为"先后"之"先",在用牲前先用玉进献神灵。需要注意的是"先用玉,再用牲"是针对"玉"和"牲"的顺序的,而不是"先用玉再归之","先"和"归"都是针对"玉"而言,因此,从罗辑上似乎并不存在顺承关系,而"归"却有一个时间问

---

① 宋华强:《新蔡简和〈简大王泊旱〉的"乃而"》简帛研究网 2006 年 9 月 24 日首发;后收入《新蔡葛陵楚简初探》,武汉大学出版社,2010 年 3 月,页 310～314。

② 袁金平:《新蔡葛陵楚简字词考释三则》,《宁夏大学学报》(哲学社会科学版),2009 年 5 月。

题,并不是时时"归"如下。

八月歸備(佩)玉於巫(巫),丁占之吉(天卜)

壁琥,罞(擇)良月良日逯(歸)之(包山·218)

上述辞例可以看出"归"需要有时间选择,简文"先之以一璧,迈而归之"即可体现这一点,"以一璧先之于用牲,即刻前往'归'之"如此理解,"归"的"时间性"充分体现。若以上论述不误,"迈"训"前往",整个文意通畅,音读如字读,不需要通假他读,《广韵·蒸韵》:"迈,往也。"

甲三:99…先之目(以)一璧…

乙二:38、46、39、40▢……一青(犠),[先]之一璧。…先之一璧…

乙四:14▢禱北方一精,先之一璧。敓(就)【禱】▢

陈 伟(2004)"先之一璧"的"先之","遗人之物,必以轻先重后"。[①]

甲一:7▢衠籊祈福於太,一驿牡、一熊牡;司戠、司折▢

何琳仪(2004)"司折"疑读"司慎"。邢人倈钟"克质厥德"或读"质"为"慎",而质、折恰好可以通假。司慎,天神名。司侵亦应是神名,待考。

杨华(2006)"司折"从何琳仪先生之意见为"司慎",见于《左传·襄公十一年》:"司慎,司盟,名山名川……"楚简司慎的发现至少证明《左传》"司慎"确有其名。

"司侵"可读为"司祲",与云气祲象有关,为主太阳运气之神。[②]

---

① 陈伟:《葛陵楚简所见的卜筮与祭祷》,《楚土文献研究》第六辑,上海古籍出版社2004年12月。

② 杨华:《楚简中的诸"司"及其经学意义》,《中国文化研究》2006春之卷;《新蔡简祭祷礼制杂疏(四则)》武汉大学主办:《简帛》第一辑,上海古籍出版社,2006年10月。

晏昌贵（2006） "司折"之"折"或读如本字，"大司命"司大人指命，少司命是司小儿之命。[①]

按 李守奎师在其博士论文指出，"戬"作"侵"，"折"即"慎"。[②]

甲三：145 □……延鐘樂之□

甲三：136……脡鐘樂之，百之，贛（贛）（贛）（贡）……

甲三：98 □【脡】鐘樂之。是日□

甲三：200 □……【延】鐘樂之。…… 鐘樂之。定占之曰：吉。是月之□

甲三：201……脡祭競坪（平）王

甲三：209 □……延鐘樂之

甲三：212、199-3 □……脡鐘樂之

甲三：261 □……延鐘樂之

甲三：268 □返（及）江、灘（汉）、沮（沮）、漳，延至於濩（淮）

乙一：29、30 □……脡【鐘樂之】□

乙三：63 □脡鐘樂之□

零：8 □脡鐘【樂之】□

零：13 □……脡鐘【樂之】□

李家浩（1998） 信阳简和天星观简中的前钟应读为"栈钟"。"栈"有编义，栈钟即编钟。[③]

何琳仪（2004）《说文》："脡，生肉酱也。从肉延声。"段玉裁曰："（脡）从彳从止，非从延也。段说甚确。""脡钟"疑读"县

① 晏昌贵：《楚卜筮简所见神灵杂考（五则）》，武汉大学简帛中心主办：《简帛》第一辑，上海古籍出版社，2006 年 10 月，后收录氏著《巫鬼与淫祀——楚简所见方术宗教考》，武汉：武汉大学出版社，2010 年 3 月，页 109-110。

② 李守奎：《楚文字编》，华东师范大学出版社，2003 年，页 703。

③ 李家浩：《信阳楚简"乐人之器"研究》，《简帛研究》第三辑，广西教育出版社，1998 年。

钟"。《仪礼·乡饮酒礼》疏:"……西县钟东县磬。"《淮南子·时则训》:"季夏之月…律中百钟……"注:"百钟,林钟也。"此百钟与简文"百之"暗合。延至于瀼,《释文》瀼,此字所谓"米"字旁实乃"水"旁之误认,无疑应隶定瀼。《说文》"瀼,北方水也。从水,襄声。"此字应读"夔"。"夔"本周方国名,与楚同姓,后被楚所灭。《春秋·僖公二十六年》"秋,楚人灭夔,以夔子归。"注"楚同姓国。今建平秭归县"在今湖北秭归。

陈伟(2005)……以罷到,大牢馈,前钟乐之,百之……

前,字原从"辶","舟"上所从的"止"形写得有些走形。从"辶"之"前"见于包山第185、193号简。前钟,已见于信阳1号楚墓竹简2—018(作"前")与天星观楚墓竹简(作"鍴")。其中天星观简云:"与祷巫猎霝酒,鍴钟乐之。"(滕壬生:《楚系简帛文字编》第1002页"鍴"字条,湖北教育出版社,1995年7月。滕壬生原书"猎"作"猪"。)文例与此相同,可以印证对"前"字的释读。李家浩先生指出,信阳简和天星观简中的"前钟"应读为"栈钟","栈"有"编"义,栈钟即编钟。新蔡简的"遄钟"亦应如此理解。[①]

徐在国(2003)由于陈先生只看到《文物》2002年8期发表的几枚蔡楚简,加上有信阳、天星观简为证,所以释〔图〕、〔图〕(笔者用B代替)为"前"。综观〔图〕(笔者用A代替)所有的形体,将B释为"前"不可。原书隶定作"延",B隶定作"脡",可从。〔图〕(笔者用C代替)原书也隶定作"脡",不可从。《说文》有"延"字,又有"延"字。实际上"延"、"延"一字分化,后"延"行而"延"废。为书写方便,我们径将A释为"延",B释为"脡"。《说文》"脡,生肉酱也。从肉,延声。"C上部略残,但仍看出是"延"字,下部不从"肉",而是从"tian",应是加注的声符。上古音"延"为喻纽

① 陈伟:《新蔡楚简零释》,《华学》第六辑,页97,紫禁城出版社,2003年6月。

元部字。"tian"《说文》有三种读音,其中一种读为"誓"。"誓"上古音为禅纽月部字。月、元对转。C应为"延"字繁体。A、B、C均应该读为"栈"。上古音"延""脡"与"栈"均为元部字。李家浩先生曾将信阳2—018简中的"前钟"与天星观楚墓竹简中的"鐼钟"均读为"栈钟",义为编钟。其说可从。

甲三268:"延至于灢。""延"字训及。《战国策·齐策三》:"倍楚之割而延齐。"高诱注:"延,及也。"甲三201"脡祭竟平王"之"脡",祭名。①

杨华(2005) 简文中多次提到祭祷时用钟乐娱神,所用的钟是"延钟"。此字有两种写法,或从月辶止,作脡,如:相同的写法还见于乙三:63、零:8、零:13等简。"前"字上古从止从舟,作毳。陈伟先生释为"前",这是十分精辟的见解。在新蔡简中,"前钟"之"前",有时候或省去月部,从辶止,作迣……②

袁国华(2006) "江"即长江,河川名,亦称大江或扬子江。"汉"即汉水,又称汉江,是长江最长的支流。

原文释"灢"似有误,上为"目"而非"页",下亦非"米",拙见应隶为"灢"上古音属"匣"母"歌"部,简文中音义同"淮",河川名,即"淮河"。这是"灢"(淮)前缀次于楚国出土文物中被发现。"灢"下似有重文符号疑可能是"淮水"的合文。无论是"灢(淮)"还是"淮水"的合文,指称的都是"发源自桐柏山的淮河",应无疑。③

---

① 徐在国:《新蔡葛陵楚简札记(二)》,简帛研究网,2003/12/17。后发表于《从新蔡葛陵楚简中的"延"字谈起》,上海古籍出版社,武汉大学简帛中心主办《简帛》(第一辑),2006年10月。

② 杨华:《新蔡简所见楚地祭祷礼仪二则》,丁四新主编:《楚地简帛思想研究(二)》湖北教育出版社,2005年4月。

③ 袁国华《〈新蔡葛陵楚墓竹简〉文字考释》,中山大学古文研究所编:《康乐集:曾宪通教授七十寿庆论文集》,中山大学出版社,2006年1月。

宋华强（2006）这些字按其形体大致可以分为三型：

Ⅰ型：

1. □（甲三：268）　　　2. □（甲三：200）

3. □（零：13）　　　　4. □（甲三：209）

5. □（甲三：261）　　　6. □（甲三：145）

Ⅱ型：

1. □（甲三：212、199–3）　2. □（甲三：201）

3. □（甲三：339）　　　4. □（零：8）

5. □（乙三：63）

Ⅲ型：

1. □（甲三：136）　　　2. □（乙一：29、30）

陈伟先生、杨华先生把"□"释为"前"，从而把"□"释为"遄"，在字形上是有问题的。把"□"字中的"□"看作一个构形单位，比把"□"看作一个构形单位更合理。何琳仪、徐在国先生把上揭Ⅱ型、Ⅲ型各字看作从"延"是对的；可是把这些字看作从"肉"就有问题了："□、□、□、□、□"几个字所从分明都是"月"，不是"肉"。徐在国先生把Ⅰ型释为"延"，把Ⅱ型、Ⅲ型看作从"延"，并且说"'延'、'延'一字分化，后'延'行而'延'废"，这些意见都是可信的。新蔡简的"延"字或"延"旁就是从上揭甲骨文和金文的"延"字演变来的。Ⅰ型就是"延"字，Ⅱ–1 和Ⅱ–2 从"月"，从"延"，可以隶定为"䏶"。Ⅲ型从"月"，从"䢴"，可以隶定为"䏶"。Ⅱ–3 是"䏶"省去了"止"旁，一样可以隶定为"䏶"。"月"是分别在"延"和"䢴"字上加注的声旁。"延"即"延"字，"䢴"是"延"的繁体，所以都可以按照"延"字读音进行讨论，上古音"月"属疑母月部，"延"属余母元部。论声母，古代疑母与余母有通用的情况。或者"䏶"字的"月"旁都是写在"止"旁下面，"䏶"字的"月"旁也都是写在上下两个"止"旁中间。之所以在"延"或"䢴"上缀加一个"月",也可能是为了让这个"月"和它上面的"止"组成一个"前"形,来为"延"或"壁"字表音。"延"是余母元部字,"前"是从母元部字。两者韵部相同;声母前者属舌头音,后者属齿头音,发音部位也很相近。古代余母与精系可以相通。我们认为把"■""■"应该分析为从"月"从"壁",隶定为"膡"。我们把Ⅱ型中的"■"和"■"隶定为"胜"。徐在国先生认为Ⅱ-4的"■"下面从"西",是加注的声旁。这个说法也是有道理的。先从形体上来看。《说文》说"粥"字从"西",楚文字中"粥"字作"■"(包山简 35 号),■(楚帛书),所从"西"旁和"■"字下部的确比较相似,差别只是后者省去了前者"西"旁最上面一短横(此横本来就是饰笔),并把上横和下面的"∧"写得断开了(即分别写成了"--"和"八")。再从字音上来说。《说文》说"西"字"一曰读若'誓'"。"延"是余母元部字,"誓"是禅母月部字,声母都是舌音,韵部阳入对转,音近相通。古文献中"延"字与"誓"字正好有异文关系。如《礼记·射仪》:"使子路持弓矢出延射",郑玄注:"'延'或为'誓'"。"延"既与"誓"相通,当然可以与"西"相通。"西"是"簟"的初文,"簟"字从"覃"得声。《诗·周南·葛覃》:"葛之覃兮",毛传:"覃,延也。"朱骏声认为这里是假"覃"为"延",其说可信。"延"既与"覃"相通,当然可以与"西"相通。总之,"延"字或以"西"字为其声旁是完全有可能的。如此则可暂把"■"字隶定为"醛"。

既然"延"、"延"古本一字,这几个字则分别改写为"延"、"膡""胜""醛"。

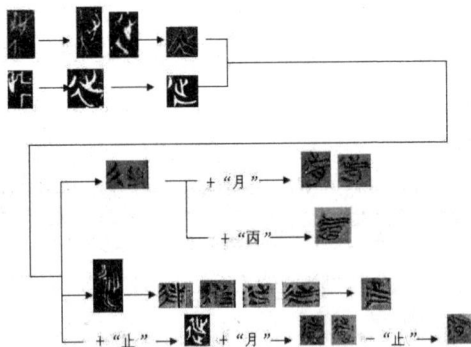

简文中的"延钟""脡钟""臁钟"和"醯钟"，陈伟、徐在国先生认为应从李家浩先生所论读为"栈钟"，其说可从。所以新蔡简的"延钟""脡钟""臁钟"和"醯钟"没有问题都可以读为"栈钟"。据李家浩先生研究，栈钟是一种较小的编钟。

"延至于澺""延"字徐在国先生认为训"及"，不确。"至"已经有"及"义，"延"再训"及"似嫌重复。延至于某地这样的说法很早就已经出现，如下揭无名类卜辞："王其延至于觥，亡戋"（《合集》28342）"更桑田省，延至于之，亡戋"（《合集》28991），这里的"延"字表示的都是延续、继续的意思。新蔡简"延至于澺"的"延"字也应该相同。"延至于澺"就是说延续这种行为以及于澺水。简文"☐择日于八月脡祭景平王以逾至文君"之"脡"，徐在国先生说是祭名，可信。"择日于八月之中赛祷"（甲三：303）"择日于是期竁祷司命、司录佩玉妣"（甲三：4）"择日就[祷]"（零：318）。显然简文脡祭中的"脡"表示的也是一种祷祠行为。新蔡简的"脡祭"是因为平夜君生病而向祖先神灵进行祈祷，以求除去祸祟，让平夜君早日康复。新蔡简的"脡祭"也许还和《春官》大祝所掌的"衍祭"有关。①

罗新慧（2008）我们认为"延"、"脡"可径释为"延"，"延钟"、"脡钟"即为"延钟"，不必读为"栈钟"，直接用原意，类同金文中"行钟"、"走钟"，意为移钟，即可移动。"延钟"可作两种理解，一定中结构，可移动之钟，二动宾结构，移动钟，无论哪种理解皆可通释相关简文。②

①　宋华强：《新蔡简"延"及从"延"字辨析》简帛研究网2006年5月3日首发；后收录氏著《新蔡葛陵楚简初探》，武汉大学出版社，2010年3月，页347～358。
②　罗新慧：《释新蔡楚简"乐之，百之，赣之"及其相关问题》，《考古与文物》2008年第1期。

按 "延"，甲骨文作"𢕵"（合 4566）、"𢓬"（合 35317），金文作"𦥑"（虢延壶，商代）、"𦥑"（德方鼎，西周早期）、"𦥑"（鹏公剑，春秋晚期）。延、延古今字，典籍常作"延"。早期形体从彳从止，会人脚在路上不停行走之意，本义"远行"。西周金文始，"彳"旁写法有些倾斜，至春秋晚期"彳"旁倾斜幅度增大且有所拉长，或许有增强"绵延"之意。楚卜筮简承袭春秋金文写法作"𢓭"（新蔡·零·13），或省去"止"旁增加声符"囟"作"𦥑"（新蔡·乙三·63），或增加声符"月"形体作"𦥑"（新蔡·甲三·201），或进一步繁化累增意符"止"作"𦥑"（新蔡·乙一·29、30）。宋说合理有据，罗新慧师视角独特，从整套祭祀仪式看，更具逻辑性。

　　甲一：22 疾罷瘥（續）罷也

　　甲一：24…又（有）瘥

　　甲二：32（將）为瘥於後

　　甲三：136目（以）罷禱大牢歸

　　乙四：82己未之日弌禱卲（昭）【王】▢

　　乙四：148 弌禱犬、北方▢▢

陈伟武（1997） "罷"读为"仍"，因也。"罷祷"即连续而祷。[1]

孔仲温（1997） "罷"疑从羽为甲骨文"熊"的遗形，所以个人以为"罷"应读为"熊"。楚简中"罷祷"疑读为"禜祷"[2]

李天虹（2000） 我们认为"罷"当从"曽"得声，在这里可读作"撎"，"撎让"典籍常见。并结合《六德》篇中"能与之齐"一句在《礼记·郊特牲》作"壹与之齐"说"由此来看，笔者对'罷'

　　① 陈伟武：《战国楚简考释斠议》，张光裕等编辑：《第三国际中国古文字学研讨会论文》香港中文大学中国语言及文学系，1997 年 10 月。
　　② 孔仲温：《楚简中有关祭祷的几个固定字词试释》，张光裕等编辑：《第三国际中国古文字学研讨会论文》香港中文大学中国语言及文学系，1997 年 10 月。

字的解释也不尽可靠。也许笔者认为这个字从彗得声是错误的，古音能、一本可通转。或者这个字有两个读音：其一以彗为声，可读作一，《六德》篇中的'能'是书手抄脱了彗旁；其二以能为声。这个问题的解决还有待于进一步研究。"①

陈伟（2004）"疾一续一已"，读"癀"为"续"，为延续之意。"已"原释文释"也"，何琳仪、董珊先生同时指出其不确，当从董珊先生。②

何琳仪（2004）"疾罷蠿罷已"，罷，应读一。一犹或也（王引之《经传释词》），或者不定之意（吴昌莹《经词衍释》）蠿，从疒从贝从人从䇂得声，故可读"蠿"。"蠿"典籍亦做"孽"特指病灾。又见于包山简247、天星观简"夜中有蠿"

"巳"又见甲三284释文均误作"也"。"良"，诚然。"闲"，病愈。《集韵》"闲，瘳也"。

本简大意：多次占卜的结果乃吉，没有灾害，病情忽而发作，忽而消失，一直到九月果然痊愈。

李守奎（2005）楚文字中习见的"罷"，在楚简中多读为一，疑此字上部所从非"羽"是"彗"，"彗"在匣纽、月部，"一"在影纽、质部。二字声韵并近。③

晏昌贵（2005）指出"弍祷"就是"罷祷"。④

---

① 李天虹：《郭店楚简文字杂释》，《郭店楚简国际学术研讨会论文集》，页94～95，湖北人民出版社2000年；李天虹：《郭店竹简〈性自命出〉研究》，页230～232，湖北教育出版社，2003年。

② 陈伟：《读新蔡简札记（三则）》，简帛研究网，2004年1月30日；陈伟：《读新蔡简札记（四则）》，《康乐集：曾宪通教授七十寿庆论文集》中山大学出版社2006年1月。

③ 李守奎：《楚玺文字六考》《古文字研究》第二十五辑。

④ 晏昌贵：《天星观"卜筮祭祷"简释文辑校》，丁四新主编《楚地简帛思想研究（二）》，页285，湖北教育出版社，2005年。

宋华强（2006）"罷"是一个著名的楚系特征性用字，最早见于鄂君启舟节和车节，两处辞例都是"岁返"。（郭店简《成之闻之》18 号"贵而罷让"，"罷"显然应该读为"能"，可知"罷"与"能"读音相近。郭店简《六德》19 号"能与之齐"，《礼记·郊特牲》中与之对应的话作"壹与之齐"，可见"能"与"壹"通。（陈伟：《郭店竹书别释》120 页考释 [四]，湖北教育出版社，2003 年 1 月）"一""壹"皆影母质部字，文献中相通之例甚伙。郭沫若先生认为"罷"字从"能"得声的观点是可信的。我们怀疑"罷"当读为"烝"。从"能"声，"能"是泥母之部字，"烝"是章母蒸部字。声母都是舌音，韵部有严格的阴阳对转关系，读音相近。《说文·言部》："訒，厚也。从言，乃声。"朱骏声《说文通训定声》说：《诗·泮水》"烝烝皇皇"，据《传》训"厚"，则以"烝"为之。是"乃"与"烝"可以相通。"乃"与"能"通，则"能"亦可通"烝"。楚简中的"罷祷"和"弍祷"都应读为"烝祷"（"祭"、"祷"混言无别）。"祠""蒸""尝""禴"，四者皆时祭之名（郝懿行《尔雅义疏》），四时之祭中，春祭、夏祭的名称在不同文献中是有差异的，而冬祭曰"烝"却处处一致，烝祭自然就成为冬祭（刘桓：《商周祭祖礼研究》54 ～ 56 页，商务印书馆，2004 年 10 月）的专名了。[①]

刘云（2010）孔仲温、吴振武、陈伟武、张世超等先生将战国文字中的"罷"与《小屯南地甲骨》2169 中的"■"联系起来，认为它们是同一个字，远见卓识。甲骨文中"■"，我们认为 A 像鸬鹚之形，当释为"鸑"。"鸑"就是鸬鹚，《尔雅·释鸟》："鹴，鸑。"郭璞《注》："即鸬鹚也。""鸑"的异体作"鸐"，《说文解字·鸟部》："鸐，鹴也。从鸟壹声。"徐锴《繫传》："鸐，卢鹴也。"这样就很好

---

① 宋华强：《楚简"能（从羽）祷"新释》，简帛研究网，2006 年 9 月 3 日。

地解释了"罷"为什么可以读为"一"的问题。①

按 "罷"或释为从"羽"从"能"声,读为"能";②或从此字形分析,而读为"代";③或又读为"祀";④或释为"赢",而读为"盈"。⑤郭店简《五行》16号引《诗》"淑人君子,其仪罷也",帛书本及今本《诗·曹风·鸤鸠》"罷"并作"一";简文又说"能为罷,然后能为君子",帛书本"罷"亦作"一",可知"罷"当读为"一"。⑥李守奎师、李天虹先生认为"罷"可能上从"羽","羽"是"慧"字初文,不是羽毛之"羽",观点新颖。"罷祷"之"罷",或读为"嗣",⑦或读为"罷",⑧或读为"祀"。⑨在郭店简公布前,诸家释读可谓花表各枝,郭店简公布后,由于有相关材料左证,在读音上基本达成共识后又在声符上有所争议,其实到目前为止"罷"的问题同样没有解决,没有一个观点得到大家的认可。我们不禁思考,倘若为"一",我们知道文字演变规律从来都是遵循"简约性"原则。这不仅是文字发展的需要,更是社会进步的需要。那么,既然有"一"的存在,缘何楚人要用一个不知比"一"复杂多少倍的"罷"来表示"一",缘何要舍简求繁? 若是特指,只是用在特定

---

① 刘云:《释"鹤"及相关诸字》,复旦大学出土文献与古文字研究中心网,2010年5月12日。

② 郭沫若:《关于鄂君启节的研究》,《文物参考资料》,1958年4期,页4。

③ 朱德熙、李家浩:《鄂君启节考释(八篇)》,《朱德熙古文字论集》,页193~194,中华书局,1995年2月。

④ 何琳仪:《战国古文字典》上册77页上,中华书局,1998年9月。

⑤ 于省吾:《鄂君启节考释》,《考古》1963年8期,页444;李零:《楚国铜器铭文汇释》,《古文字研究》第13辑,页370。

⑥ 荆门市博物馆:《郭店楚墓竹简》,页152,注释[一七],文物出版社,1998年5月。

⑦ 湖北省荆沙铁路考古队:《包山楚简》,页53,注释(359),文物出版社,1991年10月。

⑧ 吴郁芳:《〈包山楚简〉卜祷简牍释读》,《考古与文物》,1996年2期,页76。

⑨ 何琳仪:《战国古文字典》上册,页77,中华书局,1998年9月。

的祭祷礼仪上,那么,缘何"罷"又会在其他的简文中出现,并且读音亦与"yi"相关? 还是"一"有多种形体,而"罷"只是其中之一,用在某些特定的场合,偶尔也会被借用到他处。这些问题目前还没有很好地解决。"罷",从羽能声,读为"yi"。不能绝对的说"罷"就是"一",只能说"罷"具有"一"的读音。战国文字字无定形,在知道音读的情况下很容易用一个读音相同的字形来替换本来的字形。一个字不会凭空而来,必定有所源起。多数学者认为"罷"字前所未见,我们认为"罷"是"能"的变体字(不知称谓是否得当),"羽"为区别符号。吴振武、陈伟武、孔仲温、何琳仪等先生指出"罷"因承甲骨文"能"。"能"的字形演变情况:▩(商周图形文字)→▩(甲骨文)→▩(西周金文)→▩(战国金文)→▩、▩(战国竹简)[①]。这里单氏没有收录▩(小屯南地甲骨 2169),由此看来"罷"所从的"羽"也是有所源起的。所以我们认为吴、陈、孔、何几位先生的观点非常有道理。此后刘云在此基础上将"罷"读为"鷾"。能、一、壹,音可通转,上文已有多位学者指出,此不赘述。另,《新蔡·甲三 22、59》"罷日癸丑"读为"翌日癸丑"更可左证"能"与"yi"的音读关系。

甲一: 10 □赣(贛)。

甲一: 27 □樂之,百之,赣(贛)。……樂□

甲二: 38、39 □樂之。馈祭子西君□

甲三: 14……樂之。……

甲三: 56 戠牛,樂之。……

甲三: 46…百(乙四: 128)之,赣樂之。辛酉之日祷之。

甲三: 136 □璧,以罷祷大牢馈,脡鐘樂之,百之,赣(贛)。……

甲三: 241 □樂之。……

---

① 单育辰:《说"熊""兔"——"甲骨文所见的动物"之三》,复旦大学古文字与出土文献研究网站。

甲三：298 □樂之，百之，竷（竷）之。祝□

乙一：11 □樂叝（且）竷（竷）之。……樂□

乙一：13 或舉禱於盛武君、命（令）尹之子敓，各大牢，百□

乙二：1 □舉禱於卲（昭）大牢，樂之，百，竷（竷）。□

乙四：25 □大留（牢），百□

零：40 □【卲（昭）】王大牢，百之，竷（竷）。……□

零：287 □[樂]之，百之，竷（竷）。……□

零：331-1 □樂叝（且）竷（竷）之。□

宋国定、贾连敏（2000）"竷之"的考释说：其他简或称为"首竷"，疑与"钟乐"有关。《说文》："竷，繇也，舞也。从'支'，从'章'。[1]

陈伟（2003）"百之"的意思是让神灵愉悦。[2]

何琳仪（2004）《淮南子·时则》："季夏之月……律中百钟。"注"百钟，林钟也。是月阳盛阴起，生养万物，故云百钟。"此"百钟"与简文"百之"暗合。

杨华（2005）乐、百、贡是祭祷时的一个仪式组合。"百"应读如字，后代写作"貊"，又写作"貃"，貊、貃通假经籍所见甚多。……貊（貃）与祭祷有关，《周礼·春官·肆师》："凡四时之大田猎，祭表貊，则为位。"郑玄注谓：貊，师祭也。貊读为十百之百。于所立表之处，为师祭，祭造军法者，祷气势之倍增也。其神盖蚩尤，或曰黄帝……上古练兵和田猎时树木为标，以正行列，称为"表"。《周礼》中有"表貊"，即在立表处举行祭祷，以壮声势，

① 宋国定、贾连敏：《新蔡"平夜君成"墓与出土楚简》，北京大学、达慕思大学、中国社会科学院主办"新出简帛国际学术研讨会"论文，北京，2000 年 8 月；欢艾兰、邢文编：《新出简帛研究》，文物出版社，2004 年 12 月。

② 陈伟：《竹书〈容成氏〉零识》，张光裕主编：《第四届国际中国古文字学研讨会论文集》，页 295～300，香港中文大学中国语言及文学系，2003 年 10 月。

祈求百十倍获敌。楚人祭祷礼仪中的"百之",也应当是立标而祭,这与楚简中常见的"为位",可以互证。"百之"应当是一种仪式动作,即以十百倍之虔诚进行祭祷,而求十百倍之神佑,其中必定包含着立标为位,号祝祭祷。"贡(赣)",是向神祇进献物品,《国语·鲁语下》:"社而赋事,蒸而献功",献功即献贡,韦昭注:"献五谷、布帛之功也。"祭祷简中的"乐之、百之、贡之",盖指用乐舞娱神,为神灵立位祭祷,为神灵供奉祭品,这是楚人高级贵族祭祷礼仪中的三个节目。①

张新俊(2005) 释文把留读牢,甚确。"牢"、"骝"上古音均为来母幽部字,非常接近。《淮南子·本经训》"牢笼天地",高诱注:"牢读屋溜之溜,楚人谓牢为溜。"②

范常喜(2005) 这里的"百"可能应当读如"柏",其性质当是一种类似于包山楚祭祷简中"蒿之",义为"燃柏以祭"。……可见"柏"自古及今都与"鬼神""祭祀"打交道,而且既可以焚之以歆神,又可以除秽辟魍魉。而新蔡楚简中的"百之"正用在为祛病而作的祷词当中,所以我们认为"百之"当读为"柏之",指"焚柏以祭"。如此一来,"乐之""百之""贡之"都有了着落。三者分别是从听觉、嗅觉、味觉三方面来歆乐神灵,以达到其祛病的目的。不过需要指出的是,同为祛病的祭祷简,包山简和望山简用"蒿",而新蔡简中"柏",我们怀疑这可能同祭祷对象、目的以及地域的不同有关。③

宋华强(2006) 新蔡简所记一条祷祠内容的最后常常会出

---

① 杨华:《新蔡简所见楚地祭祷礼仪二则》,载丁四新主编:《楚地简帛思想研究(二)》,页 255 ～ 256,湖北教育出版社,2005 年 4 月。

② 张新俊《释殷墟甲骨文中的"骝"》《古籍整理研究学刊》2005 年 5 月第 3 期。

③ 范常喜《战国楚祭祷简"蒿之"、"百之"补议》,简帛研究网站,2005 年 8 月 24 日首发;后以《战国楚祭祷简"蒿之"试解》为题发表于《古文字论集(三)》,《考古与文物》2005 年增刊。

现"乐之""百之""贛"一类的话。"乐之"是"栈钟乐之"的简称，"百之"或又简称为"百"，"贛"或又作"贛之"。其中，"乐之"或"栈钟乐之"经常单独出现。"百之"或"百"、"贛"或"贛之"则经常和"乐之"搭配出现。"贛乐之"无疑就是"贛之、乐之"的合写，"乐且贛之"就是"乐之、贛之"的合写。新蔡简的"百之"表示的就是以某种方式把受祭神灵"请下来"的行为。"百"字当读为表示"来"、"至"之义的"各"，这也是"各"字的本义，意思是请神灵来享受祭祷。"贛"当读为《说文》中的"贛"。《说文》说"贛"从"贛"省声，然而从古文字材料来看，"贛"本来就是由"贛"的表义初文，所以"贛"读为"贛"是没有问题的。《说文·夊部》：贛，繇也，舞也。乐有章，从章。从夅，从夊。《诗》曰："贛贛舞我。"段玉裁注："繇"当作"谣"。"谣"，徒歌也。上"也"字衍。"谣舞"者，谣且舞也。如此"贛"的意思就是歌舞。"贛乐之"和"乐且贛之"这种搭配组合已经清楚地表明了"贛"是一种具有娱神性质的行为。"栈钟乐之"或"乐之"记录的无疑就是娱神仪式中的音乐内容，而"贛"或"贛之"记录的就是娱神仪式中的歌舞内容。把新蔡简中的"贛"读为"贛"，这样就和"栈钟乐之"一起构成了完整的娱神内容，正符合楚人祭祷神灵时"歌乐鼓舞以乐诸神"的习俗。载歌载舞以娱乐神灵，就是新蔡简的"乐且贛之"或"贛乐之"。新蔡简中"乐之"、"百之"、"贛之"的"之"，所指代的受祭神灵是昭王、文君等人。昭王、文君正是平夜君成的"皇祖"、"皇考"，昭王同时也是平夜君成的"先王"……新蔡简"乐之""百之""贛"这一类话记录的不是祭祷仪式中的内容，而是祭祷仪式结束后娱神降神仪式中的内容，是古人在祭祷仪式后要举行娱神降神仪式的反映。[①]

---

① 宋华强:《新蔡简"百之""贛(贛)之"解》,简帛研究网,2006年8月13日; 后收入氏著《新蔡葛陵楚简初探》,武汉大学出版社,2010年3月,页243～260。

何有祖（2007）百"字与金文中的"各"字对应的例子还是显得有些勉强，毕竟位置相似不代表一定能相互对应，我们认为需再作考虑。其实"百"与楚简所见的"泊"字有密切关系。泊，古音并纽铎部；袚，帮纽月部，音近可通。袚，除也。《说文》："袚，除恶祭也。"《诗·大雅·生民》："克禋克祀，以弗无子。"郑笺："弗之言袚也。姜嫄之生，后稷如何乎，乃禋祀上帝于郊禖，以袚除其无子之疾而得其福也。"《周礼·春官·女巫》"女巫掌岁时袚除衅浴。"郑《注》："岁时袚除，如今三月上巳如水上之类。"简文"袚旱"指举行祭祀来袚除旱灾，此说可取，我们在楚地日书中发现了一个"百"用作"袚除"之意的例子，《睡虎地秦墓竹简·日书甲种》——正贰有"利以兑（说）明（盟）诅（诅）、百不羊（祥）"。其中"百不祥"与"去其不羊（祥）"、"兑（说）不羊（祥）"用意近似。但"百"自身并无此义项，当是与"泊"字一样是读作"袚"的。同时也说明了"泊（袚）"、"说"之间用法的确有相似之处。

可见，"百之"其实可以读作"袚之"，与"乐之"、"贡之"连用，当是在指在娱神的同时向神祈福以消除灾咎。这个组合虽是在祭祷程序的后段，但却是体现成效的关键部分。[1]

不求甚解（网名，2007）"百之"跟"乐之""贡之"并列，三个"之"所指当相同。"乐之""贡之"的"之"指所祭之鬼神。百之的"之"若按何先生意见，似乎指"旱""不祥"等一类事，跟"乐之""贡之"的"之"则不平矣。因此，何先生之说还有待商榷。[2]

罗新慧（2008）"乐之""百之""赣之"的"之"，应为语助词。"赣之"应指祭品贡献于先祖。"百之"之"百"通于"白"，意为告白、禀告、陈述，在简文中意为向先祖、神灵禀告并祈祷。"乐之"

① 何有祖《新蔡简"百之"试解》，简帛研究网，2007 年 1 月 23 日。

② 不求甚解（网名），简帛网，2007 年 1 月 24 日。

指在祭祀中,有声乐相随,以起悦神之效。新蔡楚简"乐之"、"百之""赣之"基本意思是以声乐悦神,向祖先、神灵告白并祈祷,并献以祭品。"乐之""百之""赣之"构成了祭祀仪式中一套基本程序,但这种程序还没有固化。[①]

晏昌贵(2010)简文"百之"当为鼓乐,与"延钟乐之"用钟,适成对应。总之,"乐之"、"百之"、"赣之"均应理解为"用乐",是在乐器伴奏下歌舞以娱神,而与祭祷的"贡献"动作无关。[②]

按　"百",甲骨文作"𦥑"(合 21247)、"𩵋"(合 34674 正),金文作"𧾷"(小子𩵋簋,商)、"𧾷"(宜侯矢簋,西周早期)、"𧾷"(庚壶,春秋晚期)。楚卜筮简承袭甲骨文、金文而来,作"𧾷"(新蔡·甲一·27),或有所讹变,但变化不是很大,如"𧾷"(新蔡·甲三·298)、"𧾷"(新蔡·零·287)。各家众说纷纭,罗新慧师将"百"读"白",告也。甚是。早期以"白"为"百",白、百自可通用。《玉篇·白部》:"白,告语也。"《正字通·白部》:"白,下告上曰禀白。"《史记·滑稽列传》:"西门豹曰:'巫妪弟子是女子,不能白事,烦三老为入白之。'"简文"乐之、百之、赣之"当是一整套的祭祀仪式,楚人娱神、降神仪式丰富,边跳边舞并口中会念念有词,以达到和神交流的目的,故将"百"读为"白"训为"告",整组简文文意显豁通达。"乐之、百之、赣(竷)之"是一套娱神方式,已成诸家的共识,类似今天的"又跳又唱又演奏"。

甲二: 2 痒(牂),绶之𦥑(以)灿玉;

甲二: 10 聿(尽)绶之𦥑(以)灿玉

甲三: 111……绶之𦥑(以)灿玉

---

①　罗新慧:《释新蔡楚简"乐之,百之,赣之"及其相关问题》,《考古与文物》2008 年第 1 期。

②　晏昌贵:《巫鬼与淫祀——楚简所见方术宗教考》,武汉:武汉大学出版社,2010 年 3 月,页 253～256。

甲三：111……綏之捴玉

甲三：214……綏之捴玉

徐在国（2004），字或从玉、贝、女，或从玉、贝、日，或从玉、日、女。从"纟"者应释为"缨"，从玉者当释为"瓔"。"瓔"字也见于天星观简。裘锡圭、李家浩先生在《曾侯乙墓》中已很好的考证，葛陵简中"缨""瓔"应与《山海经》中的"婴"字用法相同。①

于成龙（2005）天星观简一号墓卜筮简"举祷大水一静，吉玉瓔之"之"瓔"及楚其他简中"瓔"或"缨"是祭法，即"以玉祀神"之专语。此简中瓔，从玉从婴，窃疑其是"以玉祀神"之专字。缨为其借字。而《山海经》的"婴"是祭品，即"祀神用玉"之专称。由祭名之婴转为祭法之瓔，是名词用如动词。②

晏昌贵（2005）从辞例上看，"缨"确系以玉祭神的专名。"缨"是用来或进一步说明"祷"的。③

罗新慧（2005），我们认为此字可径释为"婴"，可以与《山海经》中有关记载相印证"婴以百珪百璧"、"婴用吉玉"。其格式基本与新蔡楚简一致，由此推定新蔡简的"綏"就是文献中的"婴"，皆用如动词，为系绕之意。《说文·朋部》："婴，绕也。""賏，颈饰也。"简文"兆玉"之"玉"，应当是有色泽、色彩之玉。故新蔡简"婴之—兆玉"其基本含义是将装饰了的玉悬挂于祭牲之上以求神灵满意。④

① 徐在国：《新蔡葛陵楚简札记》，简帛研究网，2003年12月7日；《中国文字研究》，第5辑，页155，华东师范大学出版社，2004年11月。

② 于成龙《山海经祠祭"婴"及楚卜筮简"瓔"字浅说》，《古文字研究》）第二十五辑。

③ 晏昌贵《秦家嘴"卜筮祭祷"简释文辑校》《湖北大学学报》（哲学社会科学版），2005年第1期。

④ 罗新慧：《说新蔡楚简"婴之以兆玉"及相关问题》，《文物》2005年3期。

按 "婴",金文作"▉"(王子婴次卢,春秋晚期),《说文》:"婴,颈饰也。"可引申出"缠绕、环绕"等义。新蔡简使用"婴"的引申义,为使其引申义更加明确,在"婴"形体基础上增加了不同意符,或增加"玉"旁为"▉"(新蔡·甲三·166、162)、"▉"(新蔡·乙一·17)、"▉"(新蔡·乙一·24),明确缠绕之材料;或增加"纟"旁作"▉"(新蔡·甲二·10)、"▉"(秦九九·一一),以会缠绕之意。《一切经音义》卷二十一:"婴,犹缠绕也。"《山海经·西山经》:"瑜山,神也。祠之用烛,斋百日以百牺,瘗用百瑜,汤其酒百樽,婴以百珪百璧。"郭璞注:"谓陈之以环祭。"《山海经·中山经》:"苦山、少室、太室皆冢也。其祠之:太牢之具,婴以吉玉。"罗新慧师认为:"'婴之以兆玉'所表达的含义就是以玉悬绕于某物之上,具体而言,即是悬系于祭牲之上以敬神。"甚是。新蔡简中,无论是"瑷"还是"緌",所出现的语言环境一致,均为固定辞例"×之以吉玉"或"×之以沙(兆)玉",且辞例前均有一祭祀用牲出现,或为"牂",或为"豯(豭)"等,整句话可以理解为用"玉"缠绕于用牲之上,进行献祭。这与"先之一璧"语言环境相类,用牲与用玉同现。"瑷"、"緌"本同源,后各自分化,承担不同义项,进而发展为今天的"璎"与"缨"。

甲二:40 下内外襚祷句所

徐在国(2004)释"襚"是有问题的,此字应当分析为从"示"畏声,释为"鬼"。郭店简《成之闻之》5"畏"字写法与此字右旁同。《上博二》《鲁邦大旱》2"庶民之说知事鬼也"的"鬼"原书释为"视"黄德宽先生在《战国楚竹书(二)释文补证》中分析为从"示""鬼"声,释为鬼。亦可证。

▉,我们认为应释为"神",楚文字神字形多与简文同。[①]

---

① 徐在国:《新蔡葛陵楚简札记》,简帛研究网,2003 年 12 月 7 日;《中国文字研究》,第 5 辑,页 155,华东师范大学出版社,2004 年 11 月。

甲三：3 ☐無咎。又（有）祟與龗同歔（說）[1]，……☐

甲三：33……穌龗㠯（以）尨龗爲君䔹（卒）戚（歲）[貞]。……

乙四：118 ☐龗☐

零 122：穌龗㠯（以）尨龗【爲君䔹（卒）戚（歲）】

陈伟（1996） 䔹（卒）、集相通，䔹（卒）岁即整岁、匝岁、周岁意[2]。

何琳仪（2004） "与"犹"及"。《尔雅·释诂下》"逮，与也……及亦与也。""龗"，疑鼂之异文，《说文》"鼂，匽鼂也。读若朝。"经偏旁分析，上方偏旁可理解为从火从皀，会火光微弱之意。皀读若窈。而龗则可理解为从黾从皀声的形声字，读若朝。亦见包山简均用为人名。《楚辞·九章·哀郢》"甲之鼂无吾以行"注"鼂，旦也。"乙二8"君鼂于咎""鼂"应读"朝"。简文"与号"犹"及朝"。

宋华强（2005） "卒岁"都是指从占卜所在月份到岁末这段时间，是想贞问本年剩余时间内的吉凶[3]。

邴尚白（2007） 认为"穌（穌）龗"与"虖妣"可能是同一人。[4]

沈培（2007） "穌"、"虖"很可能是后来的"虞"姓。[5]

甲三：5 ☐䉜㥃（赛）禱于塈（荆）王㠯（以）逾，訓（顺）至文王㠯（以）逾☐

---

① 断读从邴尚白、沈培。邴尚白：《葛陵楚简研究》，暨南国际大学中国语文学系博士论文，2007 年，页 26。沈培：《从战国简看古人占卜的"蔽志"——兼论"移祟"说》，"第一届古文字与古代史学术讨论会"论文，"中央研究院"历史语言研究所，2006 年 9 月；又见《古文字与古代史》第一辑，2007 年 9 月。

② 陈伟：《包山楚简初探》，武汉大学出版社 1996 年 8 月。

③ 宋华强：《论楚简中"卒岁""集岁"的不同》简帛研究网，2005 年 11 月 20 日，宋华强：《从楚简"卒岁"的词义谈到战国楚历的岁首》，《古汉语研究》2009 年第 4 期。

④ 邴尚白：《葛陵楚简研究》，暨南国际大学中国语文学系博士论文，2007 年，页 135。

⑤ 沈培：《从战国简看古人占卜的"蔽志"——兼论"移祟"说》，"第一届古文字与古代史学术讨论会"论文，"中央研究院"历史语言研究所，2006 年 9 月；又见《古文字与古代史》第一辑，2007 年 9 月。

何琳仪(2004)赛祷于荆王以逾,训至文王以逾。释文于"二王"下断句,不确。"以逾"犹"以降"。郭店简、汉帛书"降"均作"逾"。训至,典籍作"驯致"。《易坤》:"……驯致其道,至坚冰也。"集解引《九家易》:"驯犹顺也"。

甲三:8……癸嬛(亥)肎=(之日),

甲三:204……癸嬛(亥)肎=(之日),

何琳仪(2004)释文"癸亥"甚确。"嬛"亦作"䍙",如"丁亥"作"丁䍙"(乙四102)

李学勤(2004)癸嬛,从前后历日看,夏绝不能有癸亥,是否"癸嬛"应另作解释。[1]

按 在新蔡简中用作"亥"的纪日字有"亥"(10例)、"䍙"(3例)、"还"(2例)、"嬛"(9例),这些用字现象只见于新蔡简,不见于其他楚卜筮简,说明这种现象并不通行于楚国,而是仅限于坪夜地区,或者至少是新蔡墓主封地之内,新蔡整理正将上述字均通读为"亥"。李学勤先生认为,"癸嬛"读"癸亥"值得怀疑,当另作解释。武家璧认为,"癸嬛"当读"癸亥"。袁金平认为"䍙""还""嬛"读"亥"是不误的,但否定了上述二学者意见,认为应该从语音上考察上述字之间的关系才是合理的方法,但囿于材料限制且战国语音距今相去甚远,如何在语音上证明上述字的关系还是一个很重要的需要研究的问题。[2]俞绍宏另辟蹊径梳理了"䍙"声字,认为这些"䍙"字当如字读,"乙䍙""丁嬛""癸嬛"当读作"乙还""丁还""癸还",分别指一个月中第二个乙、丁、癸纪日,"还"即周而复还。[3]俞氏观点可备一说,但还需要更多

① 李学勤:《论葛陵楚简的年代》《文物》2004年第七期。

② 袁金平:《新蔡葛陵楚简历日"癸嬛""乙嬛"释读辨证》,《古籍研究》,2013年1月。

③ 俞绍宏:《新蔡简纪日简"䍙"声字考》,《汉语史研究集刊》,2016年6月。

材料进一步探讨。

甲三11：▢昔我先出自郦邎，^①宅兹汦（沮）、章（漳），以选遷尻（处）

何琳仪（2004）昔我先出自郦，追宅兹沮、漳，以选迁处（于鄬）。"先"，先君、先祖。《战国策·赵策一》"事先者"注"先，先君。"郦，从邑从川得声，可读"均"。《管子·立政》"以时钧修焉"，《荀子·王制》"钧"作"顺"。郦，应是地名，疑是楚国要地"均陵"。追，释文从上读恐非是。追、归同一声系，故追可读归。《孟子·离娄上》"而归之"，正义引《广雅·释诂一》"归，往也"。归宅有往居之意。释文"沮漳"，甚确。以犹又也。《淮南子·人间》"…以伐林而积之"《太平御览》引"以"作"又"。迁处读迁居，楚简之处《说文》以为居。《书多方》"予惟时其迁居西尔"。迁处后可能有脱字，拟补"于鄬"。

简文大意：过去我的先辈出自均陵，往居此沮、漳流域，又选择迁居在鄬。此简与传世典籍完全吻合。^②

黄灵庚（2006）何先生释郦为地名"均陵"不确，先秦文献未见这一地名。追，古属端纽；归，古属见纽。舌、牙二部相去甚远，不相通用，何氏谓通用非知音之选。^③

周宏伟（2009）支持何琳仪先生"地名说"的观点，并从楚先王世系真假讨论以及楚墓竹简、帛书中有大量关于楚人祭祀祖先的实物材料两个方面来反对董珊先生的"颛顼"说。^④

---

① 董珊：《新蔡楚简所见的"颛顼"和"雎漳"》，简帛研究网，2003年12月7日；后刊于《简帛文献考释论丛》，上海古籍出版社，2014年1月。

② 何琳仪：《新蔡竹简选释》，《安徽大学学报》（哲学社会科学版）2004年第3期，又见《楚都丹阳帝王新证》《文史》2004年第2辑。

③ 黄灵庚：《简帛文献与〈楚辞〉研究》，《文史》2006年第2辑。

④ 周宏伟：《新蔡楚简与楚都迁徙问题的新认识》，北京大学历史系编：《北大史学》14辑，北京大学出版社，2009年。

李学勤（2011）赞同何琳仪读"邧"为"均"，进一步认为"遪"就是"追"字，而不能像董珊隶写的那样。但赞同董珊将其理解为一个人名，但是不应该是"颛顼"，而是清华简《楚居》传说中处于泲水地域的"妣佳"。①

裘锡圭（2012）新蔡简"遪"字即可释文"追"，将葛陵简的"昔我先出自邧遪，宅兹沮、漳"与《楚居》的"季连初降于騩山，抵于穴穷，遟（前）出于乔山，宅处爰波"仔细对读，可以看出"出自"和"出于"的宾语应是同性质的，"邧遪"跟"乔山"一样，也应该是个地名。董珊先生读"邧遪"为"颛顼"，李学勤先生释"邧遪"为"邧追"，认为即指居于邧地的妣佳，皆不可从。②

李守奎（2014）笔者认为"宅"可训"度"，意思是考虑度理。简文大意是：昔日我的先祖从邧追这个地方出来，考度沮、漳流域，以选择迁移的居所。《楚居》说季连"初降于騩山，抵于穴穷，遟（迁）出于乔山，宅处爰波，逆上泲水"与新蔡简的叙述方式基本一致，都是自某山迁出，在某水流域考度，选择居址，都是叙述先祖迁徙的。③

按 笔者曾就"邧遪"详细梳理，结果总结如下。④

1. 邧遪，当隶定为"邧追"，连读，表地名。

2. 邧遪，读为"邧窦"，指邧地之窦，可能就是指泲水流域的地下穴道。

---

① 李学勤：《论清华简〈楚居〉中的古史传说》《中国史研究》，2011 年第 1 期。

② 裘锡圭：《说从"甾"声的从"贝"与从"辵"之字》，《文史》，2012 年第 3 辑，中华书局，2012 年 8 月，页 9～27。

③ 李守奎：《出土文献中 "迁"字的使用习惯与何尊"迁宅"补说》，后刊载《出土文献》（第 4 辑），中西书局，2013 年 12 月。

④ 蔡丽利：《新蔡简"邧遪"综论》，《清华简与儒家经典国际学术研讨会论文集》上海古籍出版社，2017 年 10 月。

3.简文大意为：昔日我的先祖从邥迣这个地方出来,考度泪、漳流域,以选择迁移的居所。

甲三：15 □隹湠栗忈（恐）朢（懼）,甬（用）受籙元龜、晉（巫）筮（筮）曰：

李天虹（2003）"湠"是"荡"的古字。《说文》："湠,水声,读若荡"从文意考虑,疑"湠"当读作"颤"或"站"。古音"荡"属定母阳部,"颤"、"站"属章母元部,是"湠""颤"、"站"声母相近。[1]

徐在国（2004）"栗"当读为"栗"。《尔雅·释诂下》："栗,惧也。"栗与恐惧均为同义词。《说文》："湠,水漾漾也。"《玉篇》："湠,今作荡"荡有震动义。《史记·龟策列传》："…百僚荡恐。"荡与恐连用,与简文荡与栗、恐、惧连用同。[2]

何琳仪（2004）惟沩栗恐惧。原篆右从象实乃省爪的"为"（《金文编》176页）,《韵会》："沩,《说文》水名,出河东虞乡县历山西,西流蒲阪。通作妫。为、危声系相通,故沩栗可读为危栗《易林》"……危不安栗"。危、畏声系亦相通,沩栗亦可读"畏栗",《后汉书·左雄传》："……自是牧守畏栗莫敢轻举。"

于茀（2005）佳应读为"唯"。湠栗,应读为"战栗"。湠,定母阳部字,"战",章母元部字,元阳通转,章母与定母准旁纽。"受籙元龟"即"受籙于元龟",从元龟那里接受籙辞。"用"在此表原因。此简应与甲三31缀合。[3]

按 《论语·八修》："哀公问社于宰我。宰我对曰：'夏后氏以松,殷人以栢,周人以栗,曰使民战栗。'"《汉书·杨敞传附杨恽》："众毁所归,不寒而栗。"颜师古注："栗,竦缩也。"

---

① 李天虹：《新蔡楚简补释四则》,简帛研究网 2003 年 12 月 17 日。

② 徐在国：《新蔡葛陵楚简札记》,简帛研究网,2003 年 12 月 7 日；又见《中国文字研究》第 5 辑 155 页,华东师范大学出版社,2004 年 11 月。

③ 于茀：《新蔡葛陵楚墓竹简中的籙辞》,《文物》2005 年 1 期。

宋华强赞同何琳仪之说,读"渆"为"沩",危也。[1]曾侯乙墓简有"膓(阳)喙(为)",可有力左证何先生之说。

甲三:21: 食,卲(昭)告大川有沇,

零:9、甲三:23、57 □卲(昭)告大川有沇曰:……

零:198、203 有祝(祟)见於大川有沇。……

何琳仪(2004)沇疑水害之害的专用字。硕叔多父盘"受害福"、大篚"害璋马两"之"害",诸家多读"介"。《太玄锡》:"溪货介介也。"注"介介,有害也。"就零198、203来说,主张在"大川"后点断,即"有祟见于大川,有沇(害)"。

杨华(2006)实际上,此"介"字不必迂回解释。《楚辞·九章·哀郢》:"哀州土之平乐兮,悲江介之遗风。"朱熹《集注》:"介一作界,间也。"蒋骥注:"介,侧畔也。""江介"即谓大江左右之地。姜亮夫先生认为,《九叹·离世》之"济湘流而南极,立江界而长叹",句中"江界"实即《哀郢》所言"湘江左右之地"。出土简文中的"大川有介"与传世文献中的"江介"是一回事。新蔡简文中的"介"字从水,是其意符。其"大川有介"的"有"字,并无实义,用以足句,如同古籍中常见的"有虞""有夏"之类。新蔡简中提到"大川有介"的文例都是册告祝辞,尤其注重音节和文辞,用到此虚词,在所必然。"有祟见(现)于大川有介",意即有祟鬼在大川之水边降临。曹子建诗"江界多悲风",江边易生风,多阴森恐怖之象,故常被疑为有祟出现。"昭告大川有介",是指平夜君成因此而对大川及其水边举行册告仪式和祭祷巫术。另,《诗经·召南·江有汜》中有"江有汜""江有渚""江有沱"句,指江及其支流(汜、沱)和小洲(渚),均与此相类,亦可参证。[2]

---

① 宋华强:《新蔡葛陵楚简初探》,武汉大学出版社,2010年3月,页441。

② 杨华:《新蔡简祭祷礼制杂疏(四则)》,武汉大学简帛研究中心主办:《简帛》第一辑,页204,上海:上海古籍出版社2006年10月。

范常喜(2006)"有洧"读作"洧界"。"有"即"洧",古水名。"洧界"义即洧水边上。《诗·郑风·溱洧》:"溱与洧,方涣涣兮。"毛传:"溱洧,郑两水名。"《吕氏春秋·离谓》:"洧水甚大,郑之富人有溺者。"《史记·苏秦列传》:"韩北有巩、成皋之固……东有宛、穰、洧。""洧水"即今双洎河,源出今河南省登封市阳城山,自长葛县以下,故道原经鄢陵、扶沟两县南,至西华县西入颍水,距离今天的"平舆"不是太远。新蔡葛陵楚墓墓主为"平夜君成",其中"平夜"即今之"平舆",所以"洧水"作为墓主人的祭祷对象当属可能。"洧渊"曾被郑人当作禜祭的对象。如,《左传·昭公十九年》:"郑大水,龙斗于时门之外洧渊,国人请为禜焉,子产弗许。"蔡国有以"洧"为名者。如,《左传·昭公十三年》:"蔡洧有宠于王,王之灭蔡也,其父死焉。"可见"洧水"在当时蔡人心目中亦较为重要,所以"洧水"作为墓主人"平夜君成"的祭祷对象也是可以理解的。[①]

宋华强(2006)平夜君成向"大川有洧"祝祷陈词,是为了祈求其去除祸祟,其心情是"战栗恐惧",其对"大川有洧"的态度是"敬之惧之",极言称美犹恐不足,岂敢以"有害"称呼之?又,楚简凡说"有祟见于某","某"都是指神灵,释为"水边"也并不合适。"大川有洧"疑亦当理解为"有洧之大川"。"洧"疑当读为"匄"。《诗经》有"以介眉寿""以介景福""以介我黍稷"等语,林义光指出这些话里的"介"字当读为"匄",训为"求",其说可信(参看裘锡圭《谈谈地下材料在先秦秦汉古籍整理工作中的作用》,《中国出土古文献十讲》147 页,复旦大学出版社,2004 年12 月)。《广雅·释诂三》:"匄,与也。"楚地多川水,其生存所资皆赖川水之赐。"大川有洧"即"有洧(匄)之大川",意思是"对

---

① 范常喜:《读简帛文字札记》简帛研究网 2006 年 11 月 13 日首发。

我们有恩赐的大川",这是对"大川"的一种称美。晚近世人拜求观音菩萨者或称之为"救苦救难观世音菩萨",与简文称"大川有汃"类似。由于是说川水,所以"介"从"水"旁作"汃"。若此说可信,那么简文"大川"并不是指某条具体的江河,而是对楚地大将大河的一种统称。我们认为,"大川有汃"与古书中的"泰龟有常""大筮有常"构型相同。①

王三峡（2007）"大川有汃","有汃"字当如何琳仪先生所言,为从水介声的形声字。杨华先生将其读作"介",也是合理的。但是,两位先生对其词义的解释,却是我们不赞成的。窃以为,"汃",读作"介",义同"甲","有汃"即指有甲的水族。"介,甲也",为经传常训。唯"甲"本是"铠甲"之义,后又喻指动物坚硬的外壳,"介"也就泛指甲壳类动物。②

袁金平（2007）我们认为,"大川有汃"中间不宜点断,应作一句读。杨先生指出简文"大川有汃"与《楚辞》"江介"是一回事,并谓其与《诗经》"江有汜"等语相类,此说确不可易。"汃"即"介",从水,"是其意符"。杨先生这些意见都是可取的。范先生将简文"有"读为古洧水之"洧",观点十分新颖。范氏以蔡国有人以"洧"为名作为例证更是疏于严谨,殊不可从。杨华先生提出的,"有"在简文中作虚词,"并无实义,用以足句"。此说极具启发性。我们的观点是,这里的"有"应训为助词"之",相当于现代汉语中的助词"的"。"大川有汃"即"大川之介",在简文中泛指整个"大川"水域。"大川有汃"意为"大川之水边""大川及其水边"。"介"则应训为"间"（见杨华文所引朱熹注）。"大川有汃"即"大川之间",泛指"大川"整个流域。简文云"昭告大川之间",将"大川"

---

① 宋华强:《楚简神灵名三释》,简帛研究网,2006 年 12 月 17 日首发;后收入氏著《新蔡葛陵楚简初探》,武汉大学出版社,2010 年 3 月,页 237 ～ 241。

② 王三峡:《"大川有介（从氵）"试解》简帛研究网 2007 年 1 月 14 日。

人格化、神化，与楚简习见神只"大水"性质一致。这种作助词的"有"的用法源自作代词用的"有"字。至于先秦典籍中诸如"有夏"、"有周"等"有"的用法，现在多分析为词头或语助，我们推测这种"有"很有可能就是从早期作代词用阶段进一步虚化而来。上博三《周易》简21谓："九五，亡（无）忘又疾，勿药又菜。"与"亡（无）忘又疾"相对应，今本作"无妄之疾"，马王堆汉墓帛书本作"无孟之疾"，"忘"、"妄"、"孟"三字属同音通假。这里"又（有）"与"之"互为异文，为我们的立论提供了重要的左证。[①]

晏昌贵（2010） "沴"为水名是不错的，但这里"沴"应为"涡水"东入于"淮"，故"大川有沴"或指大川淮涡水神。[②]

（按）"沴"从水从介声，"介"甲骨文作"𣥶"（合816）、"𣥶"（合19028），其他楚简作"𣥶"（上博六·平王问郑寿6），形体表示人在两点或四点之间，会有两者之间之意。学者指出，从"介"的字也多有"居间"之意，如田境之间谓"界"，裤衩之处谓"衸"，齿与齿相磨合曰"齘"，等等。由此，"沴"或可理解为"水或川之受阻碍而一分为二"。川之受阻处一般险象环生，易发生危险，故要祭祷祈求平安。若此，"大川有沴"当指"大川不顺畅的地方或受阻碍之处"。《庄子·田子方》："其神经乎大山而无介，入乎渊泉而不濡。"成玄英疏："介，碍也。"《汉书·翼奉传》："前乡崧高，后介大河。"颜师古注："介，隔也；碍也。"卜筮简还有"嗌死为芥"（天卜）"瘥（疥）不出"（新蔡·甲二·28），均因"受阻碍"而发生一些变故，由此将"沴"理解为阻碍、受阻也是合适的。董珊颇疑天星观简文："嗌（缢）死为芥"的"芥"与"大川有沴"

① 袁金平：《新蔡简大川有介（从氵）试解》，简帛研究网2007年1月20日首发；后载《语言学论丛》第42辑，2010年。

② 晏昌贵：《巫鬼与淫祀——楚简所见方术宗教考》，武汉：武汉大学出版社，2010年3月，页149。

之"沴"是同一个词。①

甲三：22、59……曩日癸丑，

李天虹（2003）"曩"读作"一"。曩日癸丑，就是过了一日到了癸丑，即"第二日癸丑"。②

徐在国（2004）曩，怀疑此字应分析为从"日""能"声，读为翼。"能""台"二字古音通。"异""眙"二字古通。因此，翼可以"能"为声符。"翼日'即第二天。③

何琳仪（2004）《说文》"曩，埃曩，日无光也。从日能声"。曩，疑读"若"。"能"与"若"声系可以通假（见王念孙《读书杂志荀子第八》）。能与该亦可相通，《释名·释言语》"能，该也"。"耳目之所不该"，注"李周翰曰，曩，及也。"或读曩为翼亦通。

零：9、甲三：23、57　□少（小）臣成蓦（暮）生畢孤□

刘信芳（2004）简文"早生"之"早"误释为"毕"。《说文》："蓦，宋也。"……"蓦"本义为寂寞……简文"蓦生"应是针对平夜君成出生以后一段时间的家境而言，平夜君成之父王孙厌虽贵为王孙，但在平夜君成的幼年，其家道已不显赫。④

宋华强（2006）"早"字原整理者误释为"毕"，刘信芳先生改释为"早"，可信。"暮"，字原作"蓦"。刘信芳先生用"蓦（寞）"字表示家道中落，用"蓦（寞）生"表示出生于家道中落之时，我们很怀疑汉语中是否存在这样的表达方式，刘先生的解释恐不可从。"蓦"字从"夕"，"莫"声，可能是"暮"字的异体，从"日"、从"夕"表义相同。"暮"字或作"蓦"，亦犹"晨"字或作"零"（多友

① 董珊：《楚简中从"大"声之字的读法（二）》，注41，武汉大学简帛研究网2007年7月8日。

② 李天虹：《新蔡楚简补释四则》，简帛研究网2003-12-17日首发。

③ 徐在国：《新蔡葛陵楚简札记》，简帛研究网，2003-12-7；《中国文字研究》第五辑，页155，华东师范大学出版社，2004年11月。

④ 刘信芳：《释葛陵楚简"暮生早孤"》简帛研究网2004-01-11首发。

鼎），"戗（岁）"字或作"戬"（望山简 M2-1，上博简《鲍叔牙与隰朋之谏》8）。"暮"、"晚"义近，《说文》日部："晚，莫（暮）也。"疑"暮生"就是"晚生"。"晚生"习见于文献。如《黄帝内经·素问·至真要大论》："阳明司天，燥淫所胜，则木乃晚荣，草乃晚生。"文献中有"晚生早孤"。如隋朝薛浚临终与弟书云：吾以不造，幼丁艰酷，穷游约处，屡绝箪瓢。晚生早孤，不闻《诗》《礼》。平夜君成自称"暮生早孤"和薛浚自称"晚生早孤"都是自伤身世之语，"暮生早孤"无疑就是"晚生早孤"，意思是生得晚而孤得早。"暮生"不见于文献，大概是战国时期楚国平夜一带的方言。刘信芳先生对"早孤"的解释是"幼而无父"，近是。①

按 "莫"，"暮"的初文，本义太阳落下，即日暮。甲骨文作"𦳋"（合 15588 正）、"𦳊"（合 30617）、"𦳉"（合 28822），金文作"𦳌"（髟莫父乙觚，商）、"𦳍"（散氏盘，西周晚期），楚卜筮简作"𦳎"（新蔡·甲三·36）、或增加意符"夕"作"𦳏"（新蔡·零9、甲三·23、57）使本义更加明确。古文字从木从中每无别，故早期甲骨文从木的形体多发展为从中。"莫"常被借作否定代词，久借不还。为了明确本义，在"莫"基础上增加意符"日"，作"暮"，为后起本字。这种情况，楚卜筮简中就已体现，只不过所增加的意符为"夕"。"日""夕"作为意符作用相同，但加"日"旁比加"夕"旁更直接些，故"暮"行"𦳏"废。楚卜筮简中用"莫"表官职的"莫嚣（敖）"，用增加意符的"𦳏"表时间义，以示区别。宋说，甚是。

甲二：29 五宝（主）山各一羘（羖）

甲三：174 羘（羖），道一冢

乙一：28 戶屯一羘（羖）

《望山》整理者（1996）原释疑为从"羊"，"歩"声之字。"歩"、

① 宋华强：《试论平夜君成即平夜文君之子》简帛研究网 2006 年 5 月 26 日首发，后收入《新蔡葛陵楚简初探》，武汉大学出版社，2010 年 3 月，页 442。

"曷"古音相近,此字或即"羯"之异体。①

刘信芳(1998)以为"羺"应是"粘"之异体。②

侯乃峰(2006)"烊"为"羺"。此字毫无疑问是从"羊","及"声之字。《说文》:"及,秦以市买多得为及,从乃从又,益至也。"《诗》曰:"我及酌彼金罍。""羺"字原考释释为"烊",读为"牂",不可从。《楚系简帛文字编》所见天星观卜筮类简文中有辞例"举祷于二天子各两牂两羺","牂"与"羺"同时出现,足可以证明"羺"不可读为"牂"。同时,新蔡简文出现从"牜"作的"牂"字形,"黏"字形例多见,但不见"粘"字形,说明释"羺"为"粘",指"牡羊"是可行的。简文中"古""及"字形同时出现,有可能是以"牂"指"牝羊",以"黏"专指"牡豕",而"羺"则专指"牡羊"。③

按 诸家多读"羖",应无异议。尤陈伟述之甚详,今转引如下:

羊有粘、牂、瓾(肤)三种称谓。粘,《考释》读为羖,可从。《广雅·释畜》:"羊牡羒。夏羊,牡羭,牝羖"。《广雅·释兽》:"吴羊:牡,一岁曰牡羒,三岁曰羝;其牝,一岁曰牸羒,三岁曰牂。吴羊犗曰羬,羖羊犗曰羯。"《尔雅》郭璞注:"今人便以牂、羖为白黑羊名。"依此,简书中的粘(羖)、牂可能存在三种对应关系:黑羊与白羊,公羊与母羊,以及黑色公羊与白色母羊。④

陈伟武认为"粘"是为"公羊"新造的专用字。

表名物的专用字,为了能突出表示某一事物的质料,人们往往新造一个字,添加一个表示事物类别的义符,或者以另一个义

① 湖北省文物考古研究所:《江陵望山沙冢楚墓》,页264,文物出版社,1996年4月第1版。

② 刘信芳:《望山楚简校读记》,《简帛研究》(第三辑),页35,广西教育出版社,1998年12月第1版。

③ 侯乃峰:《说楚简"及"字》简帛研究网2006年11月29日首发。

④ 陈伟:《包山楚简初探》,页176,武汉大学出版社,1996年8月。

符更换原来的义符,新造的这个字即是专用字。如,羒:指公羊之专字,古书或作"羖"。包山简另有"豠",指公猪的专用字,古书多用"豭"表示。①

"𤝔"(新蔡·甲二·29),候先生在字理上解决了为什么"𤝔"可以读"羒","𨌉"可以读"股",论证可靠。赵平安在侯说基础上从形义来源上作了进一步的说明。他认为,"夃"就是"股"的初文,夃、殳(股)系同源分化,虽然隶定为从"夃"偏旁的字没有错,但是考虑到演变后的不同归宿,还是隶定为从"殳"的字比较好,"𤝔"应直接隶定为"羖"。"羒"是"羖"的俗体。②《说文》:"羖,夏羊牡曰羖。"《六书故·动物一》:"羖,牡羊也。牡牛亦曰羖牛,犹羖羊亦曰牡羊也。"《尔雅·释畜》:"牝羖"郭璞注:"今人便以羘羖为白黑色羊名。"杨蒙生对"夃(股)"释读作了详细的学术梳理,③可参看。

甲三:31 丌(其)繇(謠)曰:氏(是)日未兑大言,讘=(讘言)口言,惙=(惙惙)若组若结,攴(终)㠯(以)……

禤健聪(2003) 整理者断句不确。简文既云"谣",则文句不应如此参差。"惙="读为"惙惙","讘="也应读为"讘讘"。讘当从绝得声,与兑、惙二字古音皆在月部,结在质部,质、月旁转。故此段当是句式整齐而且押韵的真正的"谣",而"以"字下当补二字以足句。《说文》:"兑,说也。"又"惙,忧也……《诗》曰:'忧心惙惙。'一曰意不定也。"讘字不识,但"讘讘"当与"惙惙"意近,

---

① 陈伟武:《新出楚系竹简中的专用字综议》,《华学》第六辑,紫禁城出版社,2003 年 6 月,页 99~106。

② 赵平安:《关于夃的形义来源》,简帛网,2007 年 1 月 23 日;后发表于《中国文字学报》,第二辑,商务印书馆,2008 年;又辑入《新出简帛与古文字文献研究》,页98~105,北京:商务印书馆,2009 年。

③ 详见杨蒙生《释"夃(股)"小史》,《出土文献》(第四辑),2013 年 12 月,页172~176。

言忧忡,故"若组若结"也。①

陈伟(2004)赞同禤健聪的调整,但应为"繇曰"指贞问时所得的文辞。《左传·僖公四年》:"初,晋献公欲以骊姬为夫人,卜之,不吉;筮之,吉。公曰:从筮。卜人曰:筮短龟长,不如从长。且其繇曰:'专之渝,攘公之羭。一熏一莸,十年尚犹有臭。必不可!'"杜预注:"繇,卜兆辞。"孔疏云:"筮卦之辞,亦名为繇。但此是卜人之言,知是卜兆辞也。卜人举此辞以止公,则兆颂旧有此辞,非卜人始为之也。卜人言其辞而不言其意,不知得何兆,此义何所出也。"这样可知(1)卜兆和筮卦都有繇辞。(2)这些繇辞备有成文,卜筮时可方便地引述。(3)繇辞的语言近乎诗句,有的还前后押韵。葛陵简的主体是卜筮记录,甲三·31"其繇曰"三字与《左传》多处"其繇曰"相当,其后言辞简短有韵,其作为繇辞显然比作为一般歌谣之辞的可能性要大。简文甲三·15、60。这里说的"用受繇元龟、巫筮",正应是通过卜筮获得判断吉凶的繇辞,可与对简甲三·31的理解相互印证。②

于成龙(2004)此简文中的"𧮫",从言,𢇍声。𢇍,继的古字。"𧮫𧮫"形容"大言"接连不断。简文"惙"应读如"缀",训为链接。…"若组若结"承前文是说𧮫𧮫大言与惙惙□言纷繁交接。③

于茀(2005)繇,指龟卜的繇辞。《左传》"…成风闻成季之繇"。杜注:"繇,卦兆之占辞"。兑,可读为"悦",亦可读为"说"。此处应读为"说"。𢇍,即"绝"字,"𢇍="应是"绝"的重文,"绝绝"

---

①　禤健聪:《新蔡楚简短札一则》,简帛研究网2003年12月28日首发;后发表在《康乐集》,中山大学出版社,2006年1月。其中赞同了陈伟先生将谣改为繇的说法。

②　陈伟:《葛陵楚简所见的卜筮与祭祷》,2004年2月29日网上首发,后发表在《楚土文献研究》第六辑,上海古籍出版社2004年12月。

③　于成龙:《楚礼新证——楚简中的纪时、卜筮与祭祷》,北京大学博士学位论文,2004年5月。

与"惙惙"相对成文。"绝绝"当是弃绝之义,"大言绝绝"的意思是大言弃绝语言。"惙惙",应读为"缀缀",应是多言不止义。"讘=" 下应有"少"字,读为"小",整理者未作补释。"小言"与上文"大言"相对成文。疑零232与此简缀合,但两简的残断部分无法补出。零232简:"……是以谓之有言。其兆亡咎。"[1]

宋华强(2006)我们怀疑简文"縣"也是某种卦爻辞。"昏末兑"三字如果断读为"昏末,兑",就和《周易》各卦大象开头说明卦象的话非常类似了,例如"丽泽,兑""随风,巽""兼山,艮""洊雷,震""风雷,益""雷风,恒"等等。若此读法可信,那么简文中的"兑"很可能就是卦名,而"昏末"是对其卦象的说明。简文"讘=" 疑读为"断断",专一也。"大言断断"意思可能是"大言"应该专一,不要枝蔓,应该诚实,不要自欺。[2]

晏昌贵(2010)"大言"当指变卦《同人》之上干。干处上位而穷极,故曰"绝绝"。"离"为"小言"。[3]

按 宋说"若组若结"当是承"小言缀缀"的,恐不确。"若组若结"当是承"大言讘=(断断),小言惙惙(缀缀)"而言,确切说是针对"大言"、"小言"共同而言的。整句话或可理解为"大言绝绝需若组,小言缀缀有所结"。

甲三: 35[老] 童、祝鬷(融)、穴熊芳屯一☐

甲三: 83 ☐[祝] 鬷(融)、穴 [熊]、邵(昭)王、献 [惠王] ☐

甲三: 188、197 ☐……舉禱楚先: 老童、祝鬷(融)、媸酓(熊)各兩牂……☐

① 于茀:《新蔡葛陵楚墓竹简中的縣辞》,《文物》2005 年 1 期。

② 宋华强:《新蔡简中有縣辞的一组简文释读》简帛研究网 2006 年 11 月 12 日首发。《新蔡葛陵楚简初探》,武汉大学出版社,2010 年 3 月,页 165 ~ 180。

③ 晏昌贵:《巫鬼与淫祀——楚简所见方术宗教考》,武汉:武汉大学出版社,2010 年 3 月,页 207。

甲三：268▢……敔（就）禱楚先老嬇（童）、祝【融】▢（＋乙一：24）

乙一：22▢又（有）敓祟见於司命、老嬇（童）、祝戠（融）、空（穴）畬（熊）……▢

乙一：24▢戠（融）、空（穴）畬（熊）各一痒（牂）…▢

零：254、162▢［祝］戠（融）、穴畬（熊），敔（就）禱北▢

零：288▢［祝］戠（融）、空（穴）穴畬（熊）各▢

零：560、522、554▢［祝］戠（融）、穴熊、卲（昭）［王］▢

老僮、祝戠（融）、嬇畬、穴熊、楚先、三楚先。关于"老僮、祝戠（融）、嬇畬、穴熊"这几位楚先祖一直是学界探讨的热点，分歧主要有二：一是关于"嬇"字的释读，二是"嬇畬"、"穴熊"究竟是一人还是两个人。尤其第二个问题，学界一直争论不休。关于这个问题我们下文详论。首先来看一下"嬇"字的释读。"嬇"字争论的焦点在于对右侧偏旁理解上，对于"蚩"的理解有这样几中看法：一是认为"蚩"是"虫"之省体；二是认为"蚩"是"宂"的讹变体；三是认为"蚩"是"蚰"字，"虫之总名也，读若昆。李学勤最早指出："㲥"在帛书上读为"融"，是由于"融"也是从'虫'省声之故。幽、觉、冬就是阴、入、阳的关系。简文"嬇畬"是个从"女"，"虫"省声，古音在冬部。"鬻熊"的"鬻"是喻母觉部字。"嬇"、"融"都是从"虫"省声，故可与"鬻"通假，包山简提到的这个楚祖先不是别人，乃是文献中的鬻熊。[1]何琳仪、刘乐贤从之。[2]而

[1]　李学勤：《论包山楚简中一祖先名》，《文物》1988年8期，页87～88；又见《李学勤集——追溯·考据·古文明》，黑龙江教育出版社，1989年5月，页262～265；又见《李学勤学术文化随笔》，中国青年出版社，1999年1月，页361～372。

[2]　何琳仪：《战国古文字典》，中华书局，2007年5月第3次印刷。刘乐贤：《读楚简札记二则》，简帛研究网，2004年5月29日；后改名为《读楚简札记（三则）——楚简的"谍"与秦简的"蚕"》，《中国古代文明研究与学术史——李学勤教授伉俪七十寿庆纪念文集》，河北大学出版社，2006年11月，页112～113。

赞同"蛊"是"巟"的讹变体学者有李天虹、曾宪通、董莲池、陈伟、苏建洲、李家浩，然对于"巟"是所从"毓"之右侧还是"流"所从之右侧，且两个"巟"之间有何关系，诸家看法略有不同。董莲池认为：

﹀形参与构形时并列排成"𠂤"与上下排成"⌁"时，所表示的应当有别。"𠂤"形排列表示的是二"虫"，则"⌁"形排列所表示的就一定不是二"虫"。作上下排列的二"﹀"是"巟"旁的讹省形体。楚简中"融"，毓从亯从巟，无疑应是从亯得声，巟在字中则为义符。我们知道，巟是毓的省体，简文鬻字作妸，表明妸之读音近于鬻，过去囿于字从虫省，需要运用通转理论才能讲通。而今实应直接释为毓，毓字见《说文》，与鬻上古均觉部喻母，古音相同，无需通转，故见于《史记·楚世家》的"鬻熊"在简文中可以写作"毓熊"。①

苏建洲认为：

值得注意的是乙一：22、乙一：24、零：288"融"字皆作𧗟，偏旁从"⌁"，可见旧说认为"𧗟"右旁从"蛊"似可商。"融"（余冬）应该释为从"巟（毓）"（余觉），二者双声，韵部阳入对转。"融"字字形变化的过程由𧗟→𧗟，如同"流"字。《包山》217有"𧗟酓"，《葛陵》甲三：188、197有"禔酓"，禔字可分析为右旁从"巟（毓）"，由字形来看，禔字应可与《包山》𧗟字相对应，换言之，𧗟本亦是从"⌁"。也就是说《包山》"𧗟酓"应释为"鬻熊"。此可与《史记·楚世家》记楚君熊通说"吾先鬻熊"相对应。②

---

① 董莲池：《释战国楚系文字中从⌁的几组字》，《古文字研究》第二十五辑，中华书局，2004年10月，页286～289。

② 苏建洲：《试论〈上博（三）·周易〉的"融"及相关的几个字》，简帛研究网，2004年5月8日。

李天虹认为：

> 楚简"流"字有两种形体，一种作█（《性情》19），一种作█（《性》31），其右旁是"㱙"字的省体，古文字本从倒子和三点，以象小儿出生之形，后者发生省变，省变后的"㐬"字与"虫"混同。望山和包山简中有█，隶定为"䗔"，西周兴钟以及春秋邾公釛钟铭文亦有"融"字，字从"㐬"形。"䗔"与"㱙"的关系则存在两种可能。其一，若"䗔"从"虫"省声，则"㐬"与"虫"属音符替换；其二，若"䗔"从"塘"声，则"㐬"是因为与"虫"形体相近而至的声符化，"䗔"乃是一个双音符字……望山和包山简所记楚先祖名有"█熊"……将"█"读作"鬻"的说法已经得到学界的普遍认同，但是新蔡甲三：188 号简有与之相当之字作█，可以隶定为"梳"。古"㱙"、"鬻"音同可通……由"梳"比堪，我们认为"㐬"很可能不是"虫"字之省，而是"㐬"字之省，原因有二。其一，"㱙"、"鬻"二字古音相同，比"虫"、"鬻"更近；文献有"㱙"、"鬻"通用之例，却无"虫"、"鬻"通用的直接例证。其二，古文字"㱙"本或从"女"从"㐬"，已有学者将"█"的右旁视作"㐬"的省文，从而认为"█"就是"㱙"字。新蔡"梳"字的发现为此释提供了新的字形依据。[①]

曾宪通认为：

> 通常释为"融（䗔）"字的"虫"符是虫的省变，而一般释为"流（潕）"字的"虫"符则来源于㱙字的省文即"㐬"形的讹变。有的"虫"符旁边还保留着圆圈形（即〇）……最后讹成了"虫"形。于是两个来源不同的"虫"

① 李天虹：《楚简文字形体混同、混讹举例》，《江汉考古》2005 年第 3 期，页 83～87，转页 69。

"形遂混而为一……对流、毓、融三字而言,正代表着上古幽、觉、冬三个韵部的读音,即代表上古的冬韵及其相配的阴声韵和入声韵……"娸"、"禧"共有声符"蚩",如此,则"娸畬"、"禧畬"均可读作"鬻熊"。①

由上可知,董连池把"毓"从的"㐬"看作义符,而"娸"从的"㐬"则是声符。苏建洲把"毓"视为双声字。李天虹亦以"毓"为双声字,"娸""梳"从"㐬"(毓)声。诸家所说的讹混仅仅是指"虫"与"㐬"的讹混,那么,"流""毓""娸"所从"㐬"是否为同一个字,迷惑依旧。李家浩的《楚简所记楚人祖先"娸(鬻)熊"与"穴熊"为一人说——兼说上古音幽部与微、文二部音转》为我们解惑释疑,值得大家阅读。故我们做梳理转引,为行文方便,李文用 A 代替"娸",用 B 代表"㐬"。为直观理解,我们把李氏提到有关字形整理如下:

A1:🔲望一·121 娸畬(熊)🔲包山·217 娸畬(熊)🔲包山·237 娸畬(熊)🔲曾孟娸朱姬簠

A2:🔲新蔡·甲三·188、197 娸(鬻)畬(熊)

B1:🔲

B2:🔲

🔲(原本)🔲(摹本)望一·123 🔲(融)🔲包山·217 祝🔲(融)

🔲新蔡·乙一·22 祝🔲(融)🔲新蔡·乙一·24【祝】🔲(融)

🔲長沙楚帛书

🔲瘋鐘甲🔲瘋鐘丙🔲邾公釛鐘

---

① 曾宪通:《再说"蚩"符》,《古文字研究》第二十五辑,中华书局,2004 年 10 月,页 243～250;后收入氏著《古文字与出土文献丛考》,中山大学出版社,2005 年 1 月,页 107～114。

　　简文"祝融"的"融"字原文也有两种写法,分别从 B1、B2,
从《说文》"墉"字古文"𩫁"。在葛陵竹简发现之前,我们所见到
的古文字"融"多是类似上录第一种写法,主要区别是瘭钟铭文
"融"所从二"虫"的头上下相对,而邾公釖钟、长沙楚帛书和包
山楚墓竹简 217 号"融"所从二"虫"的头都向上。从年代来说,
瘭钟要比邾公釖钟、长沙楚帛书和楚简早,B 的字形本当作"𤕟"
形,为了书写方便,才作"𣲎"。据目前已有的古文字资料,在春秋
晚期曾孟媿朱姬簠铭文中,就出现"𤕟"形。因为 B2 是在 B1 之上
加"〇"旁而成的,所以在战国文字中 B 所从"〇"可有可无。在
郭店竹简和上博竹书中,多次出现从"水"从 B1 或 B2 之字是"流"
字,已得到公认。下录战国中山䜱壶、睡虎地秦简"流"字还可以
看出其演变轨迹。

　　█中山䜱壶

　　𣲎《封诊式》29 号。

　　　　中山䜱壶"流"字所从"𣲎",将中间的"〇"写作"▽"
形,其上"虫"旁中间"八"字形笔画当是饰画。《说文》,
"流"字正篆和重文所从的"𣲎"……非从所谓的倒古文
"子"。上揭"融"、"流"二字所从 B,跟"毓"字所从"𣲎",
当非一字。前者从"𣲎"或作"𤕟"旁,后者从"𣍱",由于文
字形体的演变,后来它们讹变成相同形的"𣲎"。我们把
"流"字所从"𣲎"(按,𣲎或作𤕟)"𣲎₁","毓"字所从"𣲎"(按,
作𣍱)"𣲎₂"。上古音"𣲎₁"属来母幽部,"毓"属余母觉部,
余、来二母都是舌头音,幽、觉二部阴入对转。已知 B 是
"𣲎₁",那么上揭古文字"融"可以分析为从"𣲎₁"从《说
文》"墉"字古文"𩫁"。上古音"融"属冬部,"墉"属东部,
"𣲎₁"属幽部,古代这三部的字音有关。故其所从"𣲎₁"
和墉"字古文"𩫁",都应该是声旁。"𩫁"当是"融"字异

体。简文"妣畬","妣"可能是"毓"字的异体,"毓""鬻"
古通,所以李先生的说法已得到学术界的公认。我们赞
同龙宇纯采用古韵二十二部,把"穴"字归到微部……
这说明"疣₁"加注的"○"应该是声旁,而不是形旁……
仅就"疣₁""疣₂"二字本身所反映的音而论,也可以证明
"妣""鬻"与"穴"可通。……同一位楚人先祖名字在不
同地区有不同的写法,显然是因为当时楚国不同地区的
方音所造成的结果。也就是说,"妣熊"是楚国国都地区
官话的写法,"穴熊"是楚国平舆地区方言的写法……根
据以上我们对出土楚简"妣熊""穴熊"和传世文献"穴
熊""鬻熊"的分析、论证,不仅楚简中的"妣熊"与"穴熊"
是同一个人,而且文献中的"穴熊"与"鬻熊"也是同一
个人,以及《山海经大荒西经》所说的"长琴"与"妣(鬻)
熊"也可能是同一个人。①

李家浩认为,"融"所从的"疣"与"毓"所从的"疣"绝非一字。
由于文字形体演变,后来他们讹变成相同形的"疣"。古文字中本
来是不同形的字,由于文字发展演变,后来变成同形,是很常见
的。可以说李文解说精当,茅塞顿开。"鬻熊""穴熊"是否为一人,
他们与楚先、三楚先的关系如何,则成为我们所要弄清的第二个
大问题。在说明问题之前先要弄清楚几个概念,以便问题更好的
解决。我们赞同李家浩的说法:"楚先",当是泛指楚人的祖先,无
具体名字,当指属于"楚先"范围内的所有的人。"三楚先"应该
指三位特定的"楚先",而这三位特定的"楚先"当为楚国人所共
知,不用说出名字就知其具体所指。换句话说,由于三人皆为楚

---

① 李家浩:《楚简所记楚人祖先"妣(鬻)熊"与"穴熊"为一人说——兼说上古
音幽部与微、文二部音转》,《文史》2010 年第 3 辑,页 5 ~ 44。

国宗族所知晓,故可径称"三楚先"。"楚先"是一个泛指概念,"三楚先"则是一个特指概念。弄清了这一点,我们再看下面的问题。"三楚先"究竟是老童、祝融、鬻熊还是老童、祝融、穴熊? 鬻熊、穴熊若为一人,当然"三楚先"所指问题也就不是问题了。那么,鬻熊、穴熊究竟是否为一人呢? 学界各持己见。为方便说明,我们拟表如下。

主张者	熊、穴熊是否为一人	主 张
贾连敏	是	螝酓和穴酓为一人,就是穴熊,"螝"从女,蚰(昆)声,与穴的声母相近,可通
黄德宽	是	从"穴"的"狘"古音在幽部,声母与"　"读音相近。"螝"在简文中有可能读为"穴"
魏宜辉、周言	是	怀疑很可能不是"穴"(或"空")字,而是"六"或"坴"字。"六"古音为来组、觉部,"宛""鬻"上古属余纽、觉韵,读音很近
李开、顾涛	是	在文字讹误上,"穴"等为肉之讹体"宛","宛"与"鬻"形音均相近
陈伟	是	"楚先"中的穴熊,有可能就是鬻熊,二者为一神异名
李家浩	是	同意黄德宽"穴"的读音,赞同龙宇纯采用古韵二十二部,把"穴"字归到微部……仅就"宛₁"、"宛₂"二字本身所反映的音而论,也可以证明"螝"、"鬻"与"穴"可通。螝熊是楚国国都地区官话的写法,穴熊是楚国平舆地区方言的写法
郭永秉	是	穴、鬻音近,鬻熊、穴熊应为一人
张富海	是	赞同郭永秉的说法,当为一人

续表

主张者	熊、穴熊是否为一人	主　张
李学勤、李守奎等清华简整理者	是	穴酓,即穴熊,亦即鬻熊……已证明穴熊、鬻熊确是一人
李学勤	是	《楚居》:"穴酓…生侸叔、丽季…"证实了穴熊即鬻熊之说
曾宪通	否	
宋华强	否	祭祷组合上可以看出穴熊所在的组合与"三楚先"或鬻熊所在的组合是不同的。我们认为无论传世文献中和还是出土文献,都只能说明穴熊和鬻熊是两个不同的先祖,楚简中的"三楚先"包括鬻熊,而不包括穴熊
李零	否	同意李学勤的意见,"娥"从"女","虫"省声,古音在冬部。它和在质部的"穴"字不会有什么关系,因而简上这一楚先祖名是穴熊的可能性应该排除
黄锡全	否	楚先祖分为两组:一组为老童、祝融、穴熊;一组为老童、祝融、鬻熊
董珊	否	"三楚"先分别对应文献中的老童、祝融、穴熊
刘信芳	否	"三楚先"应指代老童、祝融、穴熊,从楚简文例看"三楚先"无一例外所指老童、祝融、穴酓,"楚先"指称先祖、先公中三位最杰出的代表人物,特指老童、祝融、娥酓
黄灵庚	否	由于三人皆为楚国宗族所晓习,故楚简或径以"三楚先"称之。又或径以"楚先"称之……"三后"即楚简的"三楚先"、"楚先",指老童、祝融、穴熊三人或老童、祝融、酓(鬻)熊三人

从表中可以发现,贾连敏、黄德宽、魏宜辉、周言、李开、顾涛

等同意穴熊、鬻熊是一个人,但有个前提,那就是"媸"的释读。他们或从音上、或从字形上,寻找"媸"与"穴"字的关系,进而推断,媸酓就是穴熊,故而他们是同一个人。倘若他们知晓了"媸"与"鬻"的关系,不知是否还会做出如此判断? 当然此不在我们讨论范围内,对于他们的论述李家浩已做了准确的评析,大家可以参看。①另外,还有一种与众不同的看法,郭永秉怀疑"媸熊""媸(毓、鬻)"有可能与殷墟甲骨文的"毓"字相似,也可以读为"戚",并怀疑"鬻(戚?)熊"就是熊丽、熊狂等楚王对其父、祖的一种称呼,后来这种称呼固定下来,成为对他的专称。②郭氏之说,他自己也不能确定,可能也只是换了角度,我们认为多角度思维问题是值得肯定的,且不说正确与否,但思维的转换至少也能给他人以启发,进而促进某个问题的解决,当然这里不是肯定郭氏的论述,只是说应该提倡多方位思考问题。关于"三楚先",对于同意鬻熊、穴熊是一人的学者来说,可能不存在这个问题,因为"三楚先"就是老童、祝融、鬻熊(穴熊)。而对于那些认为鬻熊、穴熊不两个人的学者们,关于"三楚先"的指称也不尽相同,有认为是老童、祝融、鬻熊的,③有认为老童、祝融、穴熊的④。其实在确定了穴熊、鬻熊为一人后,上述观点不攻自破。有关表格中的各家的

① 李家浩:《楚简所记楚人祖先"毓(鬻)熊"与"穴熊"为一人说——兼说上古音幽部与徽、文二部音转》,《文史》2010 年第 3 辑,页 5 ~ 44。

② 郭永秉:《帝系新研——楚地出土战国文献中的传说时代古帝王系统研究》,页 215,北京大学出版社,2008 年 9 月。

③ 刘信芳:《楚简"三楚先""楚先"、"荆王"以及相关祀礼》《文史》2005 年第4 辑。

④ 宋华强《〈离骚〉"三后"即新蔡竹简"三楚先"说—兼论穴熊不属于"三楚先"》简帛研究网 2005 年 3 月 4 日首发。黄灵庚:《简帛文献与〈楚辞〉研究》,《文史》(总75 辑),页 45 ~ 75,2006 年 5 月;又见《华学》第九、十辑,页 198-223 上海古籍出版社,2008 年 8 月。

论述,请参看他们的文章。①

甲三：61 成敢甬（用）解詉懬愳（忧）

徐在国（2004）懬,当读为"释",《说文》:"懬,解也。"释与解为同义词。②

宋华强（2006）徐在国先生之说可信。"詉"当读为表示责备、怪罪之"过"。过"这个词在楚简中常用从"化"得声之字表示,如"迲""惥"。战国中山王墓出土方壶"詆燕之詉","詉"即读为"过",是其证。祭祷神灵的目的就是要将自己种种可怜的、不得已的情况向神灵解释清楚,恳求谅解,好让神灵解除对自己的责罚,此即所谓"解过释尤"。③

---

① 董珊:《新蔡简所见的"颛顼"和"雎漳"》,简帛研究网 2003 年 12 月 7 日；又见董珊《战国题铭与工官制度研究——附论新见铜器和简帛》,北京大学博士后出站报告,2004 年。黄德宽:《新蔡葛陵楚简所见"穴熊"及相关问题》,南京大学中文系讲座,2004 年 10 月 29 日；中国古文字研究会第十四次年会论文,2004 年 11 月,杭州；后发表于礼《古籍研究》2005 年卷下,安徽大学出版社,2005 年 12 月。魏宜辉、周言:《再谈新蔡楚简中的"穴熊"》,简帛研究网 2004 年 11 月 8 日首发。贾连敏《新蔡竹简中的楚先祖名》,《华学》第七辑,中山大学出版社,2004 年 12。刘信芳:《楚简"三楚先""楚先"、"荆王"以及相关祀礼》《文史》2005 年第 4 辑。李家浩:《楚简所记楚人祖先"毓（鬻）熊"与"穴熊"为一人说——兼说上古音幽部与微、文二部音转》,《文史》2010 年第 3 辑,页 5～44。郭永秉:《帝系新研——楚地出土战国文献中的传说时代古帝王系统研究》,页 215,北京大学出版社,2008 年 9 月。黄灵庚:《简帛文献与〈楚辞〉研究》,《文史》（总 75 辑）,页 45～75,2006 年 5 月。又见《华学》第九、十辑,页 198～223 上海古籍出版社,2008 年 8 月。张富海:《楚先"穴熊""鬻熊"考辨》,武汉大学简帛研究中心主办,《简帛》（第 5 辑）,P209～213,上海：上海古籍出版社,2010 年 10 月。曾宪通:《再说"虡"符》,《古文字研究》第二十五辑,中华书局,2004 年 10 月,页 243～250；又见《古文字与出土文献丛考》,中山大学出版社,2005 年 1 月,页 107～114。李零:《楚国族源、世袭的文字学证明》,《文物》,1991 年第 2 期。

② 徐在国:《新蔡葛陵楚简札记》,简帛研究网,2003-12-7；《中国文字研究》第 5 辑页 155,华东师范大学出版社,2004 年 11 月。

③ 宋华强:《新蔡简中的祝号简研究（连载二）》简帛研究网 2006 年 12 月 9 日首发。

按　徐说,可信。《书·顾命》:"惟四月,哉生魄,王不怿。"孔传:"马本作不释。云:不释,疾不解也。"《郭店简·成之闻之 36》:"君子曰:从允怿过,则先者余,来者信。"《说文》:"怿,经典通作释。"简文"解诒(过)怿(释)慸(忧)",解、释,义同。语法格式同"选贤举能",选、举,义同。

甲三:76　□盙(霝)君子、戶□門□

甲三:56　□特牛乐之。就祷戶一羊,就祷行一犬,就祷門□

乙一:28　……遼(就)禱盙(霝)君子一貓;遼(就)禱門、戶屯一豾(牂)……

乙四:82　□君、墬(地)宔(主)、盙(霝)君子,……□

乙四:145　盙(霝)君子兄(祝)亓(其)敱(特)牛之禱。……□

零:602　□宗、盙(霝)[君子]□

乙四:27　□……巫(恒)由郫亥敓(說)於五殡□

乙四:109　……敫(就)禱三殡之殤(殤)

零:282　□……是日敫(就)禱五□

宋华强(2006) □盙(灵)君子、户、步、门□。"步"字整理者缺释。其原形作"𤴐",右侧边缘残去。但从上下简宽和笔划走势看,"𤴐"字右侧不会再有其它偏旁。此字从上下两"止",左右反向,显然就是"步"字。"步"又作"酺"。《周礼·地官·族师》:"春秋祭酺",郑玄注云:"酺者,为人物灾害之神也。故书酺或为步,杜子春云:'当为酺'。玄谓《校人》职又有 '冬祭马步',则未知此世所云蝝螟之酺与? 人鬼之步与? 古书所记神灵有名'步'者。"《周礼·夏官·校人》:"冬祭马步。"郑玄注:"马步,神为灾害马者。"李家浩先生说:"酺"、"步" 古音相近,按照杜子春和郑玄的说法,是同一种灾害神名的不同写法。(李家浩:《包山卜筮简 218—219 号研究》,长沙市文物考古研究所编:《长沙三国吴简暨百年来简帛发现与研究国际学术研讨会论文集》189 页,中华书局,2005 年 12 月。)字又作"布"。《史记·封禅书》云:"雍有日、月、参、辰、南北斗、荧惑、太白、岁星、填星、二十八宿、风伯、雨师、四海、九臣、十四臣、诸布、诸严、诸逑之属,百有余庙。"《周礼正义》引惠士奇云:"《封禅书》有诸布,《索隐》引《尔雅》'祭星曰布',非也。大祝六号,二曰鬼号。布者,鬼号也。秦汉之布,即《周官》之'醂'。……族师祭醂,校人祭步,所谓布也。"醂、步、布,音相近而通。如此则"醂""步""布"都是同一种神灵名号的异写。简文(甲三 76)的神灵组合是"霝君子、户、步、门",简文(乙一 28)的组合是"霝君子、门、户、行",简文(甲三:56)的组合是"户、行、门"。(甲三 76)之"步"与(乙一 28)之"行"相对应是很明显的。

"行"本义是道路,名词;"步"本义是行走,动词。作为被祷祠的对象,"行"和"步"大概都是掌管行路吉凶的神灵。只不过"行"则主司其物,即掌管所行走之道路;而"步"则主司其事,即掌管在道路上行走这种行为。"行"和"步"可谓是一对孪生神灵。上揭三条简文都是有"行"即无"步",有"步"即无"行",因为这两个神灵的职司本来就极其相似,祷祠其一即可矣。而后来"行"与"户、灶、中溜、门"合为"五祀";而"步"则为《周礼·地官·族师》之"醂",为《周礼·夏官·校人》之"步",为《史记·封禅书》之"布"。盖掌管马之行路则为"马步",掌管人之行路则为"醂",为"人鬼之步"。其权能进一步扩展,则又有"蝝螟之醂"。究其始,皆源自职司行路吉凶之"步"。[1]

宋华强(2006)"灵君子"疑是"巫"的别称。"灵"与"巫"关系密切。《说文·玉部》:"灵,灵巫,以玉事神。从玉,霝声。

---

[1] 宋华强:《新蔡简两个神灵名简说》简帛研究网 2006 年 7 月 1 日首发;后收入《新蔡葛陵楚简初探》,武汉大学出版社,2010 年 3 月,页 228 ~ 230。

'灵'或从'巫'。"　文献可以知道,"巫"本来就可以称为"灵",这大概是一种美称,所以"巫"可以称之为"灵子"。楚人对神灵多有称"君"之例,如《九歌》的"云中君"、"湘君",天星观简的"云君"。上古为巫者多是女人,《说文》:"巫,祝也,女能事无形以舞降神者也。"而古书中女人可以称"君",亦可以称"君子",所以"巫"又可称之为"灵君"。"举祷巫一全狙,叔桓保,逾之"(《包山》244)、"尝巫甲戌"(《望山》M1.113)、"举祷大夫之私巫"(《望山》M1.119)、"举祷巫猪、霝(醴)酉(酒)。八月归佩玉于巫"(《楚系简帛文字编》380页)。天星观简中"巫"与"行"同祷,新蔡简中"灵君子"与"行"同祷,平夜君成与天星观墓主地位相当,可见把"灵君子"理解为"巫"是合适的。①

　　晏昌贵(2010)霝君子即"灵君子"。《楚辞·九歌·云中君》:"灵连蜷兮既留。"王逸注:"灵,巫也。楚人名巫为灵子。"《广雅·释诂》:"灵子,巫也。"②

　　宋华强(2006)整理者释为"䍿(世)",绝非"䍿"字。楚简"祀"字形体举例如下:▨(郭店简《性自命出》66)、▨(九店M56—41)新蔡简中"巳"字形体举例如下:乙(甲三51)乙(甲三215)乙(甲三138)、乀(甲三223)乙(零141)▨(零326)"▨"字右旁下部已残,但上部的倒三角形"▾"还很清楚,和上揭"祀"字所从"巳"旁及"巳"字相同,所以这个字疑即"祀"字。"五祀"习见于古籍,是常见的神灵组合,包山二号墓出土有"五祀"神牌,分书"室、门、户、行、灶",但包山简却不见"五祀"总名。若本文所释可信,则"五祀"总名既然已经出现在时代不晚于战国中期

――――――

①　宋华强:《楚简神灵名三释》简帛研究网 2006 年 12 月 17 日首发;后收录入《新蔡葛陵楚简初探》,武汉大学出版社,2010 年 3 月,页 231～233。

②　晏昌贵:《巫鬼与淫祀――楚简所见方术宗教考》,武汉:武汉大学出版社,2010 年 3 月,页 177。

前段的新蔡简,那么"五祀"最晚在战国早期就应该已经形成某种较为固定的组合了。按照包山二号墓出土的"五祀"木牌是:"室、灶、门、户、行"。而包山简只有"门""行",无"室""灶""户"。陈伟先生认为包山简的"宫后土"、"宫地主"、"司命"即"室",亦即文献所记"五祀"的"中溜";而包山简的"司祸"即"灶"(陈伟:《包山楚简初探》165～169页,武汉大学出版社,1996年8月)。但这样仍缺"户"。新蔡简有"门""户""行",而无"室""灶"。笔者以为,楚简中有"五世王父王母""三世之殇""二天子""五山""五差"等,都是若干神灵的组合,但这些神灵未必都会单独出现,这在楚地出土的卜筮祷祠简中似乎是一种正常现象。①

袁金平(2006)宋华强先生指出新蔡简零282所谓"五殜(世)"乃"五祀"之误释,甚确。但文中论证新蔡简中有"五祀"之"门""户""行",而无"室""灶"说法值得商榷。新蔡简乙一:8云:☐室宎(中)敧[牛]☐。此简两端虽皆残断,然仍可看出其与其他含五祀内容的简文性质是一致的。"室中",包山二号墓出土木牌所书"五祀"作"室",即文献所云之"中溜"。《礼记·月令》郑玄注云:"中溜,犹中室也。土主中央,而神在室中。古者复穴,是以名室为中溜。"《论衡·祀义》称中溜为"室中溜"。"室"或"室中"等就是"中溜的另一异名"。(甲三:56)☐敧牛,乐之。戠(就)祷户一羊;戠(就)祷行一犬;戠(就)祷门☐(乙一:28)祷霝(灵)君子一貐;遠(就)祷门、户屯一㹦;遠(就)祷行一犬。壬脣(辰)㫒=(之日)[祷之]☐可知,祭祷"五祀"用牲颇有差异,或用羊,或用犬,或用㹦,而"室中"(即中溜)用"敧牛",规格上较其他要高,这可能与"中溜"在"五祀"中所处地位有关,参前引《礼记·月

---

① 宋华强:《新蔡简两个神灵名简说》简帛研究网2006年7月1日首发;后收录于《新蔡葛陵楚简初探》,武汉大学出版社,2010年3月,页234～237。

令》郑玄注。"五祀"之"灶",除包山二号墓所出木牌有明确记载外,还见于望山楚简 M1·139 号简。新蔡简乙一 28 祭祷对象之一"霝(灵)君子",我们颇疑其亦即"灶"的另一异名。限于材料,我们在此只能做出初步推测。[①]

　　甲三：110 ☐……或以鄁鼀求丌(其)繁(说),……☐

　　宋华强(2005) 于成龙(2004.05)博士论文(鼀)从黾林声。"林"与"灵"相通,因此"鼀"应是"灵"之异体……"鼀"是鼀之简体。他认为"鼀""鼀"是一字异体的意见却是可从的。金文中常见的"曆"字又写作"曆",就是明证。"鼀"和"鼀"的读音,我们认为"埶"是声符,即"鼀"字应该分析为从"黾","埶"声,"鼀"字应该分析为从"黾","埶"省声。"瞻"从"舍"声,"睑"从"余"声。"舍"、"余"上古音近可通。《说文》认为"余"从"舍"省声,其实根据古文字资料来看,"余""舍"本来就是一字分化,也可以说是"舍"从"余"声。所以"瞻"和"睑"应该是一字异体。我们认为"鼀""鼀"和"瞻""睑"说的都是同一种龟,即这四个字都是一字异体关系。"小龙瞻"所在简文与"小龙鼀"和"小龙"所在简文字迹明显不同,当是由不同的人进行书写的。不同的书写人有不同的用字习惯,所以同一种龟名会有不同写法。"鼀""鼀"和"瞻""睑"可能就是《周礼》龟人所掌六龟中的"若"。《周礼·春官·龟人》：掌六龟之属,各有名物。天龟曰灵属,地龟曰绎属,东龟曰果属,西龟曰雷属,南龟曰猎属,北龟曰若属。各以其方之色与其体辨之。郑玄注："属言非一也……龟俯者灵,仰者绎,前弇果,后弇猎,左倪雷,右倪若,是其体也。"郑玄注中所言出自《尔雅·释鱼》,原文作："龟俯灵,仰者谢,前弇诸果,后弇诸猎,左倪不类,右倪不若。""若"即"不若",是一种龟的类属名。"鼋""龟"和"㜤""㜤"皆可读为"若"。"若"是日母鱼部字,"埜"、"余"都是余母鱼部字,"舍"是书母鱼部字。韵部完全相同,声母都是舌音,古音很近。[①]

甲三:112……尚毋又(有)米。嘉占之曰:无死(恒)米。……或爲君貞:㠯(以)元(其)無死(恒)米之古(故)。

甲三:184 — 2   185   222   ……尚毋又(有)米。……

徐在国(2003)"米"在语法位置上与"祟""羕(殃?)""咎"等所处位置相同,应该是同义词。例如"尚毋又(有)咎"(甲三229)、"尚毋又(有)咎"(乙四122)、"躬身尚毋又(有)咎"(包山200)、"无咎无敓(祟)"(甲三232)。怀疑"米"字有可能是"肖",可以读作"祟"。[②]

贾连敏(2000)"米",义待考。疑指疥疮之状。疥疮本为米粒状的丘疹和水泡。简文"迟出","尚无有米",可能是指疥疮出得较慢,还未见米粒状丘疹。[③]

袁金平(2005)徐在国先生就撰文指出释米"可疑",将之释为"肖",读为"祟"。我们认为徐先生的看法无疑是正确的。甲骨文里有"敝"字,其形作:𢼸(《甲骨文编》337页)。肖,徐在国先生读为祟,从辞例看十分允当。在新蔡楚简、包山楚简等卜筮类记录中常见"尚毋又(有)咎""毋又(有)祟"等辞,均是占卜祈祷凶险、灾祸不要降临之义,"尚毋又(有)肖"也应与此相类。

① 宋华强:《新蔡简所见龟补考》简帛研究网2005年12月2日首发;后收入《新蔡葛陵楚简初探》,武汉大学出版社,2010年3月,页234～237。

② 徐在国:《新蔡葛陵楚简札记(二)》,简帛研究网2003年12月17日。

③ 宋国定、贾连敏:《新蔡"平夜君成"墓与出土楚简》,北京大学、达慕思大学、中国社会科学院主办"新出简帛国际学术研讨会"论文,北京,2000年8月;后载艾兰、邢文编:《新出简帛研究》,文物出版社,2004年12月。

我们认为，"肖"也似乎不必转读为"祟"，可以读为本字。新蔡简卜筮记录不似包山、望山楚简那样内容多面，而是很单一，是专就平夜君成的病情进行占卜的。而"肖"字所在甲三：112、甲三：184－2、185、222 两条简文均与卜问病情有关（"逆［迟］出"、"未良瘥"、"不良恙瘳"等语皆为病情不见好转、痊愈之义）。我们认为，新蔡楚简"肖"字应该是包山 233 号简"痌"的一种省体，"痌"字不见于《说文》。《集韵》云："痌，肿漃也"，《说文·心部》："漃，烦也"。新蔡卜筮简习见"瘈痕、心悹"（简中有多种异体，此选其一）之语，释文释作"胖胀、心闷"，甚是。"痌"应是这种疾病的简称，"尚毋有痌"则是在平夜君成"胖胀心闷"之病日益严重的情况下占卜祈祷之辞。①

袁国华（2006）拙见认为该字释作"敝"，尚待商榷。该字实由上下两部分组成，上从"屮"下从"示"应该就是"祟"字，字形隶定为"祟"，应该是楚文字"祟"的特殊写法。②

张新俊（2006）我认为释"肖"有可商之处。从形体上说，"米"字下部跟"巾"没有关系。楚文字中从"巾"之字很多，略举数例如下：常：信阳楚简，包山楚简；布：仰天胡楚简，信阳楚简；帽：包山楚简，信阳楚简（《楚系简帛文字编》第638～642 页）。一般来说，楚文字中的"巾"写作""形，从来没有见到像 A（笔者用 A 代米）下部一样写作"八"形者。就 A 上部来看，也跟"采"形不同。新蔡楚简中有两个从"采"的字：籂：甲三109，播：甲三318。他们与 A 上部的区别是很明显的。所以把 A 释作"肖"，从字形上说，不大可靠。再者，"肖"和

---

① 袁金平：《读新蔡楚简札记一则》2005 年 1 月 26 日首发；后发表于《古文字研究》第二十六辑。

② 袁国华：《〈新蔡葛陵楚墓竹简〉文字考释》，中山大学古文研究所编：《康乐集：曾宪通教授七十寿庆论文集》中山大学出版社，2006 年 1 月。

"祟"虽然韵部相同,但声母一为帮母,一为心母,存在着一定的距离,如果说二者可以相通,在音理上也存在一定的困难。我们认为 A 字就是"祟"字的异体。在楚文字中,用作偏旁的"木"形,有时候存在着这样的演变规律 ✳—✕—↓,例:栖:📷包山 40—📷包山 7—📷包山 221(《楚文字编》第 858～859 页)。新蔡楚简中的 A 字,从形体上说,可以分析为从"示"从"↓",而"↓"不过是在"✕"、"✕"形的基础上,进一步变化而已。在楚文字中,用作偏旁的"示",常常会写成"爪"形,尤其是在上下结构的文字中,例如,福:📷甲三 20,祭:📷甲二 38 39,祷:📷乙四 139。我们认为新蔡楚简中的 A 字,实际上就是把"奈(祟)"上部的"✕"形变成"↓",又把下部的"示"写作"爪",于是整个"奈"字就变成了"米"形。所以,新蔡楚简中的 A 字可以径释为"奈",读作"祟"。"米"字形体演变的过程,大致可以推测如下:📷—📷—📷。①

📷 　　诸家改释"祟"的意见,得到学术界大多数学者的认同,黄德宽、禤健聪、邴尚白等学者也同样先后提出此意见②。陈伟编著的《楚地出土战国简册(十四种)》提出不同意见,认为"米"当读为"奈何"之"奈",简文"毋有奈"犹"无有如何",即不会怎样,与"毋死"近似。③武汉大学简帛研究中心、荆门市博物馆编著《楚地出土战国简册合集(二)》将该字隶定为"奈",④应该持保留意见。"祟",甲骨文作"📷"(合 15663)、"📷"(合 25371)、"📷"(合 15701),金文中暂未见"祟"形体,楚卜筮简中

---

① 张新俊:《释新蔡楚简中的"奈(祟)"》简帛研究网 2006 年 5 月 3 日首发。

② 宋华强:《新蔡葛陵楚简初探》,武汉大学出版社,2010 年 3 月,页 394 注 2。

③ 陈伟等著:《楚地出土战国简册(十四种)》,经济科学出版社,2009 年 9 月,页 115,页 439。

④ 武汉大学简帛研究中心、河南省文物考古研究所编著:《楚地出土战国简册合集》(二),北京:文物出版社,2013 年 1 月,页 26。

形体作"𥝋"（包山·236）、"𣛇"（新蔡·甲三·112）。文字一直遵循着简约化的规律,在楚文字中就有很多省形简化字如"为"、"得"等。"祟"形体演变轨迹大体为"𥚣（合15663）—𥝋（包山·236）—𣛇（包山·245）—𣛇（新蔡·甲三·112）—𣛇（清华四·筮法·43）—𣛇（新蔡·零·241）"。"祟"本从木,后简化变为从"中",后下从的"示"的上一横画上翘又与上从"中"讹变为"出","祟"上所从"出"应源于此。文字简化后并不是未简化的形体就废弃不用,二者应该在相当长的一段时期内混合使用,就如我们今天的繁简字,在某些方面一直在同时使用一样。故此,虽然包山简年代晚于新蔡简,也不难理解包山简的"祟"从"木",而新蔡简的"祟"却讹变为"中"了。近来,宋华强对"奈"作了全面梳理,认为"奈"可能是"祟"的省写,简文中可读为"眚",义与祟同。①

甲三:131 □疾,髉疾,……□

甲三:245 □□疾,髉疾,……□

何琳仪(2004)髉,疑读瘶。《广韵》:"瘶,短气也。"

徐在国(2004)髉,不见于字书。"盍""甲"二字古通。《易·谦·九四》:"勿疑朋盍簪"。汉帛书本"盍"作"甲"。从这个角度考虑此字应读为"胛",但"胛"字简文已出现,颇疑此字应读为"胁"。《说文》:"瘶,读若胁"可证。胁指腋下到腰上的部分。②

宋华强(2006)《说文》也有一个"瘶"字,云"跛病也"。但楚简中凡言"某疾","某"一定是身体部位名或组织器官名,如新蔡简的"背膺疾""肩背疾""心疾""肤疾""胛疾",包山简的"腹

① 宋华强:《葛陵简旧释"奈"之字新考》,《简帛》第十三辑(第2期),2017年11月。

② 徐在国:《新蔡葛陵楚简札记》,简帛研究网2003年12月7日;后刊于《中国文字研究》第5辑页155,华东师范大学出版社,2004年11月。

疾""腹心疾",望山简的"足骨疾""首疾",等等。所以不论把'齍'
读为《说文》的"瘟"还是《广韵》的"瘟",在简文中都是不合适的。
此处"齍"字当读为"胁"。"齍"从"盍"声,"盍"是匣母叶部字,"胁"
是晓母叶部字。韵部相同,声母都是喉音,音近可通。《说文》:
"瘟……读若胁。""齍"、"瘟"同谐"盍"声,"齍"可以读为"胁"
是没有问题的。《素问·藏气法时论》云:心病者,胸中痛,胁支
满,胁下痛,膺背肩甲间痛,两臂内痛。虚则胸腹大,胁下与腰相
引而痛。"胁支满,胁下痛"应该就是简文"齍(胁)疾"的具体表
现。心痛有闷痛、灼痛、刺痛、绞痛之别,《实用中医内科学》"心痛"
下"辩证论治"一节说:"闷痛:是临床最常见的一种心痛。闷重
而痛轻,无定处,兼见胁胀痛……"简文中"胁疾"与"心闷"同时
出现,似乎可以帮助我们进一步"确诊"平夜君成所患疾病为心
痛中的闷痛。[1]

张光裕、陈伟武(2006)认为,"齍(胁)疾"与"髊(胛)疾"
同,即肩胛疾患。[2]

按 徐在国很有见地的读"齍"为"胁",宋华强对徐说进
一步补充论证,《说文》:"胁,两膀也。"即身体两侧腋下
部分。零 277 简文辞例读"两胁"再合适不过。简文读"两胁"
同时也左证了"齍疾"读为"胁疾"的合理性。

甲三:229……未

零:241……同攸(祟)

张新俊(2006)在新蔡楚简中 𣲔、𣲔 被释作"未",从形体上
看,这两个字显然都不是"未"(新蔡楚简中的"未"字很多,例如

---

① 宋华强:《释新蔡简的"胁"》简帛研究网 2006 年 3 月 5 日首发,后录入《新
蔡葛陵楚简初探》,武汉大学出版社,2010 年 3 月,页 322。

② 张光裕、陈伟武:《战国楚简所见病名辑证》,《中国文字学报》第一辑,商务
印书馆,2006 年 12 月,页 87。

甲三 126、甲三 160、乙一 14、乙四 35 等,凡 11 见。)睡虎地秦简中的"祟"字写作:̈日乙 216(《睡虎地秦简文字编》第 3 页)上揭新蔡甲三 229 中"̈"字形体残缺,与零 241 恐非一字。比较一下不难发现,新蔡零 241 中的"̈"与睡虎地秦简中的"祟"几乎完全相同。只是新蔡零 241 上部残断,是否可以释作"祟"字,目前还不好直接从简文文意上作出判断。①

按 本书曾论述过,"祟"形体演变轨迹大体为"̈(合 15663)——̈(包山·236)——̈(包山·245)——̈(新蔡·甲三·112)——̈(清华四·筮法·43)——̈(新蔡·零·241)"。"祟"本从木,后简化变为从"中",后下从的"示"的上一横画上翘又与上从"中"讹变为"出","祟"上所从"出"应源于此。

甲三:137 舉禱備(佩)玉,各騂璜,冊告自斉(文)王㠯(以)意(就)聖趄王,各束琙珈璧

李天虹(2003)整理者隶定作"䍶"不确。此字上从两"肉",下部从两"又"怀疑此字当读为"友"。《望山简》里与"友"相当的词是"双",那么新蔡简里"友璜"也许如同"双璜",即一对璜、二璜之意。②

陈伟(2004)珈,读为"加"。"束锦加璧"用在聘享场合,指在束帛之上加以玉璧,用以祷祠神灵。③

陈伟(2005)从羽从廾,疑当释为"共"疑读为"拱"《左传》,《老子》中有拱璧,拱璜犹如拱璧,是一种大璧。但楚卜筮简记录叙述祭品,通常都加有数词,由此看来,此字又似乎应该是一个

---

① 张新俊:《释新蔡楚简中的"̈(祟)"》,简帛研究网,2006 年 5 月 3 日。

② 李天虹:《新蔡楚简补释四则》,简帛研究网 2003 年 12 月 17 日。

③ 陈伟:《葛陵楚简所见的卜筮与祭祷》,中国文物所研究所编:《出土文献研究》第六辑,上海古籍出版社,2004 年 12 月。

数词。"册告"古书亦写作"策告",常用在祈求神灵的场合。《国语·郑语》记《训语》载:"……乃布币焉而策告之……"册告或策告是将对神灵的祝辞写在简策上宣读,同时要向神灵进献祭品。在简文中,册告似当与下文相联系"各束锦加璧"即册告文王至声桓王各位楚王时的神灵之物。[1]

【按】 古文字有"𥝢",甲骨文作"𧱔"(合31770)、"𧱔"(合27604),楚卜筮简作"𥝢"(天卜),从收从肉,双手捧肉,应有捧、奉、献之意。新蔡简有形体作"𥝢"(新蔡·甲三·137),双手奉多肉,"𥝢"、"𥝢"或为一字异体,古文字单复无别。

或为量词。凡4例。

(1)宣祭惠公哉豢,𥝢【馈】(天卜)

(2)𥝢馈(天卜)

(3)罷禱惠公哉豢,𥝢馈(天卜)

(4)各𥝢璜 (新蔡·甲三·137)

楚卜筮简还有如下辞例:

月馈(望一·113)

月馈(望一·141)

歸備(佩)玉於郊山一珤(疏)璜 (新蔡·乙三·44、45)

何琳仪把"𥝢"读为"跻"。[1]王子今把"𥝢"释读为"奉将"之"将",认为"将馈"是同义连用。[2]王先生意见值得重视。结合望山简中有"月馈",天星观卜筮简中有"𥝢馈",新蔡简中有"各𥝢璜""一珤(疏)璜",简文中"𥝢馈"之"𥝢"看成修饰"馈"似乎更符合文义,笔者还是倾向于"𥝢"表"馈"的次数。"𥝢"应表

---

① 何琳仪:《战国古文字典》,中华书局,1998年9月,页219。

② 王子今:《释甲骨文中的"将"》,李学勤主编:《出土文献》第四辑,2013年12月,页115~120。

"璜"的数量,如"各五羊"等等。把"𡧩"看作量词,已是诸家共识,[1]李天虹读为"友",宋华强读为"工",均表"对"之义,义同一对璜或一双璜。

甲二:16 諸生㠯(以)……

甲三:143……尚毋爲蚘(忧)。諸生占之……

乙一:16……公子虞(虢)命諸生以衛篿……

乙一:26、2……諸生㠯(以)……

乙一:32、23、1……諸[生]

乙三:7……諸生㠯(以)……

零:130……諸[生]

零:268 諸生㠯(以)……

何琳仪(2004.5)后,原篆左从"言",右从"后"之初文。"后生",后嗣子孙。《诗·商颂·殷武》"以保后生"本简应是人名。

苏建州(2006)𧈜,贾连敏先生释为"虢",正确可从。楚简文字常见"虢"字,一般作𧈜(《包山》15)、𧈜(《郭店·五行》25)。而《郭店·缁衣》16"虢(赫)虢(赫)师尹","虢"字作𧈜,原考释者说:"简文从'虍'从'㝵'省,与'虢'一字。"相应字在《上博一·缁衣09》"虢"作𧈜,下讹变为"火"形;《望山1·136简》"□公𧈜□";亦见于《玺汇》1571作"絉𧈜",是私名玺。由字形来看,二者皆应释为"虢"。字形关系如同"然"作𤈷(《郭店·太一生水》3),又作𤈷(《天星观》)。[2]

何有祖(2007)𧮫,原释文仅作隶定。此字在新蔡简中多见。字左部从言,右部可以分析为从𧮫、各两部分。上博四《采风曲目》3号简有两例相似字形可以参看:𧮫、𧮫。所谓的𧮫其实是

① 李天虹:《新蔡楚简补释四则》,简帛研究网,2003年12月17日首发。宋华强:《新蔡葛陵楚简初探》,武汉大学出版社,2010年3月,页282。
② 苏建州:《楚文字考释一则》简帛研究网2006年12月19日首发。

"⿰" 或 "⿰" 在楚简中的特殊写法，"剀" "⿰" 声部 "岂" 形中 "豆" 以上的 "⿰" 或 "⿰" 在楚简中是可以写作 "⿱" 形的发现，使我们认为▓右上的 "⿱"，其实是▌。客（徵））上部的 "▌" 的另一写法。所以我们认为 "▓" 可分析为从言从客，即从言从徵的字。"徵（从言）生" 在简文中为贞人名。①

宋华强（2010） "諮生"，贞人名。"諮" 字从整理者隶定。何有祖认为 "徵（从言）生"，其说不可从。《上博（一）·性情论》简 31 "乐事欲后" 之 "后" 作▓，从 "辵" 从 "⿰"，郭店《性自命出》简 62 与之相当之字写作从 "辵" 从 "⿱"；三晋官玺 "代强弩后将"（《玺汇》0096）之 "后" 亦写作从 "辵" 从 "⿱"，可知 "⿱" 就是 "⿰" 的异体（古文字习加 "口" 为饰）。战国私玺亦有 "諮" 氏（《玺汇》2527、2528、2529），肖毅疑为 "诟" 姓（《古玺文字研究》，中山大学博士学位论文，2002 年 4 月，71 页）。典籍中 "后"、"后" 多相通之例（参看高亨：《古字通假会典》，齐鲁书社，1989 年 7 月，324 ～ 325 页），"諮" 大概是 "诟" 字异体，但未必即是 "诟" 氏。疑 "諮" 即 "后" 氏。私玺人名有 "諮仓"（《玺汇》2528），西汉礼学家有 "后仓"，可以参照。②

甲三：184–2、185、222……以亓（其）不良恚瘮之古（故）。……

甲三：265……逞（迟）恚瘕（瘥）……

乙二：3、4……少（小）逞（迟）恚瘕（瘥）……

张新俊（2004） 我们认为此处的 "恚" 字应该读作 "蠲"。"蠲" 上古音属见母锡部，恚属影母支部，二者在韵部上阴入对转，声母上见母和影母关系密切。《诗·小雅·天保》："吉蠲为饎。"《周礼·秋官·司寇》："……令州里除不蠲。" 郑注："'蠲' 读如'吉

① 何有祖：《新蔡楚简释读札记》简帛研究网 2007 年 1 月 9 日首发。

② 宋华强：《新蔡葛陵楚简初探》，武汉大学出版社，2010 年 3 月，页 371 注⑥。

圭惟饎'之'圭'。"　蠲有除去之意,如《广雅·释诂三》:"蠲,除也。"《史记·李斯列传》:"臣请诸有文学《诗》《书》百家语者,蠲除去之。"由除去引申为病愈。简文中的"恚",读作"蠲",正是用作病愈之意。[1]

甲三: 189 坪夜君贞: 既心悶(闷)、瘇(胖)痕(脹),以百膧體疾,卜晉(筮)为粒,……

零: 125+ 零: 256 □瘇(胖)痕(脹),以百膌(骨)體□

裘锡圭(1979)"坪夜"读为"平与"[2]

刘国定、贾连敏:(2000)坪夜君,指墓主"坪夜君成",为楚封君。"坪夜君"已见于曾侯乙墓和包山简。[3]

何琳仪(2004)释文释"粒"误,应为杠。此字又见于包山简(238)、天星观简等又作"攻"。《周礼春官大祝》"五曰攻",注郑司农曰,攻,玄谓,攻用币而已。

陈伟(2005)卜筮的连用进一步证实了郭店简中"卜筮"连用的正确分析。为后一字右旁似从"多",包山简中多次出现"移",本简中此字或许也应读"移","移"也许读为"施",是施行他人祱辞或"故蔽"中所说的祭祀计划。"为移"也是说先前说到的祭祀。[4]

张光裕、陈伟武(2006)认为"膧"读"骸","百膧体"犹言"百骸""百体",指浑身、遍体。[5]

① 　张新俊:《新蔡葛陵楚墓竹简文字补正》)简帛研究网 2004 年 2 月 22 日。

② 　裘锡圭:《谈谈随县曾侯乙墓的文字资料》,《文物》1979 年,第 7 期。

③ 　宋国定、贾连敏:《新蔡"平夜君成"墓与出土楚简》,北京大学、达慕思大学、中国社会科学院主办"新出简帛国际学术研讨会"提交论文,北京,2000 年 8 月;欢艾兰、邢文编:《新出简帛研究》,文物出版社,2004 年 12 月。

④ 　陈伟:《新蔡楚简零释》,饶宗颐主编《华学》第六辑,紫禁城出版社,2003 年 6 月。

⑤ 　张光裕、陈伟武:《战国楚简所见病名辑证》,《中国文字学报》第一辑,商务印书馆,2006 年 12 月。

张新俊（2010）认为"臏"指颧骨，可能指眼眶上下的疾病。①

宋华强（2010）认为"臏体"读为"骨体"，"百"读"髂"，"髂骨体疾"指髂骨上的病。②

按 简文"既心念（闷）、瘃（胖）痕（胀），以百臏（骨）体疾"，可以看出墓主人心闷、肿胀，由于肿胀可能引起至少是胸部肋骨等疼痛，似乎与颧骨关联不是很大，故张氏之说还有可商。张光裕、陈伟武意见有一定启发性，但语义似乎过于扩大。宋氏认为"臏"就是"髂骨"，但髂骨指盆骨与骶骨相交接的地方，与"心闷、肿胀"衔接上似乎有一定距离。笔者认为，"百"如字读，训多也。《诗·周颂·噫嘻》："率时农夫，播厥百谷。"简文"百臏（骨）体疾"当指由于心闷、肿胀而引起多处骨头疼痛，文从字顺。

甲三：193 鄅尹兼习之以麤承息

乙四：129……黾尹[丹]

乙四：141 黾尹丹……

何琳仪（2004）鄅，地名，今河南罗山县。

宋华强（2004）鄅（黾），疑即传世文献所载之"冥阨"，今河南信阳西南，距新蔡不远。③

冯胜君（2005）"黾尹"应当读为"龟尹"，可能就是见于《周礼》《左传》等书中"龟人"之一职官。④

晏昌贵（2005）黾（鄅）尹是职官名，丹或兼为私名。《汉书·地理志》，江夏郡有鄅县，鄅尹或即鄅县之长。⑤

① 张新俊：《新蔡楚简零释》，简帛研究网 2010 年 4 月 16 日。

② 宋华强：《新蔡葛陵楚简初探》，武汉大学出版社，2010 年 3 月，页 131～133。

③ 宋华强：《楚墓竹简中的"鄅"字及"鄏"字》，简帛研究网，2004 年 6 月 13 日首发；宋华强：《战国楚文字从"黾"从"甘"之字新考》，《简帛》第十三辑，2016 年 11 月。

④ 冯胜君：《战国楚文字"黾"字用作"龟"字补议》《汉字研究》第一辑，学苑出版社，2005 年。

⑤ 晏昌贵：《天星观"卜筮祭祷"简释文辑校》，丁四新主编：《楚地简帛思想研究（二）》，湖北教育出版社，2005 年 4 月后又网上修订发表。

郑威(2006)《汉志》江夏郡下有鄢县,简文所载楚鄢(鼀)县或亦应在此。①

甲三: 217……乙丑之日

徐在国(2004)"丑"字形体比较特别,我们怀疑此字"丑"从"肘","肘"与"丑"共享"又"旁,"肘"是加注的声符。②

甲三: 233、190 ☑……既心疾,昌(以)合于怀(背) ……☑

宋华强(2005)简文"亼"是"合"字古文,读为会交会集中之义的"会"。"既心疾,以会于背"就是指心痛引发的疼痛放射开来,又交会集中于背部。③

按　"合",甲骨文作" "(合 18030)、" "(合 3297 正),金文作" "(五年琱生簋。西周中期)、" "(秦公钟,春秋早期),形体由倒口与口构成,可能有两个来源:一是两个人的口上下相对,上口表示施问,下口表示应答,是"答"的本字;二是器口与器口相对,本义是会合与会同源。④

甲三: 250 王虚二袿(社),一猎、一冢。鄌於

甲三: 278 虚,鄌二黏,禱二冢。

甲三: 282 虚……

甲三: 350…鄌於舊虚……

甲三: 353…鄌於邭思虚一黏……

乙三: 56 虚二黏,禱二【冢】。

①　郑威:《新蔡葛陵楚注地名杂识三则》,武汉大学简帛研究中心等编:《新出楚简国际学术研讨会会议论文集(郭店简·其他卷)》,武汉大学 2006 年 6 月。

②　徐在国:《新蔡葛陵楚简札记》,简帛研究网,2003 年 12 月 7 日;又见《中国文字研究》第 5 辑页 155,华东师范大学出版社,2004 年 11 月。

③　宋华强:《新蔡简所见龟补考》,简帛研究网,2005 年 12 月 2 日。

④　李守奎、肖攀:《清华简〈系年〉文字考释与构形研究》,上海:中西书局,2015年 11 月,页 226 ~ 227。

零：304 劂於亓（其）舊虛一

贾连敏（2004）虛，应读为墟，即旧址。[①]

何琳仪（2004）“虛”假借为居，《荀子·大略》“人非其礼而虛之”，注“虛，读为居。声之误也”。

张新俊（2004）整理者隶定作“郪”，非是。我们认为应是从“邑”，“亟”声的字，可以隶定作“郟”。简中的“郟思”也应该读作“期思”。“𠀤”上古音属之部字，亟”为见母职部字，“期”是群母之部字，二者之间声母同为见系，韵部是阴入对转关系，可通。“期思”，地名。[②]

按 古常称“故所居之地”为“虛”，如帝丘、商丘、夏虛、殷虛、少皞之虛、祝融之虛、颛顼之虛等等。“虛”均出于新蔡简中，新蔡简全部残断且残损严重，根据现有残损的辞例，若“王虛”是一个完整词语的话，则与文献中上述诸“虛”义相类，辞例中“旧虛”、“其‘旧虛’”把“虛”的“故居”义直接体现出来。“郟（期）思”本地名，楚人常有把旧城名一起迁移至新处的做法，“郟（期）思虛”应为“郟（期）思之虛”也就是“郟（期）思”的旧址之地。贾连敏先生认为“虛”读为“墟”，甚是。“虛”本义为“大丘”，“丘”乃“土山也”，后累加意符“土”新造“墟”来分担“虛”的“旧址”等义项。

甲三：325-1 劂於𩄤丘

甲三：346-2、384 劂於荎丘二豞

甲三：357、359【劂】於𩄤（丧）丘

甲三：367 某丘一冢

甲三：378 茅丘一冢

---

① 贾连敏：《新蔡葛陵楚简中的祭祷文书》，简帛研究网 2004 年 1 月 11 日；后发表于《华夏考古》2004 年 3 期。

② 张新俊：《新蔡葛陵楚墓竹简文字补正》，简帛研究网，2004 年 2 月 22 日。

甲三：400 劓於上稟丘

甲三：403 劓於習丘、某丘二

甲三：418【劓】於茵丘一䝠

乙二：14 劓霝羅丘

零：317 薁丘一豕

零：383 □以牛；丘以□

贾连敏（2004）"丘"应是一个有着统一内涵的独立称谓，而不是普通的地名用字。丘在文献中有丘陵、废墟、陵墓、地域区划等义项，从简文看，这些"丘"应指丘陵……文献记载，古人祭山川丘陵。[1]

宋华强（2007）"劓于某丘"这种辞例中的"丘"还有称为"某之丘"的，见于零374号。以上这些"丘"我们称为"丘1"。"丘以"这种"丘"我们称为"丘2"。贾连敏先生把"丘1""丘2"混同起来讨论认为"丘1""丘2"不是普通的地名，而是自然地理的丘陵之名，同时也是祭祷对象。这种看法是有问题的。古书中"某丘"作为地名之例甚多，以《左传》为例，就有中丘、楚丘、犬丘、祝丘、咸丘、桃丘、谷丘、余丘、葵丘、贝丘、乘丘、桐丘、梁丘、虚丘、漆阊丘等40余个，而且还有"句渎之丘"这样的地名。所以把祭祷文书简中的10余处"某丘"和"某之丘"看作地名是很自然的。"某寺""某溪""某父（阜）""某虚（墟）"显然都是地名，同样"某丘"也应该看作是地名。"寺"字贾先生解释为"官舍"，不可信，疑当读为"峙"。《说文》："峙，天地五帝所基址祭地。"《集韵》上声止韵峙小韵下云："峙，祭处。""峙"本来大概不是祭地之专名。"峙"最初应该是一种隆起的地形之名，如"丘""陵"之类，后来才成

---

[1] 贾连敏：《新蔡葛陵楚简中的祭祷文书》，简帛研究网2004年1月11日首发后；发表于《华夏考古》2004年3期。

为祭处之专名。"某丘"应该和"某寺(畤)"、"某溪"、"某父(阜)"、"某虚(墟)"一样,是指祭祷的处所。贾先生说"这些'丘'、'阜'、'虚'、'溪'等因其特别的地理环境而成为古人祭祷用牲的常在场所",这和他又把"某丘"解释为祭祷对象的看法未免有些自相矛盾。"丘2"既与"大邑"、"中邑"、"小邑"并列,应该和"邑"一样,是一种基层地域区划单位或居民组织单位。《左传·僖公十五年》"败于宗丘",杜预注云:"丘,邑也。"是"丘"与"邑"同类。所以"大邑以牛"、"中邑以豢"、"小邑[以□]"、"丘以□"正是说明不同级别的居民组织应该贡纳何种祭牲。祭祷文书简中祭里、社多用"豢"、"豬"、"冢"、"猎"等豕牲,应该都属于中邑或小邑。用牛牲之例如"献二社一牛一□"(甲三354)、"□袿(社)一牛□"(零43),应该是大邑所属之社。祭祷文书简中包含的基层居民组织有"丘",而没有"遂"。丘比一般的邑要大,祭祷其所属里、社大概也应该用豢或牛。"丘以□"之"丘"应该是地域区划名或居民组织名。①

甲三:310 鄐於赸郋思

张新俊(2004)我们认为某字"心"上从"勹"的部分,与"牙"无涉。李零先生在《读〈楚系简帛文字编〉》一文中,将此字隶定作"怠",非常正确,裴锡圭先生也认为"心"上的部分亦可隶定作"勹",在此我们从裴、李两先生之说,也应该隶定作"怠"。②

徐在国(2006)此字右上部分许多学者均已释出,可以分析为目省、从弓声。我们隶定为"鄐"分析为从"邑","怡"声,读为"期"。"其""以"二字古通。"怡"从"台"声,"台"又从"以"声。

① 宋华强:《释新蔡简中的"述"和"丘"》简帛研究网,2007年1月9日,后收入氏著《新蔡葛陵楚简初探》,武汉大学出版社,2010年3月,页324～334。

② 张新俊:《新蔡葛陵楚墓竹简文字补正》,简帛研究网,2004年2月22日;后发表于《中原文物》2005年第4期。

"其"从"期"声。所以"鄜"可读为"期"。"期思"楚国地名。《左转·文公十年》"期思公复遂",杜预注"复遂,初期四义工,今弋阳期思县。"①

甲三·310 喬尹申之述䞦(旬)於赳昏、郹(期)思二䝅(䝅)

甲三·312 奠(鄭)視之述䞦(旬)於下彤、礒二䝅(䝅),禱二冢。

甲三·314 幻(觀)憙之述䞦(旬)於下窀(縈)、下姑留二䝅(䝅)

甲三·315 黃宜日之述䞦(旬)於斎(新)邑、韶、礶

甲三·316 司馬𣌭之述䞦(旬)於猺宓、余疋二䝅(䝅),禱二[冢]。

甲三·320 䜊(許)智之述䞦(旬)於 醀取三䝅(䝅),禱三冢。

甲三·322 郜(沈)余穀之述䞦(旬)於溫父、鴒二▨

甲三·324 屈九之述䞦(旬)於郣生、箙二䝅(䝅)

甲三·343-1 仳(蒍)已之述䞦(旬)於灉脣襟(社)二䝅(䝅),禱二[冢]。

甲三·343-2 賖(徐)羞(羌)之述䞦(旬)於上献、友焚二䝅(䝅)

甲三·349 司城均之述䞦(旬)於洛、鄳二襟(社)二䝅(䝅)

贾连敏(2000)"述",义待考,疑读为"遂"。"述"与"遂"文献及古文字中通假。《周礼·地官·遂人》:"五鄙为县,五县为遂。"此类简有"某某里人祷于其社……""遂"与"里"应同类。简文中的'述(遂)'可能是这些官吏或贵族的采邑。②

《挖掘》(2002)"述"疑读"遂"《周礼·地官·遂人》:"……

---

① 徐在国:《新蔡简中的两个地名》,《汉字研究》2006 年 5 月。

② 宋国定、贾连敏:《新蔡"平夜君成"墓与出土楚简》,北京大学、达慕思大学、中国社会科学院主办"新出简帛国际学术研讨会"提交论文,北京,2000 年 8 月;载艾兰、邢文编:《新出简帛研究》,文物出版社,2004 年 12 月。

五县为遂"。此类简有"某某里人祷于其社…""遂"与"里"应同类。
毗，从刀既声，应为祭名。①

　　刘钊（2003）"毗"字就是"刉"字的异体，应该读为"刉"。
"毗"从"刀""既"声。古音"既"在见纽物部，"气"在溪纽物
部，声为一系，韵部相同，于音可通。古从"既"为声的字与从
"气"为声的字经常可以相通，楚简中的"气"字大都写作从"既"
从"心"，就是最好的例证。"刉"字的异体字又作"刏"。几乎所
有的研究者都认同此点。简文的前半段，所毗杀之牲称为"黏"。
这在包山简中已有所见，它用于对宫地主和野地主的祷祠，数量
正是一黏（简207、219）。正如包山简整理者所指出的，　应读
作猳简文的后半段，所祷之牲称为"豠"。此字也见于包山楚简，
如202、203、211、225、227、243等，整理者认为它是豣的异体字
（《说文》："豣，三岁豕，肩相及者也。"）。望山简中亦有此字，如
简110、116 — 119等，用于对公主、栽陵君、王子北子、王孙喿等
人的祷祠。②

　　贾连敏（2004）简文中多有"某某之述"。"述"应是一个名
词，它为这些人所领属。我们认为"述"可读"遂"。广义的"遂"
指邦国之野。狭义的"遂"指有编制的地域区划。我们认为简文
中的"述（遂）"可能使这些官吏或贵族的采邑。毗，从刀既声，是
一种祭法，应读为"刉"，"刉"又作"刏"《字汇》："刏，同刉。""乞"、
"气"、"既"古音相通，例不备举。刉，即以刀刺割牺牲，流血而衅。
黏，所指明确，即"猳"，《说文》：母豕也。③

_____

　　①　曾晓敏、宋国定、贾连敏等：《河南新蔡平夜君成墓的发掘》，《文物》2002年
第8期。

　　②　刘钊《释新蔡楚简中的"毗"》，简帛研究网，2003年12月28日。

　　③　贾连敏：《新蔡葛陵楚简中的祭祷文书》，简帛研究网2004年1月11日首发；
后发表于《华夏考古》2004年3期。

于成龙（2004）社，即《说文》社之古文。楚卜筮简文中习见祭社。社祭在先秦时代有公私之分，公社之祭，由王侯及治民大夫主持，私社之祭，由贵家大族主持。①

陈伟（2005）"司"也许与前文连读，而"城"同"成"，为墓主之名。"均"疑当读为"徇"，通作"徇"有依从之意。"司城均之"或"城均之"应承接上文而言，大概说司城或平与君成依从前面所说的某种旨意。

"述"疑当属下读。疑读为"遂"."述"却有可能依从原考释所云："述与遂"文献及古文字中通假，用作连词。"�"从图板上看似无"刀"旁，应即"既"字，在此疑当读为"气（饩）"。《说文》"气"作"既"，《仪礼·聘礼》"既致饔"郑注云"古文既作气"，可见"既""气（饩）"可通。古书中，"饩"指馈送予人的食物，也指馈送食物的行为，也可指祭祀之牲。简文中此字可能是指致牲于神灵的行为。"豝"从包山简整理小组意见"借为豭，《说文》：母豕也。②

杨华（2007）新蔡祭祷简中的刉牲，并不是严格意义上的衈礼，而是一种血祭仪式，其重点在于杀牲取血。简例统计表明，这批社邑文书中，刉牲与祷牲的记录颇有规律：同一枝简内，简文前面的"刉○○豝"与随后的"祷○○豭"，数量完全相同；换言之，刉一豝便祷一豭，刉几豝则祷几豭，它们是一个固定的礼仪组合或用牲搭配。要解释此种组合搭配，便涉及"豭"字的释读问题，将"豭"字改释为"狂"固然可信，但读为"豲""豵"和"猪"，都无助于解释楚人祭祷的用牲搭配。白于蓝先生将"狂＝"读作"椓豕"，将"肥狂"读为"肥豕"，意指去势之豕，则比较妥贴："刉豭＋

①　于成龙：《释刉——新蔡楚简中的衈礼》，《故宫博物院院刊》2004 年第 4 期。

②　陈伟：《新蔡楚简零释》，饶宗颐主编《华学》第六辑，紫禁城出版社，2003 年 6 月。

祷豕",前者表示用公猪("豭")祭祷,后者表示用去势之豕("豕")
来进行祭祷,一雄一豝,数量相等,正好组合搭配。用公猪,旨在追
求牺牲的气血"胍";而用去势之豕,则旨在追求牺牲的肥膄,因为
去势之豕更易于长得体肥毛牷,故而祭祷简中常常名之"肥豕"。①

按 李家浩认为"豕"当读为"㹠",而"豕豕",指大牛或
大羊。②贾连敏在新蔡简均隶定为"豕"。李家浩在《望
山楚简》的补释中,认为楚简文字"豕"字实从"豕","豕 ="应当
读为"豕豕"。很多学者认为"豕"字本是从豕主声的形声字,此
字应当释为"狂"③在训读方面,诸家又多有分歧。何琳仪先生认
为,豕是从主得声,是豵的本字,他认为"豕 ="右边的重文符号
是对"主"的重写,此字应释作"牪"。④汤馀惠先生主张读作"豵"。⑤
禤建聪、大西克也等先生都主此释"狂",并且将此字读为"猪",
"豕 ="("狂 =")读为"猪豕"。⑥白于蓝先生认为,"狂 ="应当

---

① 杨华:《新蔡祭祷简中的两个问题》武汉大学简帛研究中心等编:《新出楚简
国际学术研讨会会议论文集(郭店简·其他简卷)》2006 年 6 月。

② 湖北省文物考古研究所:《江陵望山沙冢楚墓》页 268 ～ 269,文物出版社
1996 年。对"豕"字的研究,见李家浩:《战国时代的"豕"字》,《著名中年语言学家自
选集·李家浩卷》,页 1 ～ 14,安徽教育出版社 2002 年。

③ 吴振武:《说梁重新布》,《中国钱币》1991 年第 2 期;何琳仪:《句吴王剑补
释——兼释豕、主、开、万》,常宗豪等编辑:《第二届国际中国古文字学研讨会论文集》
页 249-264,香港中文大学中国语言及文学系,1993 年 10 月;袁国华:《〈包山楚简〉
文字考释》,香港中文大学中文系编:《第二届国际中国古文字学研讨会论文集》,页
425 ～ 444,1993 年 10 月;李零:《读〈楚系简帛文字编〉》,《出土文献研究》第五集,页
139 ～ 162,科学出版社 1999 年。李零先生文特别指出了楚简中很多个从"双主"的
字形。

④ 何琳仪:《新蔡竹简选释》,简帛研究网 2003 年 12 月 7 日首发;后发表于《安
徽大学学报》(哲学社会科学版)2004 年 5 月 。

⑤ 汤余惠:《包山楚简读后记》,《考古与文物》1993 年第 2 期。

⑥ 禤建聪:《楚文字新读二则》,《江汉考古》2006 年第 4 期,页 82 ～ 84;大西
克也:《试论新蔡楚简的"述(遂)"字》,《古文字研究》第二十六辑,页 270 ～ 274,中
华书局 2006 年。

读作“椓豖”，而“肥豣”则应当读为“肥豖”，意指去势后的豖。[1]李守奎师亦主张“冢”释“豣”，[2]我们赞同“冢”释为“豣”。

张新俊（2004）醢，它应该是一个从“酉”、从“皿”、“儿”声的字。我们认为它就是“醯”字的异体。“儿”的上古音属于日母支部，“醯”为晓母支部，二者韵部相同。从声母上说，日母和晓母关系密切。“醯”在简文中用作神祇的名称，乃古楚地人所祭祷的对象。[3]

何琳仪（2004）椠，《玄应音义》“栓，椠，钉也。”字亦作“櫼”。《广雅·释器》“栓，櫼，钉也。”简文应是用牲法。豭，疑读豭。《说文》“豭母豖也”冢，疑读“豵”《集韵》“豵，豖子也。”

于成龙（2004）㓹，从刀，既声。此字乃典籍中用作衅礼之“刉”字。刉字从气得声，㓹字从集得声。“气”与“既”音近相通。如《聘礼记》：“日如其饔既之数。”郑注“古文既为饩”。《礼记·中庸》：“既廪称事”。郑注“既读为饩”。气，战国《行气铭》作炁，《汉简》作㤫，《古文四声韵》引碧落文同。楚简中“气”写作“既、㤫或㤫”，均从既得声。简文中“㓹”是“刉”无疑，表衅礼。述，读为遂。述、遂音近相通，如《老子》九章：“功遂身退。”《汉帛书甲本》遂作述。《周礼·地官·遂人》“五家为邻……五邻为里，五县为遂。”“遂”也应是楚国的行政区划。[4]

时兵（2005.2）㓹，是祷社前的用牲法，当从何林仪先生所释，”㓹”即“椠”，表示“把祭牲钉住”的行为。[5]

---

① 白于蓝：《包山楚简考释（三篇）》，吉林大学古籍整理研究所编：《吉林大学古籍整理研究所建所十五周年纪念文集》，页68～76，吉林大学出版社1998年。

② 李守奎：《楚文字编》，华东师范大学出版社，页546，2003年12月。

③ 张新俊：《新蔡葛陵楚墓竹简文字补正》，简帛研究网2004-2-22。后发表于《中原文物》2005年第4期。

④ 于成龙《释 －新蔡楚简中的衅礼》，《故宫博物院院刊》2004年第4期。

⑤ 时兵《“㓹”字小议》，《考古与文物》2005年第2期。

杨华（2006）我们同意整理者的意见,在此说的基础上我们对楚地的基层居民组织进行了探讨。以一牲一社计算,一述（遂）之内也不过三社（里）。说明那时楚地之述（遂）是一种私有程度很高的居民组织单位。现在从新蔡祭祷简的记载看来,战国时期楚地基层社会组织似乎与《周礼·大司徒》的记载更相近:设若闾即是里（社）,一里五比共 25 家,那么四闾（里、社）共 100 家,同为一族,则与楚简中一"述"（遂）的规模相仿佛。一述（遂）之人皆是同族,聚族而居,生死相助,故而以其族长之私名冠之。①

大西克也（2006）我们认为传世文献中的"遂"不合乎楚简中的"述"的用法。新蔡简新见的"述（遂）"这是一个地理名词,其含义与"州"一样指官员的俸邑。两者离国都有远近之别,"州"在国都附近,"述"在远处。②

宋华强（2007）"述"也应该是一种身份标识名或职官名,疑当读为"闾率"之"率"。"述"是船母物部字,"率"是生母物部字。韵部相同,声母一属齿音庄组,一属舌音章组,可以相通。例如"终"与"崇"通,《老子》二十三章"飘风不终朝,骤雨不终日",傅奕本、范应元本"终"作"崇";《尚书·君奭》"其终出于不祥",陆德明《释文》引马融本"终"作"崇"。"终"属章组章母,"崇"属庄组崇母。"述"和"率"也有直接相通的例子。"里"的范围很小,其上可冠以人名,如新蔡简中的"缰子之里"（甲二 27）、"□▓之里"（乙三 23）、"中菩竿我之里"（甲三 179）;古书中也有"士孙之里"（《左传·襄公二十五年》）。"闾"是和"里"范围类似的基层居民组织,比"遂"小得多,所以其上也可冠以人名,如古书中"魏文侯过段干木之闾"（《吕氏春秋·期贤》）、"表商

---

① 杨华:《战国秦汉时期的里社与私社》,简帛网,2006 年 3 月 26 日。

② 大西克也:《试论新蔡楚简的"述（遂）"字》《古文字研究》第二十六辑,2006 年 11 月。

容之间"(《史记·殷本纪》《周本纪》)、"率其亲戚而保厓负羁之间者七百余家"(《韩非子·十过》)。"间"前所冠之人一般都是此间所居之贵人,简文"某人之述"之"某人"的名上也多冠以职官,如"甸尹宋""司马鱼""司城均""乔尹申""閟壐大宫果",与甲三 326-1"竅人"前面人名"己"上冠以"下献司城"同例,所以简文以这些人名为所居之间的代称。而"某人之述(率)"也就是"某人所居之间之率"。祭祀本是间率的职司,所以这些"间"由各自之"述(率)"来主持祭祷。杨先生推测"四间"与新蔡简的一"述(遂)"相当,不太可信。"述"读为"遂"也是不可信的。但杨先生的论述对我们还是很有启发的。"酰取"当是地名,是祭祷的处所,不是祭祷对象。

"蕢"字原形作▨,疑中间所从为"贵"省。"蕢"疑是"荷蕢"之"蕢"的异体。"蕢丘"又见于乙四 94"蕢丘之□"。[1]

徐在国(2003)此字应分析为从"艹","弁"声,读为"繁"。《说文》"繁"字或体从"纟","弁"声即可为证。"繁丘",地名。见于包山简 90:"繁丘之南里信有龚酉。"《水经注·汝水》:"汝水又东南,径繁邱城南。"杨守敬《疏》:"《地形志》襄城郡襄城有繁工城,工为丘之误,当以此正之。在今襄城县南。"[2]

何有祖(2007)壐(唐)无龙之述剚(匃于繁丘"繁",原形作▨,原释文直接按原形隶定,我们认为字应该分析为从艹弁声,读作"繁"。上博《从政甲》17 号简有一个"▨"字,周凤五先生认为从弁声:(周凤五:《读上博楚竹书〈从政〉(甲篇)札记》,简

① 宋华强:《释新蔡简中的"述"和"丘"》,简帛研究网 2007 年 1 月 9 日首发;后收入氏著《新蔡葛陵楚简初探》,武汉大学出版社,2010 年 3 月,页 324～334。

② 徐在国:《新蔡葛陵楚简札记(二)》简帛研究网 2003 年 12 月 17 日首发;后名《新蔡葛陵楚简札记》,何琳仪、黄德宽、徐在国:《新出楚简文字考》,安徽大学出版社,2007 年 9 月。

帛研究网,2003 年 1 月 10 日。)包山 1 号牍有一个██字,原释为"呈(从彡)",其右部与██形体接近,其实也应该看作从"弁"声,读作"繁"。而██的右部与██的下部的变化,和"狂"与"往"的情形 一致,又上博《周易》30 号简██,同篇 22 号简写作██,可见古文字中从"壬"从"土"在可以通作。所以"██"说到底是从弁声的字,在简文中应该读作"繁"。①

甲三: 275 □大邑以牛;中邑以犙(羴);少(小)[邑]□

甲三: 348 闗(闁)陞大宫果之述□

赵平安(2003)新蔡葛陵简甲三: 275 号中有"大邑"、"中邑"和"小邑",甲三: 348 简有"大宛",可以证明大邑专字说是错误的。新近发表的上博藏战国楚竹简《缁衣》第六简和第十二简有下面一组字:

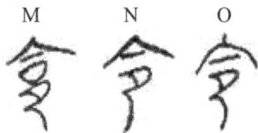

M　　N　　O

整理者隶作命或令,完全是依样画葫芦的产物。在今本《缁衣》中,与之相对应的字都写作"怨",因而也有学者直接把它隶作怨。但李零先生有不同意见,他指出: "怨",……都是假"宛"字为之,其写法,可参看《说文》卷十下、《汗简》40 页正、《古文四声韵》卷四第 19 页背和 40 页正的古文"怨",不是"命"或"令"字。1999 年湖南常德市德山寨子岭一号楚墓出土一枚"噩宛大夫玺",陈松长先生已在《湖南新出战国楚玺考略(四则)》中发表介绍。这枚玺属于战国晚期,宛也应读为县。噩又见鄂君启节,指东鄂,地在今湖北鄂城。鄂君启节铸造年代是公元前 323 年,那时噩是封君之邑,主人称君,后来废君置县,首长称大夫。这种

---

① 何有祖:《新蔡楚简释读札记》,简帛研究网,2007 年 1 月 14 日。

变迁很能证明宛的义涵(陈文发表于《第四届国际中国古文字学研讨会论文集》,香港中文大学中国语言及文学系,2003 年。)各例中的宛字,除少数外,绝大多数前头冠以地名,后接官名。从可考的地名看,战国时大都为县邑,而这些县邑又往往和《汉书·地理志》的县名相应。其后所接官名如大夫、司马、司败(即司寇)、攻(工)尹之类,都为当时县制所能涵盖,因此"宛"应读为县。宛上古属元部影母,县是元部匣母字,韵部相同,声母同是喉音,古音很近。元部的影母匣母字有相通之例。在古书中,睘和县声字肙声字相通,而肙声字和宛声字相通,因而县声字和宛声字相通是完全可能的。①

郑威(2006.6) 闇陽,释文隶定甚确。大宦,职官名,当是县级"闇陽宦"地方官员之一。疑"闇陽"与张家山汉简的"闲陽"实为一地。《汉志》有"安阳"侯国,我们认为"安阳"侯国前身即楚之"闇陽宦",汉初"闲陽"县。今河南正阳县东南。距今新蔡东南的葛陵墓不远。②

甲三: 380 樴虡戏尹

廖明春(2000) 戏帛书易经本、帛书易传《昭力》引王弼本作"卫"。戏,从爻从戈,"戈"与"卫"一为歌部,一为月部。"爻"与"卫"声同,云一属宵部,一属月部,主要元音同。疑音近相同。③

廖明春(2004) 疑"戏"是"刈"的异体,从"乂"得声,"乂"与"卫"音近可同,"戏"字在帛书中读"乂"。④

---

①　赵平安《战国文字中的"宛"及其相关问题研究(附补记)》《第四届国际中国古文字学研讨会论文集》,香港中文大学中国语言及文学系,2003 年。

②　郑威:《新蔡葛陵楚简地名杂识三则》武汉大学简帛研究中心等编:《新出楚简国际学术研讨会会议论文集(郭店简·其他卷)》2006 年 6 月。

③　廖明春:《上海博物馆藏楚简《周易》管窥》,《周易研究》,2000 年 3 期,后收入氏著《周易经传与易学是新论》齐鲁书社 2001。

④　廖明春:《楚简〈周易大畜〉卦再释》,简帛研究网,2004 年 4 月 24 日。

黄锡全(2004) 我们认为"戏"是"效"字异体,在楚简中当读作"较"或"较"。①

徐在国(2004) 戏,根据廖先生的意见,我们把楚帛书及新蔡简中戏及从戏的字读为"卫"。本简中,"卫"为地名。②

陈斯鹏(2006) 我们认为,从音韵和字义两方面看"戏"读作"卫"是很合适的。疑"戏"字可分析为从戈、爻声,是表护卫义的"卫"的专字。甲三 363 的"斄"大概可看作它的繁体而释为"卫",加"又"大概为了彰示其动作行为的性质。③

宋华强(2010)"戏尹"或读为"卫尹";或读为"徼尹"是乡官,大概相当于"游徼"。④

按 曲冰在其国家社科基金项目结题报告中对"戏"梳理详细,现转引如下:

"斄"又见于上博三《周易》简 22 大畜卦"九三"爻辞。辞例为"曰:班车斄,利有攸往",今本与帛本《周易》与"斄"相应之字作"卫",可知"斄"与"卫"音同或音近。季旭升据此指出,简文此处亦当读作"卫",解释为"保卫"之义⑤,文义无碍可通。楚文字中,"戏"用作偏旁出现过以下几种形体:作"楚"形,楚帛书甲篇 3"山陵不戏,乃名山川四海,热气寒气,以为其戏,以涉山陵"⑥;作"斄"形,见新蔡简甲三 360、甲三 380,辞例作"朓于斄"

① 黄锡全:《读上博〈战国楚竹书(三)〉札记六则》,简帛研究网,2004 年 4 月 29 日。

② 徐在国:《新蔡葛陵楚简札记》,简帛研究网,2003-12-7;《中国文字研究》第 5 辑 155 页,华东师范大学出版社,2004 年 11 月。

③ 陈斯鹏:《战国楚帛书甲篇文字新释》《古文字研究》第二十六辑,中华书局,2006 年 11 月。

④ 宋华强:《新蔡葛陵楚简初探》,武汉大学出版社,2010 年 3 月,页 343。

⑤ 季旭昇:《〈上博四·逸诗·交交鸣鸟〉补释》,简帛研究网,2005 年 2 月 15 日。

⑥ 上博二《容》简 31"以于溪谷,济于广川",孙飞燕从音理和文献的角度指出,此处的"卫"可读作"越","越"古音属匣纽月部,"卫"亦属匣纽月部。二者声韵

（按，辞例当为"跐（匂）于夑芒"）、"夑尹"[1]；作"酱"形，见上博四《昭》简9，辞例作"天加祸于楚邦，霸君吴王，身至于郢，楚邦之良臣所酱骨，吾未有以忧"。在上博三《周易》没有公布之前，楚帛书中"䤸"旧有释"斌（延）"、"茂"、"殽"等释法。《周易》公布后，学者们从与"卫"音同或音近的角度，分析"夑"，释作"刈"、"效"、"岁"、"刿"等字，学者意见不一[2]，还未能达成共识。陈斯鹏指出"夑"当是从"戈"、"爻"声，"爻"为匣母宵部字，而"卫"是匣母月部字，宵类韵与歌类韵主要元音相同，如以"小"（宵部）为声的"沙"（歌部），而歌部与月部为阴入对转可通[3]。陈斯鹏之说调和了从"爻"声与读为"卫"的矛盾，但略有辗转。[4]

　　乙一：5…君酱（朝）於答…

　　乙二：8…君酱（朝）於答…

　　甲三41…彭定習之㠯（以）鸣躧▨

全同，当当可通假。"越"的含义亦为"渡"，简文"越于溪谷"，含义当为"渡溪谷"。单育辰据孙飞燕的观点，指出楚帛书中的"戱"亦当读作"越"，山陵不戱（越）、"以为其戱（越）"的"越"与"以涉山陵"的"涉"文意正好相成，是"跨越""踰越"的意思。见孙飞燕：《读〈容成氏〉札记二则》，复旦网，2009年1月17日。单育辰：《〈容成氏〉文本集释及相关问题研究》，吉林大学2008年"985工程"研究生创新基金资助项目"新出楚简《容成氏》与中国早期国家形成的研究"，2009年2月20日，页55。

　　[1]　新蔡简的"夑"用作地名，且简文残断，无法断定具体用法。徐在国：《新蔡葛陵楚简札记》，简帛研究站，2003年12月7日；又《中国文字研究》，第5辑，广西教育出版社，2004年11月，页156；又《新出楚简文字考》，安徽大学出版社，2007年3月，页264。

　　[2]　参侯乃峰：《〈周易〉文字彙校集释》，安徽大学文学院博士学位论文，2007年5月，页217～227。刘波：《〈楚帛书·甲篇〉集释》，吉林大学古籍研究所硕士学位论文，2009年4月，页80～93。

　　[3]　陈思鹏：《简帛文献与文学考论》，中山大学出版社，2007年12月，页5～6。

　　[4]　上引见曲冰：《上海博物馆藏战国楚竹书（1-8）佚书词语研究》，国家社科基金青年项目"上海博物馆藏战国楚竹书（1-8）佚书词语研究"（项目编号12CYY035）结题报告，未刊稿，2017年7月，页975～978。

裘锡圭(1992)"𦧑"可能原本是一个从"口""黾"声的字,由于古文字阶段"口"旁往往会变作"曰""甘"等形,所以后来写作从"甘"了。"𦧑"字初文应该分析为从"口""黾"声,可能是"名"字的异体,这种把会意字的部分偏旁改造成声符的现象在古文字中是常见的。①

《包山》隶定作"𦧑",释为《说文·黾部》的"鼋"字。整理者在注释中说:"𦧑,鼋字异体。借作貂。②

刘钊(2003)"𦧑"即"鼋"字异体,"鼋""朝"古音皆在定纽宵部,故可相通。③

宋华强(2004)▮字实是从"黾"从"甘",应该隶定作"𦧑",《说文·黾部》的"鼋"字有两种形体,一种作"鼋",从"黾"从"旦";一种作"𪓣",从"黾"从"皀"。把"𦧑"释为从"黾"得声的字,"君𦧑于筶"可以读为"君命于筶"。《包山》卜筮简有一种卜筮工具叫"彤筶"(《包山》223)。《新蔡》卜筮简和《包山》卜筮简性质相同,颇疑"筶"就是"彤筶"的简称,或是和"彤筶"类似的一种筮具。"君命于筶"的"命",其词义应该和卜辞命辞的"命"相类。古人用龟卜则曰"命龟"(见《周礼·春官·宗伯》《仪礼·士丧礼》《礼记·杂记上》),用著占则曰"命筮",如《仪礼·特牲馈食礼》:筮尸如求日之仪。命筮曰:"孝孙某诹此某事。适其皇祖某子筮某之某为尸。尚飨。"简文"君命于筶"大概就是君命以筶筮占某事的意思。④

宋华强(2006)"𦩘"字整理者释为从"月"从"罗"。按其

---

① 裘锡圭:《古文字论集》,中华书局,1992 年 8 月。
② 湖北省荆沙铁路考古队:《包山楚简》,文物出版社,1991 年 10 月。
③ 刘　钊:《郭店楚简校释》2003 年,福建人民出版社。
④ 宋华强:《楚墓竹简中的"𦧑"字及"鼍"字》简帛研究网,2004 年 6 月 13 日;宋华强:《战国楚文字从"黾"从"甘"之字新考》,《简帛》第十三辑,2016 年 11 月。

原形作：▉左下方所从并非"月"旁，而是"舟"旁。新蔡简中"䌵"字（整理者也都误释为从"月"）、"受"字都很多见，其所从"舟"旁均与此同，可以参看。我们怀疑"于箬"就是"鸣籧"。"于"、"乌"古本同字，后来由"乌"字分化出"于"字。《说文·乌部》"乌"字下云："'于'，象古文'乌'省。"新蔡简零9、甲三23、57。"鸣呼"之"鸣"写作"于"，是其证。"彤箬"应该是指一种用籧竹作成的红色的筮具。新蔡简"于箬"、"鸣籧"疑当读为"乌籧"，指一种用籧竹所作的黑色的筮具。"乌箬（籧）"与"彤箬（籧）"大概是同一类筮具，区别只是前者为黑色，后者为红色。"君蝇乌籧"我们怀疑"蝇"当读为"绳"。裘锡圭先生早已指出，这里的"索"应该是穿在绳索上挂起来的意思，属于段玉裁所说的"体用同称"（《说文解字注》"梳"字注）（裘锡圭：《古代文史研究新探》149页，江苏古籍出版社，1992年6月）。其说确不可易。"索蒦茅以筵算"是筮占前施加于筮具的一种行为，也许和筮仪中的"挂扐"有关。"绳""索"同义，《说文》："绳，索也。""索"字可以表示用绳索把东西穿、挂起来，"绳"字应该也允许有这种用法的存在。[1]

宋华强（2016）认为"䫲"当为"蝇"，"君䫲于箬"读"君蝇于箬"，推测"君蝇于箬"大概跟坪夜君成亲自莅临筮占有关，怀疑"蝇"读"绳"，索也，索，取也，是筮占前施加于筮具的一种行为，"君蝇于箬"应该属于前辞。[2]

乙一：15 司命、司褐（祸）各一勬

李零（1994）据慈利楚简文例，"褐"读作祸。[3]

陈伟（1996）褐，从李先生读之。司命本为中溜神，司祸应

① 宋华强：《楚简中从"黾"从"甘"之字新考》，简帛研究网2006年12月30日。

② 宋华强：《战国楚文字从"黾"从"甘"之字新考》，《简帛》第十三辑，2016年11月。

③ 李零：《考古发现与神话传说》，《学人》第五辑，江苏文艺出版社，1994年2月。

即五祀中的"灶"。①

杨华（2006）司祸，简文中写作"禣"，此从李零先生、陈伟先生之意见释作"祸"。公北，应属天神系列，很可能指的就是北斗。⑤

乙四：9……走（上）逾取蒿（禀）

乙一：26、2……牂（将）逾取蒿（禀）

甲一：12……牂（将）逾取蒿（禀）

何琳仪（2004）在鄂君启节中，"上"表逆流而上，"逾"表顺流而下。见闻"上逾"可能表示首先逆流而上，然后顺流而下。"蒿"原篆上从"艹"，下从"禀"之初文，应是"菻"的通假字（《说文》菻，蒿属。）与鄂君启舟节铭文中"郴"的通假字，原篆左从"邑"，又从"禀"之初文，二者应是一地，即《汉书·地理志》桂阳郡"郴县"，今湖南郴州。

陈伟（2004）"取"也许读为'趣'，前往义。乙一：26、2当是平与君前往禀地时，贞问返回时是否吉利。③

晏昌贵（2006）简文"取禀"也许当读为本字，"取"义为获取、收取。"禀"，《说文》："禀，赐谷也"段玉裁注："凡赐谷曰禀，受赐亦曰禀。引申之，凡上所赋下所受皆曰禀"，当是平与君"禀籍"，"上逾取禀"就是去取回这一类簿籍。④

宋华强（2006）舟节"鄙"在耒水沿岸，读为"郴"当然是合

---

① 陈伟：《包山楚简初探》，武汉大学出版社1996年8月。

② 杨华：《楚简中的诸"司"及其经学意义》，《中国文化研究》春之卷 。

③ 陈伟：《葛陵楚简所见的卜筮与祭祷》，《楚土文献研究》第六辑，上海古籍出版社，2004年12月。

④ 晏昌贵：《新蔡葛陵楚简"上逾取禀"之试解》，武汉大学简帛研究中心等编；《新出楚简国际学术研讨会会议论文集》（郭店简·其他简卷）2006年6月；后收入氏著《巫鬼与淫祀——楚简所见方术宗教考》，武汉大学出版社，2010年3月，页215～228。

适的。而简文"逾取菌"在江、沮、漳一带,离郴甚远。而且按照
何先生的说法,沿沮、漳和江三条河流先逆流而上,再顺流而下,
似乎是不大可能到达郴的。何先生的说法恐不可从。疑此处"逾"
非用"降"、"下"之义,而是取"越"义。"取菌"疑读为"丛林"。①

按　学者对"菌"讨论颇多。吴振武先生曾对"卣(稟)"
有过细致研究②,由此何琳仪认为新蔡简中"菌"下所从
为"稟"字初文,多数学者认为"菌"当是地名用字③,当然也有不
同的意见④。晏昌贵认为"菌"读"稟",一种记录贷种或发放口
粮的簿籍。宋华强否定了晏氏的看法,并从四个方面论述了晏说
之不当。⑤结合新蔡简文及天星观简文,将"菌(癝)"理解为地
名更妥当些。

乙四: 61 □尨黧为君贞: 以亓(其)脀怀(背)疾□

宋华强(2005)"脀"字也见于楚兵器铭文和古玺文。此字
原形从"户",从"肉",从"攵",看作上下结构则可以释作"脀"。
"脀"字见于《说文·肉部》新附,从"肉","启"省声,训为"肥肠
也",即腿肚子。不过在上揭简文中这个字作为人体器官名和"怀
(背)"字并称,腿肚子和后背放在一起未免让人觉得奇怪。若看
成左右结构,则可以改释为"敐"。《说文·肉部》说:"俗'肩'从

---

①　宋华强:《新蔡简中的祝号简研究(连载二)》,简帛研究网,2006 年 12 月 9 日
首发; 后收入氏著《新蔡葛陵楚简初探》,武汉大学出版社,2010 年 3 月,页 71 ~ 74。

②　吴振武:《战国"卣(稟)"字考察》,《考古与文物》1984 年第 4 期。

③　何琳仪:《新蔡竹简选释》,《安徽大学学报》(哲学社会科学版)2004 年第 3
期,页 1 ~ 11。陈　伟:《葛陵楚简所见的卜筮与祷祠》,《出土文献研究》第六辑,上
海古籍出版社,2004 年 12 月。袁金平:《新蔡葛陵楚简字词研究》,安徽大学博士论文,
2007 年 5 月,页 46 ~ 47。宋华强:《新蔡葛陵楚简初探》,武汉大学出版社,2010 年 3 月,
页 69 ~ 72。

④　鄗尚白认为"菌"下所从为"尔",详见鄗尚白:《葛陵楚简研究》,暨南国际大
学中国语文学系博士论文,2007 年,页 121 ~ 124。多数学者否定了这个看法。

⑤　详见宋华强:《新蔡葛陵楚简初探》,武汉大学出版社,2010 年 3 月,页 71 ~ 74。

‘户’。”“敔”，字书所无，可以分析为从“攵”，“肩”声，在简文中当读为“肩”。“肩背”并称的症候名在古医书中是很常见的，如《黄帝内经·灵枢·经脉》：“气盛有余则肩背痛”；又《五邪》：“邪在肺，则病皮肤痛，寒热，上气喘，汗出，欬动肩背”；又《论疾诊尺》：“肘后独热者，肩背热”；又《素问·金匮真言论》：“西风生于秋，病在肺，俞在肩背”，“秋气者，病在肩背”；又《脏气法时论》：“肺病者，喘咳逆气，肩背痛”；等等，不具引。可见把“脊”改释为“敔”，于词义上是很妥贴的。①

乙四：95……君又（有）子，酒（将）慼之，弗卯也……

范常喜（2006）其中“卯”字原简文作：B（以下用 B 代替），同批竹简中另有“卯”作：（甲三：114、113）（乙四：98 我们认为 B 即“弗”之变体，由于此字中间部分残泐，所以整理者才会将其隶作“卯”。简文云“君有子将慼之，弗恤也。”其中“慼”可能当读作“戚”，义为“亲近，亲密”简文“君又（有）子，酒（将）戚之，卯恤也。”大意似为“君有孩子，要有爱戚之心，不要忧恤他。”②

乙四：98 □郑卜子　目（以）𤍚页之𤍚为君三祓（岁）貞…

李家浩（2000）此字从田从崔，崔是𪅃自所从的偏旁，与崔嵬之崔非一字……简文崔（下从田）有可能是𪅃字的异体。𪅃见于《集韵》卷二齐韵，即“畦”字的重文。《楚辞·离骚》“畦留夷与揭车兮”，王逸注：“共呼种之名……五十亩为畦也。”③

何琳仪（2004）△（引者按：即“𤍚”），原篆上从三“黾”，下从“弁”声。疑读“鼋”。“弁”“鼋”均属元部，或可通假。《汉书·严

①　宋华强《由新蔡简“肩背疾”说到平夜君成所患为心痛之症》简帛研究网 2005 年 12 月 17 日首发；后收入氏著《新蔡葛陵楚简初探》，武汉大学出版社，2010 年 3 月，页 315～323。

②　范常喜《读简帛文字札记》，简帛研究网 2006 年 11 月 13 日。

③　李家浩《九店楚简释文与考释》，湖北省文物考古研究所、北京大学中文系编：《九店楚简》中华书局，2000 年 5 月，页 58。

延年传》"吏皆股弁。"朱琦曰"言其悚惧也。弁当为战之假借。《说文》"鼍,水虫。似蜥易,长丈所,皮可为鼓。从黾,单声。"▽(引者按:即"鼉"),原篆下从"黾",左中从"皿"(疑"黾"之叠加音符),上从"璀"声。疑读"◇"。(下从"龟",上从"崔"。)《字汇》"◇",大龟,形如山。"简文"△首之▽",应指头部如鼍形,背部如山形的大龟。

　　徐在国(2004)△(引者按:即"鼉")作者仅作硬性隶定。此字应分析为从"黾"、从"田"、从"雟"。在释读这个字之前,我们先看一下九店楚简、包山楚简中一个从"田"从"崔"的字。此字李家浩先生考释如下:此字从"田"从"崔"。"崔"是"雟"字所从的偏旁,与"崔嵬"之"崔"非一字……简文"崔(下从田)"有可能是"雟(左从田)"字的异体。"雟(左从田)"见于《集韵》卷二齐韵,即"畦"字的重文。《楚辞·离骚》"畦留夷与揭车兮",王逸注:"畦,共呼种之名……五十亩为畦也。"……𤲒,此字分析为从黾从田从雟。根据李先生的考释,"雟(左从田)"字的重文是"畦"。△从"黾""雟(左从田)"声,应当释为"蛙"(与从"黾"、"圭"声之字为异体)。"蛙"在简文中能否读为"卦",待考。[1]

　　宋华强(2005)先看"鼉"字。何、徐二先生分析字形有误,所释皆不可信。"鼉"明明是卜龟名,释读为"卦"更是没有道理。此字原形作▇,显然是从"玉",从"雟",从"黾",只不过是把"雟"旁中的"冏"写在左边"玉"旁的下面而已。上博简《周易》17号简"乃从嶲之","嶲"字原形作"▇",所从"雟"旁也把"冏"写在左边,与"鼉"字正同。按照汉字构形的一般规律,"鼉"字应该分析为从"黾","璚"声。"璚"字见于《说文·玉部》,是"琼"的或体,从"玉","雟"声。"鼉"应该就是"蠵"字的异体。《说文·虫部》:"蠵,

　　① 徐在国:《新蔡葛陵楚简札记》,简帛研究网,2003年12月7日;又见《中国文字研究》第5辑,页155,华东师范大学出版社,2004年11月。

大龟也，以胃鸣者。从虫，鼆声。"《尔雅·释鱼》所记十龟"二曰
灵龟"。郭璞注："涪陵郡出大龟，甲可以卜，缘中文似蟖蝐，俗呼
为灵龟，即今觜蠵龟。一名灵蠵，能鸣。"所云与简文"鼆"字用法
正合。《篇海》有"鼍"字，注云："大龟，形如山。"这个字应该是"鼆
"或"蠵"的后出异体。"叠页"。何先生指出"叠"字下面所从为"弁"
是对的，但是读"叠"为"鼆"却不可信。"弁"、"鼆"声母相差太
远，很难相通。"叠"从"弁"声，当读为"偏"。国家博物馆藏有齐
国弁将军虎节，裘锡圭先生把铭文中的"弁将军"读为"偏将军"，
可从。是"弁"可通"偏"之证。"页"与"首"古本一字，此处即
用为"首"。"偏首"是修饰"蠵"的，用来说明蠵的品种。简文中
"偏首之蠵"相当于《尔雅》所云左倪或右倪之龟，指出头时向左
偏或向右偏的蠵龟。《周礼·春官》龟人所掌的"六龟"是专门用
来占卜的，与新蔡简"偏首之蠵"用于占卜正合。[1]

乙四：128 □……兄（祝）其大牧（牢）……□

乙四：139……北方兄（祝）禱乘良马……

乙四：145 □霝（灵）君子兄（祝）亓（其）哉牛之禱

零：243 □祝禱於

零：439 □……祝禱於□晟□

零：533 □之，祝禱於□

陈伟（2004）"'兄（或作祝）禱'，未曾见于包山简或望山
简……'兄 其哉牛之禱'的'兄'或许读为'贶'，为赐予之义。
如果'兄禱'又写作'兄……之禱'的话，其他如'与禱'、'一禱'、
'赛禱'及'就禱'是否也可以有类似的表述，值得我们注意。"[2]

---

　　① 宋华强：《新蔡简所见龟卜考》简帛研究网 2005 年 12 月 2 日首发；后收入
氏著《新蔡葛陵楚简初探》，武汉大学出版社，2010 年 3 月，页 148～150。

　　② 陈伟：《葛陵楚简所见的卜筮与禱祠》，《出土文献研究》第六辑，页 41，上海
古籍出版社，2004 年 12 月。

陈斯鹏（2005）"■"释为"兄"可读为"恭"，恭顺之意。①

范常喜（2006）我们怀疑此字中所谓的"兄"旁可能即"聑"字。楚文字中"聑"或从"聑"之字作如下诸形：▶（郭·鲁2）▶（郭·缁34）■（上博四·曹16）■（上博四·曹48）将上述"聑"旁与新蔡简中"兄祷"、"祝祷"中的"兄"旁相比较，可以初步认定二者应当是一个字，所以"兄祷"、"祝祷"当释作"聑祷"、"禤祷"，我们怀疑这种祭祷方式即楚祭祷简中较为常见的"罷祷"。战国楚文字材料中"罷"与"一"音近通用。"能"在上古音均归侵部，"罷"又从"能"得声，所以其上古音亦当属侵部。"聑"属于缉部，那么与"罷"属于阳入对转，古音相近，自可相通。新蔡简甲三22、59："罷日癸丑"，其中的"罷"字即文献中表示第二天的"翌"。"翌"从"立"得声（参见于省吾《甲骨文字诂林》第三册，页1856～1871，中华书局1996年）。"立"古音属缉部，"罷"又从"能"得声，可见同样从"能"得声的"罷"与同属缉部的"聑"也可以相通，由此我们认为新蔡简中的"聑"或"禤"可以读作"罷"，这种祭祷方式当即楚祭祷简中常见的"罷祷"。上文已经谈到"罷"当从"能"得声，而且在楚文字材料中与"聑"可相通，所以郭店简《成之闻之》中的"贵而罷纕"当可读作"贵而揖让"，也就是说虽然在字形分析上与李天虹先生有所不同，但将其读作"揖"却与李先生的理解相一致。②

沈培（2006）我们认为新蔡简"✦"和上博四《曹沫之陈》中的"■"一样，就是"祝"字或从"祝"的字，都是从甲骨文变来的，由原来的跽跪形变成了立人形，其覆手形因笔势的原因而尽量向

①　陈思鹏：《上海博物馆藏楚简〈曹沫之陈〉释文校理稿》，简帛研究网，2005年2月15日。

②　范常喜：《新蔡楚简"聑祷"即"○（从羽从能）祷"说》，简帛研究网，2006年10月17日首发。

里收卷。①

杨华（2006）祝祷，由专门的祝者先行祝由之术，再行祷辞仪式。②

王连成（2006）"罷"同"蟲"，是一种能飞的虫子的名称。此字最基本　的含义有二：第一，表示蜂类或虻类飞虫；第二，表示三足龟，同"能"，"罷"和"一"虽然可以互换互释，但是，要根据场合进行区别对待，如果笼统地释为"一"，有时会掩盖"罷"所表达的特定意义。范先生将原来的"兄"和"祝"纠正为"聑"和"禣"应该是正确的，然而，"聑"和"禣"能否完全与"罷"划上等号似乎证据还不足够，因为即便"聑"和"禣"与"罷"意义上完全相同，似乎也只能说明二者是近义字或同义字。《汉语大字典》"聑"字条下只有"附耳私语"和"谗言"两个义项，没有和"祷"有关的义项。可是，笔者偶然发现在《汉字源流字典》"聑"字条下"组字"一栏中有这样一句话："凡从聑取义的字皆与聚会到一块等义有关。"（谷衍奎：《汉语源流字典》，华夏出版社 2003 年 1月，第 455 页）这在某种意义上可以说是确定了"聑"和其他用它组字的字之间的关系。比如，"戢"，"篆文从戈，从聑（表示聚合），会把兵器收藏起来之意"；"揖"，《集韵·缉韵》："揖，聚也，成也"。笔者以为，此义为由"聑"的本义"附耳私小语"引申而来的"以口耳相传的方式聚合"的引申义——召集或组织。因此，新蔡楚简中的乙四·145 就是"蠶（灵）君子组织他的'散牛之祷'"。我

---

①　沈培：《说古文字里的"祝"及相关之字》，《中国简帛学国际论坛（2006）论文》武汉大学简帛研究中心，2006 年 11 月。又《简帛》第 2 辑，上海古籍出版社，2007 年11 月。

②　杨华：《新蔡祭祷简中的两个问题》，《中国简帛学国际论坛 2006 论文集》，武汉大学，2006 年 11 月；又见简帛网，2007 年 2 月 28 日。又见武汉大学简帛研究中心主办：《简帛》第二辑，上海古籍出版社，2007 年 11 月。

们以为,以上记录的是卜筮的准备情况,而不是卜筮进行时的情况。比如:"昌(禂)其大牢"应该是"准备其大牢";"北方昌禂乘良马、珈[璧]"则应该是"北方筹备禂告所需要的良马等"。在殷墟卜辞中没有"昌"和"禂",与准备相关的动词都是具体的,比如"燎"和"卯"等。而甲三136:昌(以)罷禂大牢归;乙四:82己未之日弌禂卲(昭)【王】☐;乙四:148弌禂犬(太)、北方☐☐则明确了被祈禂的人物和现场情况及占筮结果等,记录的是现场占卜情况。其中的"罷"不是"召集"、"组织"的意思,而是"一同"、"一起"、"集体"的意思。比如,甲三136一句似可以释为"以集体祈禂大宴(不是为少数人准备的),馈赠别人(食物),为他们用小钟(栈钟)演奏音乐完,开始舞蹈。鹽燴占筮之后说:吉祥,禂告完毕,且……"因此笔者以为,"昌"、"禂"是不能够简单地和"罷"划等号。①

《简册合集》(2013)……祝禂于……中的"祝"指者,即专事祭禂者。

零:115是蠹切而口亦不爲大詢(詬),勿屾亡(無)咎。

何琳仪(2004)是䪻切而口亦不为大诟,勿恤,无咎。 䲜,原篆上从"首",下从"册"声,即"䪻"之异文。见《吕氏春秋·知士》"太子之不仁过䪻涿",注"䪻涿,不仁之人也"。简文疑读"赜"《易.系辞上》"圣人有以见天下之赜。"释文"赜,九家作册"。《释名·释书契》"册,赜也"是其左证。《小尔雅·广诂》"赜,深也"。

屾,原篆左从"土",右从"刅"声。战国文字"土"与"立"往往通用,诸家多读为"创"可从。䪻切,意谓头部深创。

"大诟",参《史记·李斯列传》"垢莫大于卑贱",正以"耻辱也"。

① 王连成:《也谈楚简中的"罷"字》,简帛研究网2006年11月12日。

高右仁（2009）根据楚文字"首"、"自"两种形体讹混的现象，怀疑"䑠"有可能是"瘽"字。[①]

宋华强（2010）"䑓"的左旁两横长度相同，应该是"士"而非"土"。单纯从形体看，右旁既可能是"刃"，也可能是"刅"。"壮"亦从"士"，"刅"古音属初母阳部，"壮"属庄母阳部，读音甚近。"刅"是"创"字异体，后者从"仓"得声，"壮"字从"士"、"丬"声；从"丬"、"仓"得声之字相通之例甚多。从这些情况来看，"切"更有可能是从"士"、"刅"声之字，大概是"壮"字的异体。"䑠切"疑当读为"刺创"或"刺戕"。"䑠"从"册"得声，"册"是初母锡部字，"刺"是清母锡部字，韵部相同，声母都属齿音；"策"、"刺"同谐"朿"声，"册"、"策"古音声韵并同，通用之例甚多。

"詢"与"诟"，古书通作，词义相同。[②]

刘刚（2014）"䏷"可分析为从首枾声，当即"髍"的本字。《说文》："髍，瘀病也。"髍在新蔡简文中有"微小"之意，简文整句话可以理解为"嘴巴受了小殇，也不会带来大的耻辱，不用担心，没有凶咎。"[③]

零：148 尚敘故

何琳仪（2004）"叙拔"亦见楚帛书《丙篇》"叙拔不义"，读"舍去"。

宋华强（2006）何琳仪先生读为"舍去"，不确。疑当读为"除去"。"除""去"同义。长沙楚帛书丙篇"叙故不义"，"叙故"即读为"除去"，是其证。[④]

---

① 高说简见刘文、刘刚：《据清华简考释新蔡简二则》，《古文字研究》（第30辑），中华书局，2014年，页430～431。

② 宋华强：《新蔡葛陵楚简初探》，武汉大学出版社，2010年3月，页171～173。

③ 刘刚：《据清华简考释新蔡简二则》，《古文字研究》（第30辑），中华书局，2014年，页430～431。

④ 宋华强：《新蔡简中的祝号简研究（连载二）》，简帛研究网，2006年12月9日。

零：189 □思坪夜君城▨瘳速瘥□

零：300 □城▨瘳速瘥□

零：484 □▨賽□

郭店简《缁衣》16 ～ 17，▨容有常，则民德一。

上博简《缁衣》9▨容有常，则民德一。

李家浩（2003）"▨"和"▨"二者当是一字之异体，释为"逯"字。古文字中"止""辵"作为形旁可以通用，和加"宀"与不加"宀"往往无别。[①]

刘乐贤（2004）从文义考虑，应该也是"速"的意思读音和"谗""簪"接近。今本《周易》上引豫卦"朋盍簪"的"簪"字，古注多训"疾"或"速"（参看孔颖达《周易正义》卷二，陆德明《经典释文》卷第二《周易音义》）。研究《周易》异文的学者已经指出，这种用法的"簪"实为"疌"或"寁"的通假。"晋"或从"晋"得声之字古音在缉部和侵部，"疌"或从"疌"得声的字古音在叶部和谈部。缉、侵部和叶、谈部的关系十分密切，从"晋"得声的字可以与"疌"或从"疌"得声的字通假。《集韵·感韵》："簪、疌，速也。"《说文解字》："寁，居之速也，从宀，疌声。" 简文的"A瘳速瘥"应读为"疌瘳速瘥"或"寁瘳速瘥"，是"速瘳速瘥"的意思也可以直接读为"速"。"疌""寁"等字不仅有"速"的意思，而且读音也与"速"接近，所以，读"疌""寁"或读"速"并无实质差异。无论如何，上引葛陵楚简的"A瘳速瘥"应是"速瘳速瘥"的意思。[②]

冯胜君（2004）新蔡简中的"▨"当与"速"义近，如果李家

---

①　李家浩：《战国竹简〈缁衣〉中的"逯"》，郭店楚简研究（国际）中心编：《古墓新知》，国际炎黄文化出版社，2003 年 11 月。

②　刘乐贤：《读楚简札记二则》，简帛研究网，2004 年 5 月 26 日。

浩先生释"逯"的意见可信的话,从音义两方面考虑,新蔡简中的"逯"或许可以读为"屡"。逯、屡均为来纽,"逯"是侯部字,"屡"是屋部字,韵为阴、入对转的关系,二字古音极近。《尔雅·释诂》:"屡,疾也。"最近刚刚公布的上海博物馆藏《周易》简中与今本"簪"字、马王堆帛书本"谗"字相对应的字写作:A3 。

周易 14,从形体上看,这个字与前面讨论的李家浩先生释为"逯"的字无疑是同一个字。今本《周易·豫卦》"朋盍簪"之"簪",陆德明《经典释文》引荀爽说一作"宗",而 A3 字在简本《缁衣》中读为"从","宗"为精纽冬部字,与"从"读音相近(从,从纽东部。精、从均为齿音,冬、东二部关系密切),所以荀爽所说当有所本。[①]

魏宜辉(2006)李零先生认为"𤔲"和"𤔲"皆从"甬"得声的观点,其说可信。楚简文字中"甬"字上端也普遍作倒三角形,例如:

A 包山 267　　　　　B 上博·恒先 13　　　　C 郭店·性 32

新蔡简中"𤔲"字所从的"𤔲"旁和 A 类"甬"字相近,只不过省去中间的竖笔而已。在其后的演变过程中,"甬"字两侧的竖笔逐渐向上延伸,最终与上端的横笔粘连在一起,也就形成了简本《缁衣》中特殊的写法。

⟶ ⟶ 𤔲 ,据此,可以确定简本《缁衣》篇中的"𤔲""𤔲"所从的"𤔲"旁乃是"甬",这些字是从"甬"得声的……从读音的角度考虑,"甬"和"从"的关系很近。甬,古音为余纽东部,从为从纽东部,韵部相同。古音舌头音和齿头音关系密切,

---

① 冯胜君《论郭店简〈唐虞之道〉、〈忠信之道〉、〈语丛〉一～三以及上博简〈缁衣〉为具有齐系文字特点的抄本》252 页,北京大学博士后出站报告,2004 年。

余、从二纽的关系是很近的……今本"朋盍簪"的"簪"字,陆德明《经典释文》引荀爽说一作"宗"。"宗"为精纽冬部,与"甬"的读音也很近。两者舌齿邻纽,冬东韵的关系也很密切。至于新蔡简中的"▓"字,从音义求之,或许可以读为"骤"。《左传·宣公二年》:"宣子骤谏。"洪亮吉《春秋左传诂》引《国语注》贾逵云:"骤,疾也。""骤"为崇纽侯部字,与"甬"的声纽较近,而韵部是"侯"、"东"阴阳对转的关系。总之,从字形、读音以及相关文字释读各方面综合考虑,李零先生提出的郭店简、上博简《缁衣》中用为"从"之字是从"甬"得声,无疑是一种比较合理的解释。①

宋华强(2006)李家浩先生之说可信。"▓"与"▓"、"▓"也应该是一个字。"冂"又作"冂"可以参看下面"帝"字的不同写法:

▓(上博简《缁衣》4)▓(郭店简《缁衣》37) "▨"又作"▨"也可以参看下面"帝"字的不同写法:

▓(郭店简《唐虞之道》8)▓(同上 9)。简本《缁衣》"▓"和"▓"都对应于今本"从"字,这样就对字音给出了限定。从字形和字音两方面综合考虑,李家浩先生的意见无疑是最有根据的。通过把新蔡简的"▓瘗速瘗"与"速瘗速瘗"(甲三 22、59)相对照,把新蔡简的"▓赛"与包山简的"速赛"(200)相对照,可以确定"▓"表示的是一个与"速"义近的词。而上博简《周易》的"▓"字与今本的"簪"字、马王堆帛书本的"谗"字相对应,又为确定"▓"字的读音提供了重要参照。根据这两个新线索新蔡简中的"▓"可以读为文献中的"㩌"。《墨子·明鬼下》:"鬼神之诛若此之㩌遫也",又"鬼神之诛至若此其㩌遫也"。孙诒让《墨子闲诂》云:"㩌""速"义同。《玉篇·手部》云"撍,侧林切,急疾也。""㩌"

---

① 魏宜辉《再论郭店简、上博简〈缁衣〉用为"从"之字》,张玉金主编:《出土文献语言研究》第一辑,广东高等教育出版社,2006 年 6 月。

与"撍"通。《易·豫》:"朋盍簪"。《释文》云:"簪,郑云速也,京作'撍'。"《说文》:"兂,首筓也。从人,匕象簪形。凡兂之属皆从兂。簪,俗兂,从竹从朁。"楚简中的"▨""▨""▨""▨""▨""▨"等形可能就是截取"▨"的上部"▨"形发展而来的。其形体演变可以参看"彔"字上部的形体演变:

簪:▨━━━→▨ ▨ ▨ ▨ ▨

彔:▨(《合集》43)▨━━━→▨(曾侯简14)▨(曾侯简13)▨(郭店简《鲁穆公问子思》7)

"▨"是从"簪"字初文"▨"的形体中截取出来的,在充当其他文字的构件时还保留着"簪"字的读音,这正属于刘钊先生所说的"一个文字的形体截取下来部分构形因素来充当另一个文字形体的一种文字分化现象"(刘钊:《古文字构形学》118页,福建人民出版社,2006年)。例如"虍"是从"虎"字截取下来的,"弓"是从"疐"字上截取下来的,"世"是从"枼"字上截取下来的,等等。①

陈剑(2006)甲骨文"▨"字系"琮"的表意初文,在新蔡简中义为"速",读为"憯"。②

按 黄德宽、徐在国先生把"▨"释为"适"③,周凤五先生释为从"止"从"仓"声之字④,刘桓先生释为"夏"⑤,李零

---

① 宋华强:《新蔡简与"速"义近之字及楚简中相关诸字新考》,简帛研究网2006年7月31日。

② 陈剑:《释"琮"及相关诸字》,"中国简帛学国际论坛(2006)"论文,武汉大学简帛研究中心,2006年11月。

③ 黄德宽、徐在国:《郭店楚简文字考释》,吉林大学古籍整理研究所编:《吉林大学古籍整理研究所建所十五周年纪念文集》102页,吉林大学出版社,1998年12月。

④ 周凤五:《郭店楚简识字劄记》,《张以仁先生七秩寿庆论文集》,页352~353,台北学生书局,1999年1月。

⑤ 刘桓:《读〈郭店楚墓竹简〉劄记》,李学勤、谢桂华主编:《简帛研究(二○○一)》,页62,广西师范大学出版社,2001年9月。

先生把"𣪘""𣪘"都推测为从"甬"得声之字①，今从李家浩先生之说。

零：301、150　　……巳（已？祀？）；解……

何有祖（2007）"巳解"两字原未释，"巳"字原简作：▮，可参看：▮（包山4号简）、▮（新蔡乙四：36）。由于楚简中"巳"很多时候是可以用作"已"字的，此处的"巳"似可看作"已"，指上一祭祀活动的终结。另外，"巳"或许可属上读作"祀"，与"文君"并列为神灵名。

"解"字原简作：▮，楚简中相似的字形有▮（新蔡甲三：239）▮（新蔡甲三：300）▮（新蔡甲三：404）。"解"常常以"解于 x"的形式出现。解"原指用刀分割动物或人的肢体，楚简中涉及"解"者有二，其一是"攻解，迻雁会之敓，赛祷东陵连嚣，冢豕，酒食，蒿之。思攻解于盟诅。（包山 210–211）攻解……"出现在敓辞中，且没有用牲的记录。当与典籍所言之腥祭无关。　其二即"少迟瘥，以其故敓之，解于二天子与云君以佩玉、珥……"，用"佩玉"以及"珥"祭于鬼神。也没有见到用牲的记录。新蔡简所见"解于太"、"解于北方"接近于此种情形。本条所说的"解"，疑与此种情形相同。②

甲一·7 忻（祈）福於祂一羊（羳）牡、一熊牡

甲三·146 㦛（举）禱於祂一牨

甲三·4 □大備（佩）玉狀（兆）

甲三·110 有祱（祟）於大、北【方】

李零（1993）释为"太"，神名，指太一。《楚辞九歌》：所祝

①　李零：《上博楚简校读记（之二）·〈缁衣〉》，廖名春、朱渊清主编：《上海馆藏战国楚竹书研究》，页411，上海书店，2002年3月。

②　何有祖：《新蔡楚简释读札记》，简帛研究网，2007年1月14日。

者首为"东皇太一"。"太一"居斗极,为纵星所拱。①

于成龙(2004)简文中至上神写作"大",是以大言"天"。②

王青(2004)"夶"等字形均为"夭"字,都是兵器砍人身体的象形,只不过随着兵器的不同(刀、剑、戈、戟等),所砍部位的不同(腰、颈、肩、臂等)而发生种种变化……由于"夭"字有"砍首"之义,所以"夭"又有不终、强死之意……夶即"新王父殇",为无主之鬼,与兄弟无后者是同一性质的鬼神。所以,我认为,夶实为夭字,在包山楚简中指死后无所依归的厉鬼。③

李家浩(2005)"犬"可能是一个从"大"从"卜"声的字,疑读为《周礼·地官·族师》"春秋祭酺"的"酺"。"酺"或作"步"、"布"。"朩"和"蚀朩",分别相当郑玄注所说汉代的"人鬼之步"和"蝝螟之酺"两种栽害之神。④

董珊(2007)在文字学层面上来说,"犬"与"大"是形、音关系皆近的两个字,因此可以在"狀""犾"两字中作为声符互相替换。楚卜筮祭祷简的"狀"或"犾"字均应从"大"声读为"厉",指厉鬼。"犬"应是作祟的厉鬼,祭祷厉鬼的目的,是希望移除厉鬼所作之祟。……楚简中的"犬"及从"犬"的字,都可以从"大"声出发,最终得到比较合理的解释。由此来看,"犬"就应该是从"大"分化出来的一个字,所以其读音与"大"相同或接近。⑤

---

① 李零:《包山楚简研究(占卜类)》,《中国典籍与文化论丛》第一辑,中华书局,1993 年 9 月。

② 于成龙:《楚礼新证——楚简中的纪时、卜筮与祭祷》,北京大学考古系博士学位论文,2004 年 5 月,页 103。

③ 王青:《门外释夶》,《南京师范大学文学院学报》2004 年第 1 期,页 169～171。

④ 李家浩:《包山卜筮简 218-219 号研究》,"长沙三国吴简暨百年来简帛发现与研究国际学术研讨会"论文,2001 年 8 月;又见长沙市文物考古研究所编:《长沙三国吴简暨百年来简帛发现与研究国际学术研讨会论文集》,中华书局,2005 年 12 月,页 183～204。

⑤董珊:《楚简中从"大"声之字的读法(二)》,简帛网,2007 年 7 月 8 日。后刊于《古代文明》,2010 年第 8 期。

按 对于"犬"字形分析,李零、董珊都简单的说是"大"的分化字,李家浩认为从大卜声。大概因其字形过于简单而无多说的必要。有学者认为此字在甲骨文中就已见到,或释为"扶"。[①]下为"犬"及"狄"的字形:

鈦:

鈦:![图]包山 272 ![图]包山 273 ![图]天星觀(997)

沃:[②]

(A)大:![图]包山·213 ![图]包山·215 ![图]新蔡·乙二·20

(B)犬:![图]新蔡·甲三·3 ![图]望一·54 ![图]新蔡·甲三·110 ![图]秦九九·14

(C)狄:![图]望一·79 ![图]包山·210

(D)狄:![图]包山·243

与"犬"相关的字形,或以"犬"做部首偏旁的字不多。为了更好的说明字形来源,这里先谈一下"鈦"。鈦,甲骨文、早期金文不见。"![图]"出现在战国晚期"燕王喜剑"等青铜铭文中,包山遣策简出现 5 例"![图]"[③],辞例或为"白金之鈦",或为"赤金之鈦"等。天星观遣策简中有字形多作"![图]",或作"![图]"[④],辞例多为"白金之鈦"或"赤金之鈦"。学界已公认,鈦、钛是异体关系,据此,楚卜筮简中"狄""沃"也应是异体关系,学界对此亦无异议。在上述字形中,董珊认为 A 组应该是在字形演变过程中,为了与"大"造成区别,又附加了一些笔画的结果。对此,本文有不同看

---

① 商承祚:《战国楚竹简汇编》,242 页,齐鲁书社,1995 年。

② 此处字形来自董珊文。

③ 李守奎、贾连祥、马楠编著:《包山楚墓文字全编》,上海古籍出版社,2012 年12 月,页 491。

④ 滕壬生:《楚系简帛文字编》(增订本),武汉:湖北教育出版社,2008 年 10 月,页 1161。

法,我们认为 A 组是其本字形,在书写简化中发生借笔产生 B 组,后为表意功能更突出增加意符"示"形成 C 组,而 D 组则是 C 组的省写形式。本文赞同其与"大"同源关系,古人尚卜,所以与占卜有关的字也会经常用到,当两个字为常用字时则不能混,必须区别开来,故此,人们增加区别符号且具有表意功能的"卜",借以与"大"相区别。若区别特征突出,其余部分则可以讹变或省略,[①]故此有 D 组字形的产生。我们认为 A、B、C、D 四组是"同字异形",而与甲骨文中的相同字形是"同形异字",二者不应等同。董珊认为"'厉'是一个集合的概念",这是一个极为新颖的见解。"犬"应该是一个总领词,它与绝无后者、兵死、强死、不幸等应该是种属关系。无论是祭祷对象排列,还是祭祷规格,"秋(秋)(犬)(犬)"的地位并不是很高,常与北方、后土、司命、司禑、大水、二天子、崏山等一起祭祀,说明"秋(秋)(犬)(犬)"是一位很接地气的鬼神,它的能力并非高超,与意味着唯我独尊、包罗万象的"太一"是有矛盾的。董珊、王青等人将其释读为"厉"的意见是有道理的。

甲三·79 一乘絑(朱)迖(路)

甲三·237–1 一乘大迖(路)

乙二·10 □乘鞎(雀)迖(路)

乙三·21 □絑(朱)迖(路),骊義(犠)馬□

零·123 □大迖(路)車□

裘锡圭、李家浩(1989)古代的路车有"五路"。《周礼·春官》:"王之五路:玉路、金路、象路、革路、木路。"丽或作骊,两马并驾。[②]

---

① 李守奎师上课讲义。

② 裘锡圭、李家浩:《曾侯乙墓竹简释文与考释》,湖北省博物馆编:《曾侯乙墓·附录一》,文物出版社,1989 年 7 月。

徐在国（2003）"絑逪（路）"读作"朱路"，是路车的一种。丽或骊，义为两、成对的。"丽义（牺）马"义为两匹牺马。"韄"读为"雀"，"雀路"相当于《礼记·月令》中的"玄路"。①

于成龙（2004）楚简简文中，唯有天星观简与新蔡简墓主人使用车及车马祭品。②

宋华强（2010）"骊义（牺）马"之"骊"应指马的颜色。《说文》："骊，马深黑色。""牺"指纯色，"骊义（牺）马"指毛色为纯黑的马。③

按　"路"，金文作"🔲"（史懋壶，西周中期）。新蔡简从"辵"作"🔲"（新蔡·乙二·10），从辵从足构意相同。古文字辵、足作为偏旁可通用。《释名·释车》："天子所乘曰路，路亦车也。"《公羊传·昭公二十五年》："设两观，乘大路"。何休注："礼，天子大路，诸侯路车，大夫大车，士饰车。"《周礼·春官·巾车》："王之五路，曰玉路、金路、象路、革路、木路。"《礼记·月令》："春乘鸾路，夏乘朱路，中央土乘大路，秋乘戎路，冬乘玄路。"

《小尔雅·广诂》："骊，黑也。"《庄子·列御寇》："夫千金之珠，必在九重之渊而骊龙颔下。"陆德明释文："骊龙，黑龙也。"《史记·龟策列传》："乃刑白雉，及与骊羊"。

甲三·99 逪（逪）斉（文）君之祱（祟）

甲三·169　（逪）▢

甲三·209 逪（逪）　（夏）▢

甲三·212、199–3 逪（逪）　（盬）　之敓（說）

甲三·300、307 逪（逪）其疋祱

乙二·30 逪（逪）彭定之祱（說）

①　徐在国：《谈新蔡葛陵楚简中的几支车马简》，简帛研究网，2003年12月13日。

②　于成龙：《楚礼新证——楚简中的纪时、卜筮与祭祷》，北京大学考古系博士学位论文，2004年5月，98页。

③　宋华强：《新蔡葛陵楚简初探》，武汉大学出版社，2010年3月，435页。

《包山简》整理者（1991）遝，迻字异体。移祝，即在某次贞问时，沿用以前贞问中的贞人之祝，祭祷同一祖先和神灵，祈求福佑。①

李零（1993）……该日的卜、筮相袭称为"移"；"移应会之夺"（简211）和"移故筮""移石被裳之夺"（简213、214），则是指与前317年的占卜相承。"移"字的用法与"与"字相似。②

曾宪通（1993）"迻"，今通作"移"，引申之有移用之意义……犹言将已占中之事尽数迻录，以供日后之用。③

陈伟（1996）疑"迻"借作"施"，指施行。④

李零（1997）"迻"表示递嬗的关系，指把上一次的问题转到下一次去解决。⑤

何琳仪（1998）遝，从辵，匿声（匚旁或加饰笔）。疑迻之繁文。《说文》"迻，迁徙也。多声。⑥

刘信芳（1998）"遝"即"迻"，读如"施"，谓按卜筮所显示的结果施行祭祀。⑦

邴尚白（1999）"迻敚"，彭浩分析大致正确，但"迻敚"可以

---

① 湖北省荆沙铁路考古队编：《包山楚简》，文物出版社，1991年10月，559页。

② 李零：《包山楚简研究（占卜类）》，《中国典籍与文化论丛》第一辑，中华书局，1993年9月。

③ 曾宪通：《包山卜筮简考释（七篇）》，常宗豪编辑：《第二届国际中国古文字学研讨会论文集》，香港中文大学中国语言及文学系，1993年10月；后名《包山卜筮简考释》收入氏著《古文字与出土文献丛考》，中山大学出版社，2005年1月。

④ 陈伟：《包山楚简初探》，武汉大学出版社，1996年8月，6页。

⑤ 李零：《古文字杂识（二则）》，张光裕等编辑：《第三届国际中国古文字学研讨会论文集》，香港中文大学中国语言及文学系，1997年10月。

⑥ 何琳仪：《战国古文字典》，中华书局，1998年9月，862页。

⑦ 刘信芳：《望山楚简校读记》，《简帛研究》第三辑，广西教育出版社，1998年12月。

全部或部分称引、引用。①

　　沈培（2007）这种说法中的"迻"也应当是"移去"、"移除"的意思。"移除"，迻某人之敚，是移去某贞人所得之祟。②

按　《说文》："迻，迁徙也。"《集韵·支韵》："迻，通作移。"《物理小识·饮食类·茶》："种以多子，稍长即迻。"《敦煌变文集·韩擒虎话本》："衾虎得对，先进上主将二人，然后迻过萧蓄。"本组辞例中，句式固定，一般作"迻某某之说"义即将某某之说移易。

---

　　①　邴尚白：《楚过卜筮祭祷简研究》，暨南国际大学中国语文学系硕士论文，1999，页75。
　　②　沈培：《从战国简看古人占卜的"蔽志"——兼论"移祟"说》，"第一届古文字与古代史学术讨论会"论文，"中央研究院"历史语言研究所，2006年9月；又见陈昭容主编：《古文字与古代史》第一辑，"中央研究院"历史语言研究所出版品编辑委员会，2007年9月。

参考文献

此处我们只列一些重要的参考文献,网络文章适当录入。

B

包山墓地竹简整理小组:《包山 2 号墓竹简概述》,《文物》1988 年 5 期。

白于蓝:《包山楚简文字编》,吉林大学硕士学位论文,1995 年 5 月。

白于蓝:《〈包山楚简文字编〉校读琐议》,《江汉考古》1998 年 2 期。

白于蓝:《〈包山楚简文字编〉校订》,《中国文字》新二十五期,艺文印书馆,1999 年 12 月。

白于蓝:《释"㞢""𥻗"》,安徽大学古文系研究室编:《古文字研究》第二十二辑,中华书局,2000 年 7 月。

白于蓝:《孚字补释》,上海大学古代文明研究中心、清华大学思想文化研究所编:《上博馆藏战国楚竹书研究》,上海书店出版社,2002 年 3 月。

白于蓝:《释"𢼎"》,中国古文研究会、中山大学古文研究所编:《古文字研究》第二十四辑,中华书局,2002 年 7 月。

白于蓝编著:《战国秦汉简帛古书通假字汇纂》,福建人民出版社,2012 年 5 月。

郉尚白:《楚国卜筮祭祷简研究》,暨南国际大学中国语文学系硕士论文,1999 年 5 月。

邴尚白:《葛陵楚简研究》 ,暨南国际大学中国语文学系博士论文,2007 年 1 月。

C

Constance A Cook(柯鹤立):*DEATH IN ANCIENT CHINA——The Tale of One Man's journey*, Brill Academic Pub,2006.6。

蔡丽利:《新蔡葛陵楚墓卜筮简集释》,吉林大学文学院硕士学位论文,2007 年 4 月。

蔡丽利:《楚卜筮简综合研究》,吉林大学文学院博士学位论文,2012 年 5 月。

蔡丽利:《楚卜筮简文字编》,学苑出版社,2015 年 10 月。

蔡丽利:《新蔡简"邮邋"综论》,江林昌、孙进主编:《清华简与儒家经典国际学术研讨会论文集》,上海古籍出版社,2017 年 10 月。

曹锦炎:《望山楚简文字新释(四则)》,浙江省博物馆编:《东方博物》第四辑,浙江大学出版社,1999 年 11 月

曹锦炎:《楚简文字中的"兔"及相关诸字》,"新出土文献与古代文明国际学术讨论会"论文,上海大学,2002 年 7 月;又见谢维扬、朱渊清主编:《新出土文献与古代文明研究》,上海大学出版社,2004 年 4 月。

陈秉新:《楚系文字释丛》,《楚文化研究论集》第五集,黄山书社,2003 年 6 月。

陈剑:《释西周金文的"讟(赣)"字》,孙钦善、李家浩、李零等编:《北京大学古文献研究所集刊(一)》,北京燕山出版社,1999 年 12 月,又见氏著《甲骨金文考释论集》,线装书局,2007 年 4 月。

陈剑:《甲骨金文考释论集》,线装书局,2007 年 4 月。

陈剑:《释"琮"及相关诸字》,"中国简帛学国际论坛(2006)"论文,武汉大学简帛研究中心,2006 年 11 月。

陈剑:《"邍"字补释》,中国古文文字学会、吉林大学古文字研究室:《古文字研究》(第二十七辑),中华书局,2008 年 9 月。

陈剑:《楚简"舜"字试解》,"2008 年国际简帛论坛会议"论文,美国芝加哥大学,2008 年 10 月 30 日;又见武汉大学简帛研究中心主办:《简帛》第四辑,上海古籍出版社,2009 年 9 月。

陈剑:《试说战国文字中写法特殊的"亢"和从"亢"诸字》,复旦大学古文字与出土文献研究中心网,2010 年 10 月 7 日;又见刘剑主编:《出土文献与古文字研究》第三辑,复旦大学出版社,2010 年 7 月。

陈洁:《谈谈新蔡葛陵楚墓竹简中的"丘"》,四川大学历史文化学院编:《纪念徐中舒先生诞辰 110 周年国际学术研讨会论文集》,巴蜀书社,2010 年 12 月。

陈伟:《试论包山楚简所见的卜筮制度》,《江汉考古》,1996 年第 1 期。

陈伟:《包山楚简初探》,武汉大学出版社,1996 年 8 月。

陈伟:《望山楚简所见卜筮与祷祠——与包山楚简相对照》,《江汉考古》1997 年第 2 期,后名《望山楚简所见卜筮与祷祠》,氏著《新出楚简研读》,武汉大学出版社,2010 年 3 月。

陈伟:《湖北荆门包山卜筮楚简所见神祇系统和享祭制度》,《考古》1999 年第 4 期。

陈伟:《新蔡楚简零释》,饶宗颐主编:《华学》第六辑,紫禁城出版社,2003 年 6 月;又见《新出楚简研读》,武汉大学出版社,2010 年 3 月。

陈伟:《竹书〈容成氏〉零识》,张光裕主编:《第四届国际中国古文字学研讨会论文集：新世纪古文字学与经典诠释》，香港中文大学中国语言及文学系，2003 年 10 月。

陈伟：《读新蔡简札记（三则）》，简帛研究网，2004 年 1 月 30 日；后名为《读新蔡简札记（四则）》，中山大学古文字研究所编：《康乐集：曾宪通教授七十寿庆论文集》，中山大学出版社，2006 年 1 月，又名《读新蔡简札记》，氏著《新出楚简研读》，武汉大学出版社，2010 年 3 月。

陈伟：《楚竹书〈周易〉文字试释》，简帛研究网，2004 年 4 月 18 日。

陈伟：《葛陵楚简所见的卜筮与祷祠》，中国文物研究所编：《出土文献研究》第六辑，上海古籍出版社，2004 年 12 月；又见氏著《新出楚简研读》，武汉大学出版社，2010 年 3 月。

陈伟：《楚人祷祠记录中的人鬼系统以及相关问题》，"第一届古文字与古代史学术讨论会"论文，台湾"中央研究院"历史语言研究所，2006 年 9 月；又见陈昭容主编：《古文字与古代史》第一辑，台湾"中央研究院"历史语言研究所编辑委员会，2007 年 9 月；又见简帛网，2008 年 2 月 7 日；又见氏著《新出楚简研读》，武汉大学出版社，2010 年 3 月。

陈伟：《楚简中某些"外"字疑读作"间"试说》，简帛网，2010 年 5 月 28 日。

陈伟等：《楚地出土战国简册［十四种］》，经济科学出版社，2009 年 9 月。

陈伟武：《战国楚简考释斠议》，张光裕等编辑：《第三届国际中国古文字学研讨会论文》，香港中文大学中国语言及文学系，1997 年 10 月。

陈伟武：《旧释"折"及从"折"之字平议》，安徽大学古文字研究室编：《古文字研究》，第二十二辑，中华书局，2000 年 7 月。

陈伟武:《新出楚系竹简中的专用字综议》,饶宗颐主编:《华学》第六辑,紫禁城出版社,2003 年 6 月。

陈伟武主编:《古文字论坛(第一辑):曾宪通教授八十庆寿专号》,中山大学出版社,2015 年 1 月。

陈伟湛:《包山楚简研究(七篇)》,"纪念容庚先生百年诞辰暨中国古文字学学术研讨会" 论文,东莞,1994 年 8 月;又见广东炎黄文化研究会、纪念容庚先生百年诞辰暨中国古文学学术研究会编:《容庚先生百年诞辰纪念文集(古文字研究专号)》,广东人民出版社,1998 年 4 月。

陈斯鹏:《论周原甲骨和楚系简帛中的"囟"与"思"——兼论卜辞命辞的性质》,张光裕主编《第四届国际中国古文字学研讨会论文集:新世纪的古文字学与经典诠释》,香港中文大学;中国语言及文学系,2003 年 10 月;又见《文史》2006 年第 1 辑,中华书局,2006 年 2 月。

陈斯鹏:《战国楚帛书甲篇文字新释》,中国古文字研究会、华南师范大学文学院编:《古文字研究》第二十六辑,中华书局,2006 年 11 月。

陈斯鹏:《简帛文献与文学考论》,中山大学出版社,2007 年 12 月。

陈松长:《郭店楚简〈语丛〉小识(八则)》,安徽大学古文字学研究室编:《古文字研究》第二十二辑,中华书局,2000 年 7 月。

程燕:《望山楚简文字研究》,安徽大学硕士学位论文,2000 年 5 月。

程燕:《望山楚简考释六则》,《江汉考古》2003 年 3 期。

程燕:《望山楚简文字编》,中华书局,2007 年 11 月。

程少轩:《试说"鄩"字及相关问题》,复旦大学出土文献与古文字研究中心编:《出土文献与古文字研究》第二辑,复旦大学出版社,2008 年 8 月。

池澤優:《祭られる神と祭られぬ——戰國時代の楚の"卜筮祭禱記錄"竹簡に見る靈的存在の構造に關する覺書》,《中國出土資料研究》創刊號,1997 年 3 月;后收入氏著《「孝」思想の宗教學研究》,2002 年 1 月。

D

大西克也:《包山楚簡「甶」字の訓釈をめぐつて》,《東京大学中国語中国文学研究室紀要》,2000 年 4 月。

大西克也:《从语法的角度论楚简中的"凶"字》,中山大学古文字研究所编:《康乐集:曾宪通教授七十寿庆论文集》,中山大学出版社,2006 年 1 月。

大西克也:《试论新蔡楚简的"述(遂)"字》,中国古文字研究会,华南师范大学文学院编:《古文字研究》第二十六辑,中华书局,2006 年 11 月。

大野裕司:《阜阳汉简〈周易〉的"筮辞"与"卜辞"》,简帛研究网,2010 年 3 月 25 日。

许慎撰,段玉裁注:《说文解字注》,上海:上海古籍出版社,1988 年 2 月第 2 版。

董莲池:《释楚简中的"辩"字》,安徽大学古文字研究室编:《古文字研究》第二十二辑,中华书局,2000 年 7 月;又见王蕴智、张旭、董莲池等编:《汉语汉字研究论集》,中华书局,2004 年 12 月。

董莲池:《释战国楚系文字中从🈺的几组字》,中国古文字研究会、浙江省文物考古研究所,《古文字研究》第二十五辑,中华书局,2004 年 10 月。

董莲池:《新金文编》,作家出版社,2011 年 10 月。

董珊:《新蔡楚简所见的"颛顼"和"雎漳"》,简帛研究网2003年12月7日;后收录于氏著《简帛文献考释论丛》,上海:上海古籍出版社,2014年1月。

董珊:《楚简中从"大"声之字的读法(一)》,简帛网2007年7月8日。

董珊:《楚简中从"大"声之字的读法(二)》,简帛网2007年7月8日。

董珊:《楚简簿记与楚国量制研究》,《考古学报》2010年第2期。

对堂:《新蔡简"敝龟"小考》,复旦大学出土文献与古文字研究中心网,2009年9月30日。

F

范常喜:《战国楚祭祷简"蒿之""百之"补议》,简帛研究网,2005年8月24日;后以《战国楚祭祷简"蒿之"试解》为题发表于,《考古与文物》2005年增刊《古文字论集(三)》;又见《中国历史文物》2006年第5期。

范常喜:《试说〈上博五·三德〉简1中的"瞑"——兼谈楚简中的相关诸字》,简帛网,2006年3月9日。

范常喜:《新蔡楚简"聂祷"即"罷祷"说》,简帛研究网,2006年10月17日。

范常喜:《简帛探微——简帛字词考释与文献新证》,中西书局,2016年。

冯胜君:《谈老子中的"孩"字》,花莲师范学院语教系编:《第十三届全国暨海峡两岸中国文字学学术研讨会论文集》,万卷楼图书有限公司,2002年4月。

冯胜君:《论郭店简〈唐虞之道〉、〈语丛〉一～三以及上博简〈缁衣〉为具有齐系文字特点的抄本》,北京大学博士后出站报告,2004年8月。

冯胜君:《释战国文字中的"夗"》,中国古文字研究会、浙江省文物考古研究所编:《古文字研究》第二十五辑,中华书局,2004年10月。

冯胜君:《战国楚文字"黾"字用作"龟"字补议》,中国文字学会、湖北大学汉字研究中心编:《汉字研究》第一辑,学苑出版社,2005年6月。

冯胜君:《郭店简与上博简对比研究》,线装书局,2007年4月。

冯胜君:《郭店〈缁衣〉"渫"字补释—兼谈战国楚文字"枼""枿""枀"之间的形体区别》,"中国简帛学国际论坛2007"论文,台湾大学,2007年11月。

冯胜君:《试说东周文字中部分"婴"及从"婴"之字的声符——兼释甲骨文中的"瘿"和"颈"》,"出土文献与传世典籍的诠释——纪年谭朴森先生逝世两周念国际研讨会"论文,2009年6月;又见复旦大学出土文献与古文字研究中心网,2009年7月31日;又见复旦大学出土文献与古文字研究中心编:《出土文献与传世典籍的诠释——纪念谭朴森先生逝世两周年国际学术研讨会论文集》,上海古籍出版社,2010年10月。

复旦大学出土文献与古文字研究中心编:《出土文献与古文字研究(第六辑):复旦大学出土文献与古文字研究中心成立十周年纪念文集》,上海古籍出版社出版,2015年1月。

复旦大学出土文献与古文字研究中心研究生读书会:《清华简〈楚居〉研读扎记》,复旦大学出土文献与古文字研究中心网,2011年1月5日。

G

高佑仁:《〈曹沫之阵〉"早"字考释——从楚系"𢧜"形的一种特殊写法谈起》,武汉大学简帛研究中心主办:《简帛》第一辑,上海古籍出版社,2006 年 10 月。

高智:《释古文字中的"蛊"及相关文字》,"中国古文字研究会第十四次年会"论文,杭州,2004 年 11 月。

高智:《释楚系文字中的"屡"及相关文字》,"纪念容庚先生百年诞辰暨中国古文字学术研讨会"论文,东莞,1994 年 8 月。

高智:《〈包山楚简文字〉校释十四则》,吉林大学古文字研究室编:《于省吾教授百年诞辰纪念文集》,吉林大学出版社,1996 年 9 月。

葛英会:《包山楚简释词三则》,吉林大学古文字研究室编:《于省吾教授百年诞辰纪念文集》,吉林大学出版社,1996 年 9 月。

宫长为:《"祭祀"疏解》,文集编委会主编:《追寻中华古代文明的踪迹李学勤先生学术活动五十年纪念文集》,上海:复旦大学出版社,2002 年 8 月。

工藤元男:《简帛资料からみた楚文化圈の鬼神信仰》,《日中文化研究》第 10 号,1996 年 8 月。

工藤元男:《从卜筮祭祷简看"日书"的形成》,武汉大学中国文化研究院编:《郭店楚简国际学术研讨会论文集》,湖北人民出版社,2000 年 5 月。

工藤元男:《中国古代の社会史研究と出土文字资料—包山楚简「卜筮祭禱记錄简」を中心に—》,日本秦漢史研究会编:《殷周秦漢时代历史的基本问题》,汲古書院,2001 年 6 月。

工藤元男:《包山楚简「卜筮祭祷简」の構造とシステム》,《東洋史研究》第 59 卷第 4 号,2001 年 3 月;译为《包山楚简〈卜

笾祭祷简〉的结构与体系》,陈伟译,冯天瑜主编:《人文论丛(2001年卷)》,武汉大学出版社,2002年10月。

工藤元男:《祭祀儀礼より見た戦国楚の王権と世族·封君―主として「卜笾祭祷简」·「日書」による―》,《歴史学研究》第768号,2002年10月;译为《"卜笾祭祷简"所见楚国的王权与世族、封君》,楚文化研究会编:《楚文化研究论集》第六集,湖北教育出版社,2005年6月。

工藤元男:《楚文化圈所见卜笾祭祷习俗——以上博楚简〈柬大王泊旱〉为中心》,武汉大学简帛研究中心:《简帛》第一辑,上海古籍出版社,2006年10月。

工藤元男:《平夜君成楚简"卜笾祭祷简"初探——战国楚的祭祀仪礼》,卜宪群、杨振红主编:《简帛研究(二〇〇五)》,广西师范大学出版社,2008年9月。

古敬恒:《〈望山楚简〉札记》,《徐州师范大学学报》(哲学社会科学版)1998年2期。

古敬恒:《望山楚简文字考释三则》,华东师范大学中国文字研究与应用中心编:《中国文字研究》第二辑,2001年10月。

顾史考:《"刌"字读法试解》,中国古文字研究会、中华书局编辑部:《古文字研究》第二十八辑,中华书局,2010年10月。

广濑熏雄:《包山楚简所见的"盟"》"长沙三国吴简暨百年来简帛发现与研究国际学术研讨会"论文,长沙,2001年8月;又见李学勤、谢桂华主编:《简帛研究二〇〇二、二〇〇三》,广西师范大学出版社,2005年6月。

郭若愚:《战国楚简文字编》,上海书画出版社,1994年2月。

郭永秉:《关于新蔡楚简的"颛顼"》,《文史》2006第4辑;又收入氏著《古文字与古文献论集》,上海:上海古籍出版社,2011年6月。

郭永秉:《帝系新研——楚地出土战国文献中的传说时代古帝王系统研究》,北京大学出版社,2008 年 9 月。

H

汉语大字典编辑委员会编著:《汉语大字典》(缩印本),湖北辞书出版社、四川辞书出版社,1997 年 10 月第 4 版。

河南省文物考古所:《信阳楚墓》,文物出版社,1986 年 3 月。

河南省文物考古研究所编著:《新蔡葛陵楚墓》,大象出版社,2003 年 10 月。

河南省文物考古研究所、河南省驻马店文化局、新蔡县文物保护管理所:《河南新蔡平夜君成墓的发掘》,《文物》2002 年第 8 期。

何浩:《文坪君的身分与昭氏的世系》,《江汉考古》1992 年第 3 期。

何浩:《"王子某""楚子某"与楚人的名和字》,《江汉论坛》1993 年第 7 期。

何琳仪:《战国文字通论》,中华书局,1989 年 4 月。

何琳仪:《包山竹简选释》,《江汉考古》1993 年 4 期。

何琳仪、黄德宽:《说蔡》,四川联合大学历史系:《徐中舒先生百年诞辰纪念文集》,巴蜀书社,1998 年 10 月;又名《释蔡》,《东南文化》1999 年第 5 期;又见黄德宽、何琳仪、徐在国:《新出楚简文字考》,安徽大学出版社,2007 年 9 月。

何琳仪:《战国文字形体析疑》,吉林大学古文字研究室编:《于省吾教授百年诞辰纪念文集》,吉林大学出版社,1996 年 9 月。

何琳仪:《战国古文字典——战国文字声系》,中华书局,1998 年 9 月。

何琳仪:《战国文字通论(订补)》,江苏教育出版社,2003 年 1 月。

何琳仪:《新蔡竹简地名偶识——兼释次并戈》,《中国历史文物》2003 年第 6 期。

何琳仪:《新蔡竹简选释(上)》,简帛研究网,2003 年 12 月 7 日;后与《新蔡竹简选释(下)》(简帛研究网,2003 年 12 月 7 日)合为一文,名为《新蔡竹简选释》,《安徽大学学报》(哲学社会科学版)2004 年第 3 期;又见黄德宽、何琳仪、徐在国:《新出楚简文字考》,安徽大学出版社,2007 年 9 月。

何琳仪、徐在国:《释蓑》,"文字学国际学术研讨会"论文,天津,2001 年 8 月;又见楚文化研究会编:《楚文化研究论集》第五集,黄山书社,2003 年 6 月;又见向光忠编:《文字学论丛》第二辑,崇文书局,2004 年 1 月;又见黄德宽、何琳仪、徐在国:《新出楚简文字考》,安徽大学出版社,2007 年 9 月。

何琳仪、徐在国:《释"带"及相关诸字》,中国文学编辑委员会编:《中国文字》新廿七期,艺文印书馆,2001 年 12 月;又见黄德宽、何琳仪、徐在国:《新出楚简文字考》,安徽大学出版社,2007 年 9 月。

何琳仪、徐在国:《释"塞"》,《中国钱币》2002 年第 2 期。

何景成:《说"列"》,华东师范大学中国文字研究与应用中心编:《中国文字研究》总第十一辑,大象出版社,2008 年 12 月。

何有祖:《新蔡楚简释读札记》,简帛研究网,2007 年 1 月 14 日。

何有祖:《新蔡简"百之"试解》,简帛研究网,2007 年 1 月 23 日。

胡厚宣主编:《甲骨文合集》,北京:中国社会科学出版社,2009 年 12 月。

胡平生:《说包山楚简的"諜"》,张光裕等编辑:《第三届国际中国古文字学研讨会论文集》,香港中文大学中国语言及文学系,1997 年 10 月。

胡雅丽:《包山楚简述略》,《中华文化论坛》1998 年第 2 期。

胡雅丽:《楚人宗教信仰刍议》,《江汉考古》2001 年第 3 期。

胡雅丽:《楚人宗教信仰刍议(续)》,《江汉考古》2001 年第 4 期。

胡雅丽:《楚人卜筮概述》,《江汉考古》2002 年第 4 期。

胡雅丽:《楚人祭祀钩沉》,楚文化研究会编:《楚文化研究论集》第五集,黄山书社,2003 年 6 月。

湖北省文化局文物工作队:《湖北江陵三座楚墓出土大批重要文物》,《文物》,1966 年 5 期。

湖北省荆沙铁路考古队编:《包山楚墓》,文物出版社,1991 年 10 月。

湖北省文物考古研究所:《江陵望山沙冢楚墓》,文物出版社,1996 年 4 月。

湖北省文物考古研究所、北京大学中文系编:《望山楚简》,北京:中华书局,1995 年 6 月。

湖北省荆州地区博物馆:《江陵天星观 1 号楚墓》,《考古学报》1982 年 1 期。

湖北省荆沙铁路考古队包山墓地整理小组:《荆门市包山楚墓发掘报告》,《文物》1988 年第 5 期。

湖北省荆沙铁路考古队包山墓地整理小组:《包山 2 号墓竹简概述》,《文物》,1988 年第 5 期。

湖北省文物考古研究所、北京大学中文系编:《九店楚简》,北京:中华书局,2000 年 6 月。

黄德宽:《释楚系文字中的"孛"》,"中国古文字研究会第九届学术讨论会"论文,南京,1992年10月。

黄德宽:《新蔡葛陵楚简所见"穴熊"及相关问题》,南京大学中文系讲座,2004年10月;又见"中国古文字研究会第十四次年会"论文,杭州,2004年11月;后发表于陶新民主编《古籍研究(2005·卷下)》,安徽大学出版社,2005年12月;又见樊文化研究会编《楚文化研究论集》第六辑,湖北教育出版社,2005年6月。

黄德宽、徐在国:《郭店楚简文字考释》,吉林大学古籍整理研究所编:《吉林大学古籍整理研究所建所十五周年纪念文集》,吉林大学出版社,1998年12月,98～111页;又见何琳仪、黄德宽、徐在国:《新出楚简文字考》,安徽大学出版社,2007年9月。

黄德宽:《释金文一字》,"纪念容庚先生百年诞辰暨中国古文字学学术研讨会"论文,东莞,1994年8月;又见广东炎黄文化研究会、纪念容庚先生百年诞辰暨中国古文字学术研讨会编:《容庚先生百年诞辰纪念文集(古文字研究专号)》,广东人民出版社,1998年4月。

黄德宽、徐在国:《郭店楚简文字续考》,《江汉考古》,1999年第2期;又见广东炎黄文化研究会、纪念容庚先生百年诞辰暨中国古文字学术研讨会编:《新出楚简文字考》,安徽大学出版社,2007年9月。

黄德宽:《说逞》,中国古文字学会、中山大学古文字研究所编:《古文字研究》第二十四辑,中华书局,2002年7月。

黄德宽:《楚简〈周易〉"✿"字说》,华东师范大学中国文字研究与应用中心编:《中国文字研究》第六辑,广西教育出版社,2005年10月;又见黄德宽、何琳仪、徐在国:《新出楚简文字考》,安徽大学出版社,2007年9月。

黄德宽、何琳仪、徐在国:《新出楚简文字考》,安徽大学出版社,2007 年。

　　黄灵庚:《楚辞简帛释证》,《文史》2002 年第 2 辑。

　　黄灵庚:《楚简与楚辞研究二题》,《华中师范大学学报》2007
年第 5 期。

　　黄灵庚:《简帛文献与〈楚辞〉研究》,《文史》2006 年第二辑;
又见《华学》第九、十辑,上海古籍出版社,2008 年 8 月。

　　黄人二:《战国包山卜筮祝祷简研究》,台湾大学中国文学研
究所硕士学位论文,1996 年 5 月。

　　黄盛璋:《楚铭刻中"陵、陲"的考辨及其相关问题》,《安徽史
学》1984 年第 1 期。

　　黄盛璋:《〈包山楚简〉辩证、决疑与发覆》,"中国古文字研究
会第九届学术讨论会"论文,南京,1992 年 10 月。

　　黄锡全:《𦥑羕考辨》,《江汉考古》1991 年第 1 期;后名《肴腏
考辨》,氏著《古文字与古货币文集》,文物出版社,2009 年 5 月。

　　黄锡全:《"𪓆郢"辨析》,楚文化研究会编:《楚文化研究论集》
第二集,湖北人民出版社,1991 年 3 月;后名《"藏郢"辨析》,氏
著《古文字论丛》,艺文印书馆,1999 年 10 月;又见氏著《古文字
与古货币文集》,文物出版社,2009 年 5 月。

　　黄锡全:《〈包山楚简〉释文校释》,"中国古文字研究会第九
届学术研讨会"论文,南京,1992 年 10 月;又名为《〈包山楚简〉
部分释文校释》,氏著《湖北出土商周文字辑证》,武汉大学出版
社,1992 年 10 月;又见氏著《古文字与古货币文集》,文物出版
社,2009 年 5 月。

　　黄锡全:《湖北出土商周文字辑证》,武汉大学出版社,1992
年 10 月。

　　黄锡全:《楚简续貂》,李学勤、谢桂华主编:《简帛研究》第三
辑,广西教育出版社,1998 年 12 月;又见氏著《古文字论丛》,艺

文印书馆,1999 年 10 月;又见氏著《古文字与古货币文集》,文物出版社,2009 年 5 月。

黄锡全:《古文字论丛》,艺文印书馆,1999 年 10 月。

黄锡全:《楚简"諪"字简释》,李学勤、谢桂华主编:《简帛研究(二〇〇一)》,广西师范大学出版社,2001 年 9 月;又见氏著《古文字与古货币文集》,文物出版社,2009 年 5 月。

黄锡全:《楚简中的媺酓禮酓与空酓穴酓再议》,卜宪群、杨振红主编:《简帛研究(二〇〇四)》,广西师范大学出版社,2006 年 10 月;又见氏著《古文字与古货币文集》,文物出版社,2009 年 5 月。

黄锡全:《楚都"鄀郢"新探》,简帛研究,2007 年 3 月 31。又见"楚文化学术研讨会"论文,武汉,2007;又见《江汉考古》2009 年第 2 期;又见氏著《古文字与古货币文集》,文物出版社,2009 年 5 月。

黄锡全:《长江中游楚国"戈郢"试探》,重庆中国三峡博物馆编:《长江文明》第一辑,2008 年 6 月;又见氏著《古文字与古货币文集》,文物出版社,2009 年 5 月。

侯乃峰:《说楚简"及"字》,简帛研究网,2006 年 11 月 29 日首发。

J

季旭升:《由上博诗论"小宛"谈楚简中几个的从冒的字》,简帛研究网,2002 年 2 月 13 日。

季旭升:《从新蔡葛陵简说"熊"字及其相关问题》,"台湾第十五届中国文字学学术研讨会"论文,2004 年 4 月。

季旭升主编:《〈上海博物馆藏战国楚竹书(三)〉读本》,万卷楼图书股份有限公司,2005 年 10 月。

　　季旭升:《从〈新蔡葛陵〉简谈战国楚简"婏"字——兼谈〈周易〉"女子贞不字"》,王建生、朱歧祥主编:《2004 年文字学学术研讨会论文集》,里仁书局,2005 年 11 月。

　　季旭升主编:《上海博物馆藏战国楚竹书(四)读本》,万卷楼图书股份有限公司,2007 年 3 月。

　　季旭升:《说"髀"》,中国古文字研究会、吉林大学古文字研究室编:《古文字研究》第二十七辑,中华书局,2008 年 9 月。

　　贾海生:《楚简所见礼制考》,《文史》2008 年第 4 辑。

　　贾连敏:《新蔡葛陵楚简中的祭祷文书》,《华夏考古》2004 年第 3 期。

　　贾连敏:《新蔡竹简中楚先祖名》,饶宗颐主编:《华学》第七辑,中山大学出版社,2004 年 12 月。

　　贾连敏:《战国文字中的'穴"》楚文化研究会编:《楚文化研究论集》第六辑,湖北教育出版社,2005 年 6 月。

　　近藤浩之:《包山楚简卜筮祭祷记录与郭店楚简中的〈易〉》,武汉大学中国文化研究院编:《郭店楚简国际学术研讨会论文集》,湖北人民出版社,2000 年 5 月;又见简帛研究网,2001 年 6月 22 日。

　　荆沙铁路考古队:《江陵秦家嘴楚墓挖掘简报》,《江汉考古》,1988 年 2 期。

　　荆门市博物馆编:《郭店楚墓竹简》,文物出版社 1998 年 5月版。

K

　　柯鹤立:《从包山与望山两墓占卜简书中看楚人的内外思

想》,"纪念商承祚先生百年诞辰暨中国古文字学国际学术研讨会"论文,广州,2002 年 8 月。

孔仲温:《望山卜筮祭祷简文字初考》,东吴大学中文系所编:《第七届中国文字学全国学术研讨会论文集》,万卷楼图书有限公司,1996 年 4 月。

孔仲温:《再释望山卜筮祭祷简文字兼论其相关问题》,彰化师范大学国文系所编:《第八届中国文字学全国学术研讨会论文集》,彰化师范大学国文系所,1997 年 3 月。

孔仲温:《楚简中有关祭祷的几个固定字词试释》,张光裕等编辑:《第三届国际中国古文字学研讨会论文集》,香港中文大学中国语言及文学系,1997 年 10 月。

L

黎子耀:《包山竹简楚先祖与〈周易〉的关系》,《杭州大学学报》(哲学社会科学版)1989 年 2 期

李家浩:《释"弁"》,中国古文字研究会、吉林大学古文字研究室编:《古文字研究》第一辑,中华书局,1979 年 8 月。

李家浩:《信阳楚简"浍"字及从"关"之字》,《中国语言学报》编委会编:《中国语言学报》第 1 期,商务印书馆,1983 年 4 月;又见北京大学社会科学处编:《北京大学哲学社会科学优秀论文选》第 3 辑,北京大学出版社,1988 年 4 月;后收入《著名中年语言学家自选集·李家浩卷》,安徽教育出版社,2002 年 12 月。

李家浩:《包山竹简所记楚先祖名及其相关的问题》,中华书局编辑部编:《文史》总第四十二辑,中华书局,1997 年 1 月。

李家浩:《包山楚简"簸"字及其相关之字》,张光裕等编辑:《第三届国际中国古文字学研讨会论文集》,香港中文大学中国

语言及文学系,1997 年 10 月;后收入《著名中年语言学家自选集·李家浩卷》,安徽教育出版社,2002 年 12 月。

李家浩:《信阳楚简"乐人之器"研究》,李学勤、谢桂华主编:《简帛研究》第三辑,广西教育出版社,1998 年 12 月。

李家浩:《楚墓竹简中的"昆"及从"昆"之字》,中国文字编辑委员会编:《中国文字》新廿五期,艺文印书馆,1999 年 12 月;后收入《著名中年语言学家自选集·李家浩卷》,安徽教育出版社,2002 年 12 月。

李家浩:《鄂君启节铭文中的高丘》,安徽大学古文字研究室编:《古文字研究》第二十二辑,中华书局,2000 年 7 月。

李家浩:《包山卜筮简 218—219 号研究》,"长沙三国吴简暨百年来简帛发现与研究国际学术研讨会"论文,2001 年 8 月;又见长沙市文物考古研究所编:《长沙三国吴简暨百年来简帛发现与研究国际学术研讨会论文集》,中华书局,2005 年 12 月。

李家浩:《包山祭祷简研究》,李学勤、谢桂华主编:《简帛研究(二〇〇一)》,广西师范大学出版社,2001 年 9 月。

李家浩:《说"垒"字》,中国文学会、河北大学汉学研究中心编:《汉字研究》第一辑,学苑出版社,2005 年 6 月。

李家浩:《谈包山楚简"归邓人之金"一案及相关问题》,复旦大学出土文献研究中心编:《出土文献与古文字研究》,第一辑,复旦大学出版社,2006 年 12 月。

李家浩:《楚简所记楚人祖先"娩(鬻)熊"与"穴熊"为一人说——兼说上古音幽部与微、文二部音转》,《文史》2010 年第 3 辑。

李家浩:《谈清华战国竹简〈楚居〉的"夷屯"及其他——兼谈包山简的"屯人"等》,李学勤主编:《出土文献》第二辑,上海:中西书局,2011 年 11 月。

李开、顾涛:《新蔡简楚先祖"某熊"当为"宍(肉)熊"即"鬻熊"、"妳(芈)熊考》,《国学研究》编辑委员会编:《国学研究》第十九卷,北京大学出版社,2007年;后收入李开《汉语音韵学研究》,上海人民出版社,2008年3月。

李零:《楚国铜器铭文汇释》,陕西考古研究所、中国古文字研究会、中华书局编辑部编:《古文字研究》第十三辑,中华书局,1986年10月。

李零:《楚国族源、世袭的文字证明》,《文物》1991年第2期。

李零:《包山楚简研究(占卜类)》,《中国典籍与文化》编辑部编:《中国典籍与文化论丛》第一辑,中华书局,1993年9月。

李零:《中国方术考》,人民中国出版社,1993年12月。

李零:《考古发现与神话传说》,王守常、汪晖、陈平原主编:《学人》第五辑,江苏文艺出版社,1994年2月;后收入《李零自选集》,广西师范大学出版社,1998年2月,有改动。

李零:《楚景平王与古多字谥——重读"秦王卑命"钟铭文》,《传统文化与现代化》1996年6期。

李零:《古文字杂识(两篇)》,吉林大学古文字研究室编:《于省吾教授百年诞辰纪念文集》,长春:吉林大学出版社,1996年9月。

李零:《古文字杂识(二则)》,张光裕等编辑:《第三届国际中国古文字学研讨会论文集》,香港中文大学中国语言及文学系,1997年10月。

李零:《跳出〈周易〉看〈周易〉——"数位卦"的再认识》,《传统文化与现代化》,1997年第6期。

李零:《读〈楚系简帛文字编〉》,中国文物研究所编:《出土文献研究》第五辑,科学出版社,1999年8月。

李零:《中国方术续考》,北京:东方出版社,2000年10月。

李零:《中国方术考》(修订本),东方出版社,2001年8月。

李零:《郭店楚简中的"敏"字和"文"字》,中国古文字研究会、中山大学古文字研究所编:《古文字研究》第二十四辑,中华书局,2002 年 7 月。

李锐:《清华大学讲读班第二十九次研讨会综述》,简帛研究网站,2004 年 4 月 11 日。

李锐:《"恒"与"极"》,中国文字编辑委员会编辑:《中国文字》新三十六期,艺文印书馆,2011 年 1 月。

李守奎:《江陵九店 56 号墓竹简考释四则》,《江汉考古》1997 年 4 期。

李守奎:《古文字辨析三组》,吉林大学古籍整理研究所编:《吉林大学古籍整理研究所建所十五周年纪念文集》,吉林大学出版社,1998 年 12 月。

李守奎:《楚文字考释(三组)》,李学勤、谢桂华主编:《简帛研究》第三辑,广西教育出版社,1998 年 12 月。

李守奎:《先秦文献中的"李"字与李氏》,《烟台师范学院学报》(哲学社会科学版)2001 年第 2 期。

李守奎:《江陵九店楚墓〈岁〉篇残简考释》,《古籍整理研究学刊》2001 年第 3 期。

李守奎:《释楚简中的"愿"字——兼释楚玺中的"弼"》,李学勤、谢桂华主编:《简帛研究(二○○一)》,广西师范大学出版社,2001 年 9 月。

李守奎:《〈说文〉古文与楚文字互证三则》,中国古文字研究会、中山大学古文字研究所编:《古文字研究》第二十四辑,中华书局,2002 年 7 月。

李守奎:《九店楚简相宅篇残简补释》,"新出土文献与古代文明研究国际学术研讨会"论文,上海大学,2002 年 7 月;又见谢维扬、朱渊清主编:《新出土文献与古代文明研究》,上海大学出版社,2004 年 4 月。

李守奎:《楚简文字四考》,华东师范大学中国文字研究与应用中心主编:《中国文字研究》第三辑,广西教育出版社,2002年10月。

李守奎:《出土楚文献文字研究综述》,《古籍整理研究学刊》2003年第1期。

李守奎:《楚文字编》,华东师范大学出版社,2003年12月。

李守奎:《读〈上海博物馆藏战国楚竹书(二)杂识〉》,上海大学古代文明研究中心、清华大学思想文化研究所编:《上博馆藏战国楚竹书研究续编》,上海书店出版社,2004年7月。

李守奎:《楚玺文字六考》,中国古文字研究会、浙江省文物考古所编:《古文字研究》第二十五辑,中华书局,2004年10月。

李守奎:《释包山楚简中的"彭"》,武汉大学简帛研究中心主办:《简帛》第一辑,上海古籍出版社,2006年10月。

李守奎:《包山卜筮文书书迹的分类与书写的基本状况》,华东师范大学中国文字研究与应用中心主编:《中国文字研究》总第八辑,大象出版社,2007年9月。

李守奎、曲冰、孙伟龙编著:《上海博物馆藏战国楚竹书(一—五)文字编》,作家出版社,2007年12月。

李守奎:《楚文字考释献疑》,张光裕、黄德宽主编:《古文字学论稿》,安徽大学出版社,2008年4月。

李守奎:《上博简残字丛考》,中国文字研究会、吉林大学古文字研究所编:《古文字研究》第二十七辑,中华书局,2008年9月。

李守奎:《包山楚简120—123号简补释》,"出土文献与传世典籍的诠释——纪念谭朴森先生逝世两周年国际学术研讨会"论文,2009年6月;又见复旦大学出土文献与古文字研究中心编:《出土文献与传世典籍的诠释——纪念谭朴森先生逝世两周年国际学术研讨会论文集》,上海古籍出版社,2010年10月。

李守奎:《出土楚文献姓氏用字异写现象初探》,"中国文字博物馆第二届文字发展论坛会议"论文,安阳,2010 年 10 月。

李守奎:《包山楚简姓氏用字考释》,武汉大学简帛研究中心主办:《简帛》第六辑,上海:上海古籍出版社,2011 年 11 月。

李守奎:《〈楚居〉中的樊字及出土文献中与樊相关文例的释读》,《文物》,2011 年第 3 期。

李守奎:《清华简〈系年〉中的"𡒼"字与陈氏》,华东师范大学中国文字研究与应用中心、华东师范大学语言文字工作委员会编:《中国文字研究》第十八辑,上海书店出版社,2013 年 8 月。

李守奎:《出土文献中"迁"字的使用习惯与何尊"迁宅"补说》,李学勤主编:《出土文献》第四辑,中西书局,2013 年 12 月。

李守奎:《清华简〈系年〉"也"字用法与攻吾王光剑、繺书缶的释读》,中国古文字研究会、中山大学古文字研究所编:《古文字研究》第三十辑,中华书局,2014 年 9 月。

李守奎:《清华简〈系年〉中的"繻"字与西申》,中国社会科学语言研究所《历史语言学研究》编辑部编:《历史语言学研究》第七辑,商务印书馆,2014 年 11 月。

李守奎:《清华简〈系年〉"莫嚣易为"考论》,《中原文化研究》2014 年第 2 期。

李守奎:《说清华简〈系年〉中的装饰性笔画"一"——兼谈汉字演变中求美动力与汉字构形中的饰符》,中国文化遗产研究院编:《出土文献研究》第十三辑,中西书局,2014 年 12 月。

李守奎:《系统释字法与古文字考释——以"厂""石"构形功能的分析为例》,《吉林大学社会科学学报》2015 年第 4 期。

李守奎、蔡丽利:《楚简中"尸"与"人"的区别与混讹——释楚简中"作"与"居"的异体》,"'网络时代与中国文字研究'国际高级专家研讨会"论文,上海,2010 年 9 月。

李守奎、贾连祥、马楠编著:《包山楚墓文字全编》,上海古籍出版社,2012 年 12 月。

李守奎、肖攀:《清华简〈系年〉中的"官"字及"官"之构形》《华夏文化论坛》2012 年第 2 期。

李守奎、肖攀:《清华简〈系年〉文字考释与构形研究》,上海:中西书局,2015 年 11 月。

李守奎、张峰:《说楚文字中的"桀"与"杰"》,武汉大学简帛研究中心主办:《简帛》第七辑,上海古籍出版社,2012 年 10 月。

李天虹:《〈包山楚简〉释文补正 35 则》,"中国古文字研究会第九届学术研讨会"论文,南京,1992 年 10 月;后改名为《〈包山楚简〉释文补正》,《江汉考古》1993 年第 3 期。

李天虹:《释楚简文字"虗"》,饶宗颐主编:《华学》第四辑,紫禁城出版社,2000 年 8 月。

李天虹:《上海简书文字三题》,上海大学古代文明研究中心、清华大学思想文化研究所编:《上博馆藏战国楚竹书研究》,上海书店出版社,2002 年 3 月。

李天虹:《释"徵""懲"》,中国古文字研究会、中山大学古文字研究所编:《古文字研究》第二十四辑,中华书局,2002 年 7 月。

李天虹:《新蔡竹简补释四则》,简帛研究网,2003 年 12 月 7 日;后收入辅仁大学中国文学系、中国文字学会编辑:《第十五届中国古文字学国际学术研讨会论文集》,辅仁大学中国文学系,2004 年 4 月。

李天虹:《战国文字"剀""剴"续议》,中国文物研究所编:《出土文献研究》第七辑,上海古籍出版社,2005 年 11 月。

李天虹:《楚文字中的"前"与"脡(延)"——由寿县楚器中的楚考烈王名说起》,简帛网,2011 年 4 月 16 日。

李学勤:《谈祝融八姓》,《江汉考古》,1980 年第 2 期;后收入

《李学勤集——追溯·考据·古文明》,黑龙江教育出版社,1989年5月。

李学勤:《东周与秦代文明》,文物出版社,1984年6月。

李学勤:《续论周原甲骨》,《人文杂志》1986年第2期。

李学勤:《竹简卜辞与商周甲骨》,《郑州大学学报》(哲学社会科学版),1989年第2期。

李学勤:《释"郊"》,中华书局编辑部编:《文史》第三十六辑,中华书局,1992年8月。

李学勤:《周易经传溯源》,长春出版社,1992年8月。

李学勤:《出土筮数与三易研究》,"纪念闻一多先生百周年诞辰学术研讨会"论文,台湾清华大学,1999年10月;又见朱晓海主编:《新古典主义:纪念闻一多先生百周年诞辰国际研讨会论文集》,学生书局,2001年9月;又见氏著《重写学术史》,河北教育出版社,2002年1月。

李学勤:《〈郭店楚简文字编〉序》,张守中、张小沧、郝建文撰集:《郭店楚简文字编》,文物出版社,2000年5月。

李学勤:《张守中〈包山楚简文字编〉序》,氏著《拥篲集》,三秦出版社,2000年10月。

李学勤:《陈伟〈包山楚简初探〉序》,氏著《拥篲集》,三秦出版社,2000年10月。

李学勤:《释〈诗论〉简"兔"及从"兔"之字》,清华大学简帛讲读班文稿,2000年10月;又见《北方论丛》2003年第1期;后收入《中国古代文明研究》,华东师范大学出版社,2005年4月。

李学勤:《续释"寻"字》,《故宫博物院院刊》2000年第6期。

李学勤:《重写学术史》,河北教育出版社,2002年1月。

李学勤:《〈左传〉"荆尸"与楚月名》,《文献》2004年第2期。

李学勤:《包山楚简"郙"即巴国说》,《中国文化》2004年第

1 期。

李学勤:《论葛陵楚简的年代》,《文物》2004 年第 7 期。

李学勤:《论战国简的卦画》,中国文物研究所编:《出土文献研究》第六集,上海古籍出版社,2004 年 12 月。

李学勤:《〈尚书·金縢〉与楚简祷祠》,《中国经学》2005 年 1 期。

李学勤:《周易溯源》,巴蜀书社,2006 年 1 月。

李学勤:《文物中的古文明》,商务印书馆,2008 年 10 月。

李学勤:《论清华简〈楚居〉中的古史传说》,《中国史研究》2011 年第 1 期。

李学勤:《清华简〈系年〉及有关古史问题》,《文物》2011 年第 3 期。

李学勤主编:《字源》,天津古籍出版社,辽宁人民出版社,2012 年 12 月。

李侑秦:《〈楚系简帛文字编(增订本)〉释文校订》,中兴大学中国文学系硕士论文,2012 年 6 月

李运富:《楚国简帛文字构形系统研究》,岳麓书社,1997 年 10 月。

李运富:《楚国简帛文字丛考(三)》,《古汉语研究》1998 年第 2 期。

李运富:《楚国简帛文字丛考(四)》,《古汉语研究》1999 年第 1 期。

李运富:《包山楚简"䒤"义解诂》,简帛研究网,2002 年 9 月 7 日;又见《古汉语研究》2003 年第 1 期。

李运富:《楚简"䒤"字及其相关诸字考证》,《中国出土资料研究》第 7 号,2003 年 3 月。

来国龙:《论楚卜筮祭祷简中的若干问题》,"先秦文本与思想

国际学术研讨会"论文,台湾大学,2010 年 8 月。

　　林清源:《楚国文字构形演变研究》,东海大学中国古文字研究所博士学位论文,1997 年 12 月。

　　林素清:《读包山楚简札记》,"中国古文字研究会第九次学术讨论会"论文,南京,1992 年 10 月。

　　林素清:《探讨包山楚简在文字学上的几个课题》,"中央研究院"历史语言研究所集刊》第 66 本第 4 分,1995 年 12 月。

　　林素清:《说嬯》,"第一届古文字与古代史学术讨论会"论文,"中央研究院"历史语言研究所,2006 年 9 月;又见陈昭容主编:《古文字与古代史》第一辑,"中央研究院"历史语言研究所出版编辑委员会,2007 年 9 月。

　　林沄:《林沄学术文集》,中国大百科出版社,1998 年 12 月。

　　刘彬徽:《试论楚丹阳和郢都的地望与年代》,《江汉考古》1980 年第 1 期。

　　刘彬徽:《江陵望山沙冢楚墓论述》,氏著《早期文明与楚文化》,岳麓书社,2001 年 7 月。

　　刘彬徽:《葛陵楚墓、"两陵楚墓"的年代及相关问题的讨论》,"湘鄂豫皖楚文化研究会第九次年会"论文,长沙,2005 年 10 月。

　　刘彬徽:《葛陵楚墓的年代及相关问题的讨论》,楚文化研究会编:《楚文化研究论集》第七辑,岳麓书社,2007 年 9 月。

　　刘彬徽、何浩:《论包山楚简中的几处楚郢地名》,湖北省荆沙铁路考古队编:《包山楚墓·附录二十四》,北京:文物出版社,1991 年 10 月;又见刘彬徽:《早期文明与楚文化研究》,岳麓书社,2001 年 7 月。

　　刘彬徽、彭浩、胡雅丽等:《包山二号楚墓简牍释文与考释》,湖北省荆沙鈫路考古队编:《包山楚墓·附录一》,北京:文物出版社,1991 年 10 月。

刘奉光：《包山楚简卜祝文学管窥》，《广西社会科学》2003 年第 12 期。

刘国胜：《楚简文字杂识》，湖北文物考古研究所编：《奋发荆楚 探索文明：湖北省文物考古研究论文集》，湖北科学技术出版社，2000 年 9 月。

刘洪涛：《〈说文〉"陟"字古文考》，简帛网，2007 年 9 月 22 日。

刘洪涛：《谈楚系文字的"趹"字》，简帛网，2010 年 5 月 31 日。

刘乐贤：《楚文字杂识（七则）》，张光裕等编辑：《第三届国际中国古文字学研讨会论文集》，香港中文大学、中国语言及文学系，1997 年 10 月。

刘乐贤：《九店楚简日书补释》，李学勤、谢桂华主编：《简帛研究》第三辑，南宁：广西教育出版社，1998 年 1 月。

刘乐贤：《读包山楚简札记》，张光裕主编：《第四届国际中国古文字研讨会论文集》，香港中文大学中国语言及文学系，2003 年 10 年。

刘乐贤：《读楚简札记二则》，简帛研究网，2004 年 5 月 29 日；后改名为《读楚简札记（三则）——楚简的"逸"与秦简的"蚤"》，江林昌、朱汉明、杨朝明等主编：《中国古代文明研究与学术史——李学勤教授伉俪七十寿庆纪念文集》，河北大学出版社，2006 年 11 月。

刘乐贤：《从出土文献看楚、秦选择术的异同及影响——兼释楚系选择术中的"危"字》，"中国古文字：理论与实践国际学术研讨会"论文，芝加哥大学，2005 年 5 月；后名《秦楚选择术的异同及影响——以出土文献为中心》，《历史研究》2006 年第 6 期。

刘信芳：《释"𤉲𨛜"》，《江汉考古》1987 年第 1 期。

刘信芳：《二天子为何神祇》，《中国文物报》1992 年 6 月 21 日。

刘信芳：《司中、司骨为何神》，《中国文物报》1992 年 7 月 26 日。

刘信芳:《"渐木"之神》,《中国文物报》1992 年 10 月 18 日。

刘信芳:《从夂之字汇释》,"纪念容庚先生百年诞辰暨中国古文字学学术研讨会"论文,东莞,1994 年 8 月;又见广东炎黄文化研究会、纪念容庚先生百年诞辰暨中国古文字学学术研讨会编:《容庚先生百年诞辰纪念文集(古文字研究专号)》,广东人民出版社,1998 年 4 月。

刘信芳:《包山楚简近似之字辨析》,《考古与文物》1996 年第 2 期。

刘信芳:《楚文字考释五则》,吉林大学古文字研究室编:《于省吾教授百年诞辰纪念文集》,吉林大学出版社,1996 年 9 月。

刘信芳:《楚帛书解诂》,中国文字编辑委员会编辑:《中国文字》新廿一期,艺文印书馆,1996 年 12 月。

刘信芳:《战国楚历谱复原研究》,《考古》1997 年第 11 期。

刘信芳:《望山楚简校读记》,李学勤、谢桂华主编:《简帛研究》第三辑,广西教育出版社,1998 年 12 月。

刘信芳:《蒿宫、蒿间与蒿里》,中国文字编辑委员会编辑:《中国文字》新廿四期,艺文印书馆,1998 年 12 月。

刘信芳:《包山楚简解诂试笔十七则》,中国文字编辑委员会编辑:《中国文字》新廿五期,1999 年 12 月。

刘信芳:《楚简〈诗论〉苑丘考》,《古籍整理研究学刊》2002 年第 3 期。

刘信芳:《包山楚简解诂》,艺文印书馆 2003 年 1 月。

刘信芳《新蔡葛陵楚墓的年代及相关问题》,简帛研究网 2003 年 12 月 17 日首发;后发表于《长江大学学报》(社会科学版)2004 年第 1 期。

刘信芳:《释葛陵楚简"暮生早孤"》,简帛研究网 2004 年 1 月 11 日。

刘信芳:《楚简"三楚先""楚先""荆王"以及相关祀礼》,《文史》2005年第4辑。

刘信芳:《楚简"兔"与从"兔"之字试释》,中国古文字研究会、吉林大学古文字研究室编:《古文字研究》第二十七辑,中华书局,2008年9月。

刘信芳:《楚系简帛释例》,安徽大学出版社,2011年12月。

刘信芳:《出土简帛宗教神话文献研究》,安徽大学出版社,2014年6月。

刘信芳、单晓伟:《楚系简帛联绵字释例》,中国文字编辑委员会编辑:《中国文字》新三十三期,2007年12月。

刘毓庆:《〈山鬼〉考》,屈原研究会:《中国楚辞学》第五辑,学苑出版社,2004年7月;又见《山西大学学报》(哲学社会科学版)2002年第4期。

刘玉堂、贾济东:《楚人祭祀礼俗简论》,《民俗研究》1997年第3期。

刘云:《释"鸒"及相关诸字》,简帛网,2010年5月12日。

罗小华:《包山楚简选释三则》简帛网2008年9月23首发;又见《江汉考古》2010年第1期(作者:罗小华、李汇洲)。

罗小华:《释刲》,简帛网,2010年3月26日首发。

罗新慧:《从上博简〈鲁邦大旱〉之"敚"看古代的神灵观念》,《学术月刊》2004年第10期。

罗新慧:《楚简"敚"字与"敚"祭试析》,西北师范大学文学院历史系、甘肃省文物考古研究所编:《简牍学研究》第四辑,甘肃人民出版社,2004年12月。

罗新慧:《说新蔡楚简"婴之以兆玉"及其相关问题》,《文物》2005年第3期。

罗新慧:《说新蔡楚简中的祷辞》,《中国历史文物》,2007年第 1 期。

　　罗新慧:《释新蔡楚简"乐之,百之,赣之"及其相关问题》,《考古与文物》2008 年第 1 期。

　　林清源:《楚国文字构形演变研究》,东海大学中国古文字研究所博士学位论文,1997 年 12 月。

　　林素清:《读包山楚简札记》,"中国古文字研究会第九次学术讨论会"论文,南京,1992 年 10 月。

　　林素清:《探讨包山楚简在文字学上的几个课题》,"中央研究院"历史语言研究所集刊》第 66 本第 4 分,1995 年 12 月。

　　林素清:《说愗》,"第一届古文字与古代史学术讨论会"论文,"中央研究院"历史语言研究所,2006 年 9 月;又见陈昭容主编:《古文字与古代史》第一辑,"中央研究院"历史语言研究所出版编辑委员会,2007 年 9 月。

　　林沄:《林沄学术文集》,中国大百科出版社,1998 年 12 月。

　　罗运环:《论楚国金文月、肉、舟及止、出的演变规律》,1988 年 11 月油印本;又见《江汉考古》1989 年第 2 期,内容有改动。

　　罗运环:《埖字考辨》,中国古文字研究会、中山大学古文字研究所编:《古文字研究》第二十四辑,中华书局,2002 年 7 月。

　　罗运环:《区别符与"安""贤"二字考释》,"上博藏战国楚竹书学术研讨会"论文,华中师范大学,2003 年 3 月。

　　罗运环:《葛陵楚简鄯郢考》,《新出楚简国际学术研讨会会议论文集(郭店、其他简卷)》,武汉大学,2006 年 6 月;又见中国古文字研究会、吉林大学古文字研究室编《古文字研究》第二十七辑,中华书局,2008 年 9 月。

　　吕亚虎:《出土简帛数据所见出行巫术浅析》,《江汉论坛》2007 年第 11 期。

　　廖名春:《上海博物馆藏楚简《周易》管窥》,氏著《〈周易〉经传与易学史新论》,齐鲁书社,2001年8月。

廖名春:《楚简〈周易·大畜〉卦再释》,简帛研究网,2004年4月24日。

廖名春:《楚文字考释三则》,吉林大学古籍整理研究所编:《吉林大学古籍整理研究所建所十五周年纪念文集》,吉林大学出版社,1998年12月。

廖名春:《楚国文字释读三篇》,北京师范大学汉学研究所编:《汉字与文化国际学术研讨会论文集》,辽宁人民出版社,1998年8月;后收入氏著《出土简帛丛考》,湖北教育出版社,2004年2月。

廖名春:《新出楚简试论》,台湾古籍出版有限公司,2001年5月。

廖名春:《郭店简从"朱"之字考释》,简帛研究网,2003年3月9日;又见饶宗颐主编:《华学》第六辑,紫禁城出版社,2003年6月;后收入《出土简帛丛考》,湖北教育出版社,2004年2月。

廖名春:《出土简帛丛考》,湖北教育出版社,2004年2月。

雷黎明:《楚简"史""弁"二字的辨析方法试说》,《大连大学学报》2009年第4期。

连劭名:《望山楚简中的"习卜"》,《江汉论坛》1986年第11期。

连劭名:《考古发现与先秦易学》,《周易研究》2003年第1期。

刘钊:《包山楚简文字考释》,"中国古文字研究会第九届学术讨论会"论文,南京,1992年10月;见《东方文化》1998年1、2期合刊;后收入氏著《出土简帛文字丛考》,台湾古籍出版有限公司,2004年3月。

刘钊:《释古文字中从夗的几个字》,"第二届国际中国古文字学研讨会论文",香港,1993年10月;又名《释金文中从夗的几个字》,中国文字编辑委员会编辑:《中国文字》新十九期,艺文印书馆,1994年9月;后收入氏著《古文字考释丛稿》,岳麓书社,

2005 年 7 月。

刘钊:《古文字中的人名资料》,《吉林大学学报》,1999 年第 1 期。又见《古文字考释丛稿》,岳麓书社,2005 年 7 月。

刘钊:《释楚简中的"繆"(缪)字》,《江汉考古》1999 年第 1 期;后收入氏著《出土简帛文字丛考》,台湾古籍出版有限公司,2004 年 3 月;又见氏著《古文字考释丛稿》,岳麓书社,2005 年 7 月。

刘钊:《读郭店楚简字词札记》,武汉大学中国文化研究院编:《郭店楚简国际学术研讨会论文集》,湖北人民出版社,2000 年 5 月。

刘钊:《释"償"及相关诸字》,简帛研究网,2001 年 8 月 7 日。又见《中国文字》新廿八期,艺文印书馆,2002 年 6 月;后收入氏著《出土简帛文字丛考》,台湾古籍出版有限公司,2004 年 3 月;又见氏著《古文字考释丛稿》,岳麓书社,2005 年 7 月。

刘钊:《利用郭店楚简字形考释金文一例》,中国古文字研究会、中山大学古文字研究所编:《古文字研究》第二十四辑,中华书局,2002 年 7 月。

刘钊:《释新蔡葛陵楚简中的"毗"字》,简帛研究网,2003 年 12 月 28 日。

刘钊:《出土简帛文字丛考》,台湾古籍出版有限公司,2004 年 3 月。

刘钊:《郭店楚简校释》,福建人民出版社。

刘钊:《古文字考释丛稿》,岳麓书社,2005 年 7 月。

刘钊:《古文字构形学》,福建人民出版社,2006 年 1 月。

刘钊主编:《新甲骨文编》(增订本),福建人民出版社,2014 年 12 月。

M

马克:《〈左转〉占卜故事与楚占卜简比较》,武汉大学简帛研究中心主办:《简帛》第三辑,上海古籍出版社,2008 年 10 月

马楠:《清华简第一册补释》,《中国史研究》2011 年第 1 期。

麦耘:《"黾"字上古音归部说》,饶宗颐主编:《华学》第五辑,中山大学出版社,2001 年 12 月。

梅祖麟:《古代楚方言中"夕(栾)"字的词义和语源》,《方言》1981 年第 3 期。

孟蓬生:《"迈"读为"应"补证》,复旦大学出土文献与古文字研究中心网站,2009 年 1 月 6 日。

孟蓬生:《"法"字古文音释》,复旦大学出土文献与古文字研究中心网站,2011 年 9 月 7 日。

P

潘灯:《读〈楚系简帛文字编〉(增订本)札记》,简帛网,2013 年 5 月 29 日。

潘玉坤主编:《古文字考释提要总览》第一册,上海人民出版社,2008 年 8 月。

彭浩:《包山二号墓〈卜祀祭祷〉竹简的初步研究》,楚文化研究会编:《楚文化研究论集》第二集,湖北人民出版社,1991 年 3 月;又见湖北省荆沙铁路考古队编:《包山楚墓》·附录二三,文物出版社,1991 年 10 月。

彭浩:《包山二号楚墓卜筮和祭祷竹简的初步研究》,湖北省荆沙铁路考古队编:《包山楚墓·附录二三》,文物出版社,1991 年 10 月。

彭浩:《评〈包山楚简初探〉》,《中国文物报》1998年2月11日。

彭浩:《望山、包山、郭店楚墓的发掘与楚文化》,第44回国际东方学者会议,日本国立教育会馆,1999年6月。

彭浩:《葛陵和包山楚简的两种薄书》,"中国简帛学国际论坛2007"论文,台湾大学,2007年11月。

骈宇骞、段书安:《二十世纪出土简帛综述》,文物出版社,2006年3月。

Q

钱穆:《先秦诸子系年》,商务印简书馆,2001年8月。

浅原達郎:《望山一号墓竹简の復原》,小南一郎编:《中国の礼制と礼学》,朋友書店,2001年10月。

裘锡圭:《谈谈随县曾侯乙墓的文字数据》,《文物》1979年第7期;后收入氏著《古文字论集》,中华书局,1992年8月。

裘锡圭:《古文字论集》,中华书局,1992年8月。

裘锡圭:《释衍、侃》,台湾师范大学国文系、中国文字学学生编著:《鲁实先生学术讨论会论文集》,万卷楼图书有限公司,1993年6月;又见冯天瑜主编:《人文论丛(2002卷)》,武汉大学出版社,2003年11月。

裘锡圭:《甲骨文中的见与视》,台湾师范大学国文系、"中研院"历史语言研究所编:《甲骨文发现一百周年学术讨论会论文集》,文史哲出版社,1998年5月。

裘锡圭:《释郭店〈缁衣〉"出言有丨,黎民有詂"兼说"丨"为"针"之初文》,氏著《中国出土古文献十讲》,复旦大学出版社,2004年12月。

裘锡圭:《战国楚简中的"旹"字》,中国古文字研究会、华南师范大学文学院编:《古文字研究》(二十六辑),中华书局,2006年11月。

裘锡圭:《是"恒先"还是"极先"?》,"中国简帛学国际论坛2007"论文,台湾大学,2007年11月。

裘锡圭:《释古文字中的有些"恖"字和从"恖"、从"凶"之字》,复旦大学出土文献与古文字研究中心编:《出土文献与古文字研究》第二辑,复旦大学出版社,2008年8月。

裘锡圭:《说从"皆"声的从"贝"与从"辵"之字》,《文史》2012年第3辑。

裘锡圭:《"东皇太一"与"大龗伏羲"》,"简帛、经典、古史"国际论坛论文,香港浸会大学,2011年11月。

裘锡圭:《文字学概要》(修订本),北京:商务印书馆,2013年7月。

裘锡圭、李家浩:《曾侯乙墓竹简释文与考释》,湖北省博物馆编:《曾侯乙墓·附录一》,文物出版社,1989年7月。

曲冰:《上海博物馆藏战国楚竹书(1—8)佚书词语研究》,国家社科基金青年项目"上海博物馆藏战国楚竹书(1—8)佚书词语研究"(项目编号12CYY035)结题报告,未刊稿,2017年7月。

R

饶宗颐:《中文大学文物馆藏建初四年"序宁病简"与包山简——论战国、秦、汉解疾祷祠之诸神与古史人物》,中国社会科学院历史研究所编:《华夏文明与传世藏书:中国国际汉学研讨会论文集》,中国社会科学出版社,1996年11月;又见《饶宗颐二十世纪学术文集(卷三简帛学)》,新文丰出版股份有限公司,2003年10月。

饶宗颐：《谈钟律及楚简"滈""濸"为"折"字说》，李焯然、陈万成主编：《道苑缤纷录》，商务印书馆（香港）有限公司，2002年12月；后收入《饶宗颐新出土文献论证》，上海古籍出版社，2005年9月。

饶宗颐：《殷代易卦及有关占卜诸问题》，中华书局编辑部编：《文史》第二十辑，1983年9月。

容肇祖：《占卜的源流》，北京：海豚出版社，2010年9月。

S

单晓伟：《新蔡葛陵楚墓竹简编联及相关问题研究》，安徽大学文学院硕士学位论文，2007年6月。

单育辰：《谈战国文字中的"鼍"》，简帛网，2007年5月30日；又见武汉大学简帛研究中心主办：《简帛》第三辑，上海古籍出版社，2008年10月。

单育辰：《〈曹沫之陈〉文本集释及相关问题研究》，吉林大学古籍研究所硕士学位论文，2007年6月。

单育辰：《谈晋系用为"舍"之字》，简帛网，2008年5月3日。又见武汉大学简帛研究中心主办：《简帛》第四辑，上海古籍出版社，2009年10月。

单育辰：《占毕随录之六》，简帛网，2008年8月5日。

单育辰：《战国卜筮简"尚"的意义——兼说先秦典籍中的"尚"》，中国文字编辑委员会编：《中国文字》新三十四辑，艺文印书馆2009年2月。

单育辰：《楚地战国简帛与传世文献对读之研究》，吉林大学古籍书研究所博士学位论文，2010年6月。

商承祚：《鄂君启节考》，文物精华编辑委员会编：《文物精华》

第二集,文物出版社,1963 年 4 月。

商承祚:《战国楚帛书述略》,《文物》1964 年第 9 期。

商承祚:《战国楚竹简汇编》,齐鲁书社,1995 年 11 月。

沈培:《周原甲骨文里的"囟"和楚墓竹简里的"囟"或"思"(连载一)》,简帛网,2005 年 12 月 23 日。

沈培:《周原甲骨文里的"囟"和楚墓竹简里的"囟"或"思"(连载二)》,武汉大学简帛网 2005 年 12 月 23 日;又见中国文字学会、河北大部汉学研究中心编:《汉字研究》第一辑,学苑出版社,2005 年 6 月。

沈培:《从战国简看古人占卜的"蔽志"——兼论"移祟"说》,"第一届古文字与古代史学术讨论会"提交论文,"中央研究院"历史语言研究所,2006 年 9 月,又见陈昭容主编:《古文字与古代史》第一辑,"中央研究院"历史语言研究所出版品编辑委员会,2007 年 9 月。

沈培:《说古文字里的"祝"及相关之字》"中国简帛学国际论坛(2006)"论文,武汉大学简帛研究中心,2006 年 11 月;又见《简帛》第二辑,2007 年 10 月,上海古籍出版社。

施谢捷:《楚简文字中的"纛"字》,"楚文化研究会第七次年会"论文,安徽,2001 年 11 月;又见《语文研究》2002 年第 4 期;又见楚文化研究会编:《楚文化研究论集》第五集,黄山书社,2003 年 6 月。

施谢捷:《楚简文字中的"悚"字》,中国古文字研究会、中心大学古文字研究所编:《古文字研究》第二十四辑,中华书局,2002 年 7 月;又见"纪念商承祚先生百年诞辰暨中国古文字学国际学术研讨会"论文,广州,2002 年 8 月。

史杰鹏:《先秦两汉闭口韵词的同源关系研究》,北京师范大学文学院博士学位论文,2004 年 5 月。

史杰鹏:《包山楚简研究四则》,《湖北民族学院学报》(哲学社会科学版)2005 年第 3 期。

舒之梅、刘信芳:《望山一号楚墓竹简校读记》,曾宪通主编:《饶宗颐学术研讨会论文集》,翰墨轩出版有限公司,1997 年 11 月。

睡虎地秦墓竹简小组:《睡虎地秦墓竹简》,北京:文物出版社,1990 年 9 月。

宋国定、贾连敏:《新蔡"平夜君成"墓与出土楚简》,北京大学、达慕思大学、中国社会科学院主办"新出简帛国际学术研讨会"提交论文,北京,2000 年 8 月;又见艾兰、邢文编:《新出简帛研究》,文物出版社,2004 年 12 月。

宋国定、曾晓敏、谢巍:《新蔡发掘一座大型楚墓》,《中国文物报》1994 年 10 月 23 日。

宋华强:《〈离骚〉"三后"即新蔡楚简"三楚先"说——兼论穴熊不属于"三楚先"》,简帛研究网站,2005 年 3 月 4 日;又见《云梦学刊》2006 年第 2 期。

宋华强:《新蔡简"肩"字补证》,武汉大学简帛研究中心网站,2006 年 3 月 14 日。

宋华强:《释新蔡简中的一个祭牲名》,简帛研究网 2006 年 5 月 24 日;又见中国古文字学会、吉林大学古文字研究室编:《古文字研究》第二十七辑,中华书局,2008 年 9 月。

宋华强:《新蔡简与"速"义近之字及楚简中相关诸字新考》,简帛网,2006 年 7 月 31 日;又见中国文字编辑委员会编:《中国文字》新三十二期,艺文印书馆,2006 年 8 月。

宋华强:《新蔡简"百之""赣之"解》,简帛研究网 2006 年 8 月 13 日;又见武汉大学简帛研究中心主办:《简帛》第三辑,2008 年 10 月。

宋华强:《新蔡简和〈简大王泊旱〉的"乃而"》,简帛研究网,2006年9月24日。

宋华强:《新蔡楚简的初步研究》,北京大学中文系博士学位论文,2007年5月。

宋华强:《包山简祭祷名"伏"小考》,简帛研究网,2007年11月13日。

宋华强:《平夜君成的世系及新蔡简年代下限的考订》,武汉大学简帛研究中心主办:《简帛》第二辑,2007年11月。

宋华强:《从楚简"卒岁"的词义谈到战国楚历的岁首》,《古汉语研究》2009年第4期。

宋华强:《由楚"北子"、"北宗"说到甲骨文"丁宗""啻宗"》,武汉大学简帛研究中心主办:《简帛》第四辑,2009年10月

宋华强:《新蔡葛陵楚简初探》,武汉大学出版社,2010年3月。

宋华强:《楚简祭祷动词考释二则》,张显成主编:《简帛语言文字研究》第五辑,巴蜀书社,2010年6月。

宋华强:《清华简〈楚居〉1-2号与早期历史传说》,《文史》2012年第2辑。

宋华强:《战国楚文字从"黾"从"甘"之字新考》,武汉大学简帛研究中心主办:《简帛》第十三辑,2016年11月。

宋华强:《葛陵简旧释"奈"之字新考》,武汉大学简帛研究中心主办:《简帛》第十五辑,2017年11月。

宋镇豪:《殷代"习卜"和有关占卜制度的研究》,《中国史研究》1987年第4期。

苏建洲:《楚简文字考释二则》,《国文学报》34期,2003年12月。

苏建洲:《释楚竹书几个从"尤"的字形》,简帛网2008年1月1日。

苏建洲:《楚文字"炅"字及从"炅"之字再议——兼论传钞

古文一个值得注意的现象》,氏著《上博楚竹书文字及相关问题研究》,万卷楼图书股份有限公司,2008 年 1 月;又见简帛网,2008 年 11 月 8 日。

苏建洲:《楚简文字考释四则》,简帛网 2008 年 11 月 8 日。

苏建洲:《再论楚竹书〈周易·颐卦〉"融"字及相关的几个字》,《周易研究》2009 年第 3 期。

苏建洲:《望山楚简"述瘥"考释》,简帛网,2010 年 4 月 20 日。

T

谭步云:《先秦楚语词汇研究》,中山大学中文系博士学位论文,1998 年 5 月。

谭生力:《说尿》,华东师范大学中国文字研究与应用中心、华东师范大学语言文字工作委员会编:《中国文字研究》,第二十辑,上海书店出版社,2014 年 10 月。

汤余惠:《战国铭文选》,吉林大学出版社,1993 年 9 月。

汤余惠、吴良宝:《郭店楚简文字拾零(四篇)》,李学勤、谢桂华主编:《简帛研究(二〇〇一)》,广西师范大学出版社,2001 年 9 月。

滕壬生:《楚系简帛文字编》,湖北教育出版社,1995 年 7 月。

滕壬生:《楚系简帛文字编》(增订本),武汉:湖北教育出版社,2008 年 10 月。

滕壬生、黄锡全:《江陵砖瓦厂 M370 楚墓竹简》,李学勤、谢桂华主编:《简帛研究(二〇〇一)》,广西教育出版社,2001 年 9 月。

汤余惠、吴良宝:《战国文字编》,福建人民出版社,2001 年 12 月。

藤田勝久:《包山楚簡研究の新階段——陳偉著〈包山楚簡初探〉》,《中国出土資料研究》第 2 號,1998 年 3 月。

藤田勝久:《包山楚簡にみえる戦国楚の県と封邑》,《中国出土資料研究》第 3 號,1999 年 3 月。

藤田勝久:《包山楚简及其传递的楚国资讯——纪年与社会体系》,许道胜译,卜宪群、杨振红主编:《简帛研究(二〇〇四)》,广西师范大学出版社,2006 年 10 月。

W

王凤阳:《古辞辨》,北京:中华书局,2011 年 12 月。

王红亮:《〈左传〉之"荆尸"再辩证》,《古代文明》2010 年第 4 期。

王辉:《释斋、賸》,安徽大学古文字研究室编:《古文字研究》第二十二辑,中华书局,2000 年 7 月。

王辉:《楚文字柬释二则》,楚文化学会编:《楚文化研究论集》第八集,大象出版社,2009 年 9 月。

王辉:《古文字通假字典》,中华书局,2008 年 2 月。

王明钦:《湖北江陵天星观楚简的初步研究》,北京大学考古学系硕士论文,1989。

王三峡:《"大川有介(从氵)"试解》简帛研究网 2007 年 1 月 14 日。

王胜利:《再谈楚国历法的建正问题》,《文物》1990 年 3 期。

王泽强:《从战国楚墓祭祀竹简看〈九歌〉的属性》,《淮阴师范学院学报》(哲学社会科学版)2003 年 6 期。

王泽强:《战国楚墓出土竹简所见神祇"大水"考释》,《湖北教育学院学报》2005 年第 6 期。

王志平:《"罷"字的读音及相关问题》,中国古文字研究会、吉林大学古文字研究所编:《古文字研究》第二十七辑,2008 年 9 月。

王仲翊:《包山楚简文字研究》,台湾中山大学中文研究所硕士学位论文,1996 年 6 月。

王颖:《包山楚简词汇研究》,厦门大学出版社,2008 年 5 月。

魏慈德:《新出楚简中的楚国语料与史料》,五南图书出版公司,2014 年 1 月。

魏宜辉:《试析楚简文字中的"顕""虽"字》,《江汉考古》2002 年 2 期。

魏宜辉:《楚系简帛文字形体讹变分析》,南京大学历史系博士学位论文,2003 年 4 月。

魏宜辉:《论郭店简·上博简〈缁衣〉中用为"从"之字》,中国文字编辑委员会编辑:《中国文字》新三十一期,艺文印书馆,2006 年 12 月。

魏宜辉、周言:《读〈郭店楚墓竹简〉札记》,安徽大学古文字研究室编:《古文字研究》第二十二辑,中华书局,2000 年 7 月。

巫雪如:《包山楚简姓氏研究》,台湾大学中国文学研究所硕士学位论文,1996 年 5 月。

吴良宝:《包山楚简释地三篇》,简帛网,2005 年 12 月 19 日;又见中国文字学会,河北大学汉字研究中心编:《汉字研究》第一辑,学苑出版社,2005 年 6 月。

吴良宝:《平肩空首布"印"字考》,《中国钱币》2006 年第 2 期。

吴良宝:《包山楚简"慎"地考》,中国文字编辑委员会编辑:《中国文字》新三十三期,艺文印书馆,2007 年 12 月。

吴良宝:《楚地"鄱阳"新考》,《古文字学论稿》,安徽大学出版社,2008 年 4 月。

吴良宝:《说包山简中的"彭"地》,武汉大学简帛研究中心主办:《简帛》第三辑,上海古籍出版社,2008 年 10 月。

吴良宝:《战国楚简地名辑证》,武汉大学出版社,2010 年 3 月。

吴镇烽:《商周青铜器铭文暨图像集成》(1—35),上海古籍出版社,2012 年 9 月。

吴郁芳:《〈包山楚简〉卜祷简牍释读》,《考古与文物》1996 年第 2 期。

吴振武:《〈古玺文编〉校订》,吉林大学历史系博士学位论文,1984 年 10 月。

吴振武:《说梁重鈈布》,《中国钱币》1991 年第 2 期。

吴振武:《鄂君启节 "舿" 字解》,常宗豪等编辑:《第二届国际中国古文字学研讨会论文集》,问学社有限公司,1993 年 10 月。

吴振武:《古玺和秦简中的 "穆" 字》,中华书局编辑部编:《文史》第三十八辑,1994 年 7 月。

吴振武:《燕国铭刻中的 "泉" 字》,饶宗颐主编:《华学》第二辑,中山大学出版社,1996 年 12 月。

吴振武:《楚文字中的 "陵" 和 "陲"》,"长沙三国吴简暨百年来简帛发现与研究国际学术研讨会" 论文,长沙,2001 年 8 月。

吴振武:《范解楚简 "蒿(祭)之" 与李解狱篃 "夆燚馨香"》,"中国简帛学国际论坛 2007" 论文,台湾大学中国文学系,2007 年 11 月。

吴振武:《〈燕国铭刻中的 "泉" 字〉补说》,张光裕、黄德宽主编:《古文字学论稿》,安徽大学出版社,2008 年 4 月。

吴振武:《谈左掌客亭陶玺——从构形上解释战国文字中旧释为 "亳" 的字应是 "亭" 字》,"中国古文字学会第十八次年会" 论文,2010 年 10 月,北京。

吴振武:《〈古玺文编〉校订》,人民美术出版社,2011 年 1 月。

武汉大学简帛研究中心、荆门市博物馆编著:《楚地出土战国简册合集》(一),北京:文物出版社,2011 年 11 月。

武汉大学简帛研究中心、荆门市博物馆编著:《楚地出土战国简册合集》(二),北京:文物出版社,2013 年 1 月。

武家璧:《葛陵楚简历日"癸嬛"应为"癸巳"解》,《中原文物》2009 年第 2 期。

武家璧:《葛陵楚简"我王之岁"的年代》《中国文物报》2009年 6 月 5 日。

X

夏含夷:《再论周原卜辞囟字与周代卜筮性质诸问题》,"中国简帛学国际论坛 2007"论文,台湾大学中国文学系,2007 年 11 月。

萧毅:《楚简文字研究》,武汉大学出版社,2010 年 3 月。

刑文:《早期筮占文献的结构分析》,《文物》,2002 年第 8 期。

徐少华:《包山楚简释地五则》,《江汉考古》1996 年第 4 期。

徐少华:《包山楚简释地十则》,《文物》1996 年第 12 期。

徐少华:《"包山楚简"地名数则考释》,《武汉大学学报》(哲学社会科学版)1997 年第 4 期。

徐少华:《包山楚简释地四则》,《武汉大学学报》(哲学社会科学版)1998 年第 6 期。

徐少华:《包山楚简释地五则》,《考古》1999 年第 11 期。

徐少华:《包山楚简释地六则》,李学勤、谢桂华主编:《简帛研究(二〇〇一)》,广西师范大学出版社,2001 年 9 月。

徐在国:《包山楚简文字考释四则》,吉林大学古文字研究室编:《于省吾教授百年诞辰纪念文集》,吉林大学出版社,1996 年 9 月。

徐在国:《楚简文字拾零》,《江汉考古》1997年第2期;又见何琳仪、黄德宽、德在国:《新出楚简文字考》,安徽大学出版社,2007年9月。

徐在国:《楚简文字新释》,《江汉考古》1998年第2期;又见何琳仪、黄德宽、徐在国:《新出楚简文字考》,安徽大学出版社,2007年9月。

徐在国:《读〈楚系简帛文字编〉札记》,《安徽大学学报》(哲学社会科学版)1998年第5期。又见何琳仪、黄德宽、德在国:《新出楚简文字考》,安徽大学出版社,2007年9月。

徐在国:《古玺文字八考》,吉林大学古籍整理研究所编《吉林大学古籍整理研究所建所十五周年纪念文集》,吉林大学出版社,1998年12月。

徐在国:《释"货"》,杭州大学古籍所、杭州大学中文系古汉语教研室编:《古典文献与文化论丛》第二辑,杭州大学出版社,1999年5月;又见何琳仪、黄德宽、徐在国:《新出楚简文字考》,安徽大学出版社,2007年9月。

徐在国:《隶定古文疏证》,安徽大学出版社,2002年6月。

徐在国:《楚文字杂释》,楚文化研究会编:《楚文化研究论集》第五集,黄山书社,2003年6月。

徐在国:《释楚简"散"兼及相关字》,"中国南方文明研讨会"论文,"中央研究院"历史语言研究所,2003年12月;又见中国古文字研究会、浙江省文物考古研究所编:《古文字研究》第二十五辑,中华书局,2004年10月。又见何琳仪、黄德宽、徐在国:《新出楚简文字考》,安徽大学出版社,2007年9月。

徐在国:《新蔡葛陵楚简札记》,简帛研究网,2003年12月7日;华东师范大学中国文字研究与应用中心编:《中国文字研究》第五辑华东师范大学出版社,2004年11月。

徐在国:《谈新蔡葛陵楚简中的几支车马简》,简帛研究网2003 年 12 月 13 日。

徐在国:《新蔡葛陵楚简札记(二)》,简帛研究网,2003 年 12月 17 日;后名《新蔡葛陵楚简札记》,何琳仪、黄德宽、徐在国:《新出楚简文字考》,安徽大学出版社,2007 年 9 月。

徐在国:《说"耳"及其相关字》,简帛研究网,2005 年 3 月 4 日。

徐在国:《说"叚"及其相关字》,简帛研究网,2005 年 3 月 4日;后名为《说楚简"叚"兼及相关字》,简帛网,2009 年 7 月 15日;后名《说楚简"叚"及其相关字》,张显成主编:《简帛语言文字研究》第五辑,巴蜀书社,2010 年 6 月。

徐在国:《新蔡楚简中的两个地名》,中国文字学会、河北大学汉字研究中心编:《汉字研究》第一辑,学苑出版社,2005 年 6 月;又见何琳仪、黄德宽、徐在国:《新出楚简文字考》,安徽大学出版社,2007 年 9 月。

徐在国:《从新蔡葛陵楚简中的"延"字谈起》,武汉大学简帛研究中心主办《简帛》第一辑,上海古籍出版社,2006 年 10 月;又见何琳仪、黄德宽、徐在国:《新出楚简文字考》,安徽大学出版社,2007 年 9 月。

徐在国:《传抄古文字编》,线装书局,2006 年 10 月。

徐在国:《楚帛书"厌"字辑考》,"饶宗颐教授九十华诞国际学术研讨会"论文,香港大学,2006 年 12 月。

徐在国:《谈楚帛书读"厌"之字》,饶宗颐主编:《华学》第九、十辑,上海古籍出版社,2008 年 8 月。

徐在国:《上博竹书(三)札记五则》,中国文字研究会、吉林大学古文字研究室编:《古文字研究》第二十七辑,中华书局,2008 年 9 月

许道胜:《望山楚简研究述评》,楚文化研究会编:《楚文化研

究论集》第六辑,湖北教育出版社 2005 年 6 月。

许学仁:《战国楚墓〈卜筮〉类竹简所见"数字卦"》,中国文字编辑委员会编辑:《中国文字》新十七期,艺文印书馆,1993 年 3 月。

许学仁:《包山楚简所见之楚先公先王考》,台湾师范大学国文学系、中国文字学会编著:《鲁实先生学术讨论会论文集》,《鲁实先生学术讨论会论文集》,万卷楼图书有限公司,1993 年 6 月。

许学仁:《河南新蔡葛陵平夜君成墓楚简研究要目》,简帛研究网,2006 年 10 月 8 日。

许文献:《楚简中几个特殊关系异文字组释读》,张光裕主编:《第四届国际中国古文字学研讨会论文集》,香港中文大学中国语言及文学系,2003 年 10 月。

许文献:《楚系从"爻"之字再释》,许锬辉教授七秩祝寿编辑委员会编:《许锬辉教授七秩祝寿论文集》,万卷楼图书股份有限公司,2004 年 9 月。

禤健聪:《楚文字新读二则》,《江汉考古》2006 年第 4 期,。

禤健聪:《战国楚简所见楚系用字习惯考察》,辅仁大学中文系、中国文字学会编:《第十八届中国文字学国际学术研讨会论文集》,辅仁大学中文系,2007 年 5 月;又见中国文字编辑委员会编辑:《中国文字》新三十三期,艺文印书馆,2007 年 12 月。

禤健聪:《楚简所见量制单位辑证》,《中原文物》2008 年第 2 期。

禤健聪:《楚简释读琐记(五则)》,中国古文学研究会、吉林大学古文字研究室编:《古文字研究》第二十七辑,中华书局,2008 年 9 月。

禤健聪:《释楚文字的"龟"和"蠹"》,《考古与文物》2010 年第 4 期。

Y

颜世铉:《包山楚简地名研究》,台湾大学中国文学教研所硕士学位论文,1997年6月。

晏昌贵:《江陵天星观一号楚墓》,《考古学报》1982年第1期。

晏昌贵:《〈日书〉札记十则》,丁四新主编:《楚地出土简帛文献思想研究(一)》,湖北教育出版社2002年12月。

晏昌贵:《秦家嘴"卜筮祭祷"简释文辑校》,《湖北大学学报》(哲学社会科学版)2005年第1期;后收入氏著《秦家嘴卜筮祭祷简释文辑校》,《简帛术数与历史地理论集》,商务印书馆,2010年8月。

晏昌贵:《天星观"卜筮祭祷"简释文辑校》,丁四新主编:《楚地简帛思想研究(二)》,湖北教育出版社,2005年4月;又见简帛网,2005年11月2日;又名《天星观卜筮祭祷简释文辑校》,氏著《简帛术数与历史地理论集》,商务印书馆,2010年8月。

晏昌贵:《新蔡葛陵楚简"上逾取稟"之试解》,武汉大学简帛研究中心等编:《新出楚简国际学术研讨会会议论文集(郭店简·其他简卷》,武汉大学,2006年6月。

晏昌贵:《楚简所见诸司神考》,《江汉论坛》2006年第9期;后收入氏著《简帛术数与历史地理论集》,商务印书馆,2010年8月。

晏昌贵:《楚卜筮简所见地祇考》,武汉大学历史地理研究所编:《石泉先生九十诞辰纪念文集》,湖北人民出版社,2007年5月;后收入氏著《简帛术数与历史地理论集》,商务印书馆,2010年8月。

晏昌贵:《楚卜筮祭祷简的文本结构与性质》,楚文化研究会编:《楚文化研究论集》第七集,岳麓书社,2007年9月;后收入氏著《简帛术数与历史地理论集》,商务印书馆,2010 年 8 月。

晏昌贵:《巫鬼与淫祀——楚简所见方术宗教考》,武汉:武汉大学出版社,2010 年 3 月。

晏昌贵、钟炜:《九店楚简〈日书·相宅篇〉研究》,《武汉大学学报》(人文科学版)2002 年第 4 期。

晏昌贵、钟炜:《里耶秦简牍所见阳陵考》,简帛网,2005 年 11 月 3 日;后名《里耶秦简所见的阳陵与迁陵》,《中国历史地理论丛》2006 年第 4 期。

杨华:《出土日书与楚地的疾病占卜》,"上博藏战国楚竹书学术研讨会"论文,华中师范大学,2003 年 3 月;又见《武汉大学学报》(人文科学版)2003 年第 5 期;又见简帛网,2005 年 12 月 22 日。

杨华:《楚礼庙制研究——兼论楚地的"淫祀",》楚国历史文化国际研讨会暨湘鄂豫皖楚文化研究会第八次年会"论文,2003 年 10 月;又见楚文化研究会编:《楚文化研究论集》(第六辑),楚文化研究会编,湖北教育出版社,2005 年 6 月。

杨华:《"五祀"祭祷与楚汉文化的继承》,《江汉论坛》2004 年第 9 期;又见简帛网,2005 年 11 月 12 日。

杨华:《新蔡祭祷简中的两个问题》,武汉大学简帛研究中心编:《中国简帛学国际论坛 2006 论文集》,武汉大学,2006 年 11 月;又见简帛网,2007 年 2 月 28 日;又见武汉大学简帛研究中心主办:《简帛》第二辑,上海古籍出版社,2007 年 11 月。

杨华:《说"果告"》,武汉大学简帛研究网 2008 年 1 月 1 日。

杨华:《楚简中"上下"与"内外"——兼论楚人祭礼中的神灵分类问题》,武汉大学简帛研究中心主办:《简帛》第四辑,上海古籍出版社,2009 年 10 月。

杨泽生:《楚系简牍中从"肉"从"歹"之字考释》,《古汉语研究》2001 年第 3 期。

杨泽生:《战国竹书研究》,中山大学中文系博士学位论文,2002 年 4 月。

于成龙:《包山楚简中若干制度问题的探讨》,北京大学考古系硕士学位论文,1997 年 6 月。

于成龙:《包山二号楚墓卜筮简中若干问题的探讨》,《出土文献研究》第五集,科学出版社,1999 年 8 月。

于成龙《楚礼新证——楚简中的计时、卜筮与祭祷》,北京大学考古系博士学位论文,2004 年 5 月。

于成龙:《释𢓊——新蔡楚简中的衅礼》,《故宫博物院院刊》2004 年第 4 期。

于成龙:《山海经祠祭"婴"及楚卜筮简"瓔"字浅说》,中国古文字研究会、浙江省考古研究所编:《古文字研究》第 25 辑,中华书局,2004 年 10 月。

于成龙:《战国新蔡葛陵楚简中的"享玉"制度》,《中国历史文物》2005 年第 4 期。

于成龙:《战国楚卜筮祈祷简中的"五祀"》,《故宫博物院院刊》2009 年第 2 期。

于茀:《新蔡葛陵楚墓中的繇辞》,《文物》,2005 年第 1 期。

于豪亮:《秦简〈日书〉记时记月诸问题》,中华书局编辑:《云梦秦简研究》,中华书局,1981 年。

于省吾:《鄂君启节考释》,《考古》1963 年 8 期。

余萍:《新蔡简实词研究》,安徽大学文学院硕士学位论文,2010 年 5 月。

俞绍宏:《新蔡简纪日简"畏"声字考》,四川大学中国俗文化研究所、四川大学语史研究所编:《汉语史研究集刊》第十九辑,巴蜀书社,2015 年 6 月。

袁国华:《读〈包山楚简释文〉札记》,香港中文大学研究生学年报告,1992 年 5 月。

袁国华:《读〈包山楚简·字表〉札记》,"全国中国文学研究所在学研究生学术论文研讨会"论文,中央大学(台湾),1993 年 4 月。

袁国华:《包山楚简研究》,香港中文大学中文学部博士学位论文,1994 年 12 月。

袁国华:《包山楚简文字诸家考释异同一览表》,中国文字编辑委员会编辑:《中国文字》新廿十期,1995 年 12 月。

袁国华:《释几个从"皿"的战国文字》,《中华学苑》第 50 期,1997 年 7 月。

袁国华:《江陵望山楚简"青帝"考释》,饶宗颐主编:《华学》第五辑,中山大学出版社,2001 年 12 月。

袁国华:《〈望山楚简〉考释三则》,中国古文字研究会、中山大学古文字研究所编:《古文字研究》第二十四辑,中华书局,2002 年 7 月。

袁国华:《楚简疾病及相关问题初探——以包山楚简、望山楚简为例》,"'中央研究院'历史语言研究所九十二年度第十九次讲论会"论文,2003 年 11 月;又见"中国南方文明研讨会"论文,"中央研究院"历史语言研究所,2003 年 12 月。

袁国华:《望山楚墓卜筮祭祷简文字考释四则》,"中央研究院"历史语言研究所集刊"第七十四本第二分,2003 年。

袁国华:《〈新蔡葛陵楚墓竹简〉文字考释》,中山大学古文字研究所编:《康乐集:曾宪通教授七十寿庆论文集》,中山大学出版社 2006 年 1 月。

袁金平:《读新蔡楚简札记一则》简帛研究网 2005 年 1 月 26 日;又见中国文字研究会、华南师范大学文学院编:《古文字研究》第二十六辑中华书局,2006 年 11 月。

袁金平:《对〈新蔡简两个神灵名简说〉的一点补充》,简帛研究网,2006 年 7 月 12 日。

袁金平:《新蔡简大川有介(从 氵)试解》,简帛研究网 2007 年 1 月 20 日;又见北京大学汉语语言学研究中心《语言学论丛》编辑委员会编:《语言学论丛》第四十二辑,商务印书馆,2010 年 12 月。

袁金平:《新蔡葛陵楚简字词研究》,安徽大学文学院博士学位论文,2007 年 5 月。

袁金平:《新蔡葛陵楚简字词考释三则》,《宁夏大学学报》(哲学社会科学版),2009 年 5 月。

袁金平:《释新蔡葛陵楚简中的 "賏" 字》,《古代文明》,2009 年第 4 期。

袁金平:《新蔡葛陵楚简研究综述》,《中国史研究》2011 年第 1 期。

袁金平:《从楚文字资料看先秦时期的杀狗习俗》,《古代文明》2013 年第 3 期。

袁金平:《新蔡葛陵楚简历日"癸嬛""乙嬛"释读辩证》,《古籍研究》2013 年增刊。

阮元校刻:《十三经注疏(清嘉庆刊本)》,北京:中华书局,2009 年 10 月。

岳晓峰:《楚简讹混字形研究》,浙江大学人文学院博士学位论文,2015 年 5 月。

Z

臧克和:《释"以其古敃之"——兼及战国楚简祷祠的结构意义》,《古汉语研究》2008 年第 4 期。

曾宪通:《楚月名初探——兼谈昭固墓竹简的年代问题》,《中山大学学报》(社会科学版)1980年第1期。

曾宪通:《楚文字杂识》,"中国古文字研究会第九届年会"会议论文,南京,1992年;后改名《楚文字释(五则)》,《中山大学学报》(社会科学版)1996年第3期;又收入氏著《古文字与出土文献丛考》,中山大学出版社,2005年1月。

曾宪通:《包山卜筮简考释(七篇)》,常宗豪等编辑:《第二届国际中国古文字学研讨会论文集》,香港中文大学中国语言及文学系,1993年10月;后名《包山卜筮简考释》,氏著《古文字与出土文献丛考》,中山大学出版社,2005年1月。

曾宪通:《论齐国"遅盄之玺"及其相关问题》,"纪念容庚先生百年诞辰暨中国古文字学学术研讨会"论文,东莞,1994年8月,又见饶宗颐主编《华学》第一辑,中山大学出版社,1995年8月;又见广东炎黄文化研究会、纪念容庚先生百年诞辰暨中国古文字学学术讨论会编:《容庚先生百年诞辰纪念文集(古文字研究专号)》,广东人民出版社,1998年4月;后收入氏著《古文字与出土文献丛考》,中山大学出版社,2005年1月。

曾宪通:《从"蚩"符之音读再论古韵部东冬的分合》,张光裕等编辑:《第三届国际中国古文字学研讨会论文集》,香港中文大学中国语言及文学系,1997年10月;后收入氏著《古文字与出土文献丛考》,中山大学出版社,2005年1月。

曾宪通:《"喜"及相关诸字考辩》,吉林大学古文字研究室编:《古文字研究》二十二辑,中华书局,2000年3月。

曾宪通:《再说"蚩"符》,中国古文字研究会浙江省文物考文研究所编:《古文字研究》第二十五辑,中华书局,2004年10月;后收入氏著《古文字与出土文献丛考》,中山大学出版社,2005年1月。

张富海:《楚先"穴熊""鬻熊"考辩》,武汉大学简帛研究中心主办:《简帛》第五辑,上海古籍出版社,2010 年 10 月。

张光裕、陈伟武:《战国楚简所见病名辑证》,中国文字学会《中国文字学报》编辑部编:《中国文字学报》第一辑,商务印书馆,2006 年 12 月。

张光裕、黄锡全、滕壬生《曾侯乙墓竹简文字编》,艺文印书馆,1997 年 1 月。

张光裕、袁国华:《包山楚简文字编》,艺文印书館,1992 年 11 月。

张光裕、袁国华:《〈包山楚简文字编〉校订》,中国文字编辑委员会编: 新十九期,艺文印书馆,1994 年 9 月。

张光裕、袁国华:《望山楚简校录》,艺文印书馆,2004 年 12 月。

张桂光:《楚简文字考释二则》,《江汉考古》1994 年第 3 期。

张桂光:《古文字考释六则》,吉林大学古文字研究室编:《于省吾教授百年诞辰纪念文集》,吉林大学出版社,1996 年 9 月。

张新俊:《新蔡葛陵楚墓竹简文字补正》,简帛研究网 2004 年 2 月 22 日;又见《中原文物》2005 年第 4 期。

张新俊:《释殷墟甲骨文中的"骟"》,简帛研究网 2004 年 3 月 29 日;又见《古籍整理研究学刊》2005 年第 3 期。

张新俊:《释新蔡楚简中的"奈(祟)"》,简帛研究网 2006 年 5 月 3 日。

张新俊、张胜波:《葛陵楚简文字编》,巴蜀书社,2008 年 8 月。

张世超、孙凌安、金国泰等:《金文形义通解》,中文出版社,1996 年 3 月。

张守中、张小沧、郝建文撰集:《郭店楚简文字编》,文物出版社,2000 年。

郑刚:《楚简道家文献辨证》,汕头大学出版社,2004 年 3 月。

郑威:《新蔡葛陵楚简地名杂识三则》,武汉大学简帛研究中心等编:《新出楚简国际学术研讨会会议论文集(郭店简·其他卷)》,武汉大学 2006 年 6 月;又见于丁四新主编:《楚地简帛思想研究(三)》,湖北教育出版社,2007 年 6 月。

郑伟:《释 "罷"》,简帛研究网,2006 年 2 月 25 日。

郑伟:《古代楚方言 "罷" 字的来源》,《中国语文》2007 年 4 期。

中国社会科学考古研究所编:《甲骨文编》,北京:中华书局,1965 年 9 月。

中山大学古文字研究室:《江陵望山一号楚墓竹简考释》《战国楚简研究(3)》,1977 年,油印本。

中山大学中文系古文字研究室:《江陵昭固墓若干问题的探讨》,《中山大学学报》(哲学社会科学版)1977 年 2 期。

中山大学中文系古文字研究室:《战国楚简概述》,《中山大学学报》(哲学社会科学版)1978 年 4 期。

周宏伟:《新蔡楚简与楚都迁徙问题的新认识》,北京大学历史系编:《北大史学》14 辑,北京大学出版社 2009 年。

朱德熙:《望山楚简里的 "敓" 和 "篅"》,中国文字研究会、中华书局编辑部编:《古文字研究》第十七辑,中华书局,1989 年 6 月;后收入《朱德熙古文字论集》,中华书局,1995 年 2 月;又辑入《朱德熙文集》,商务印书馆,1999 年 9 月。

朱德熙、裘锡圭:《信阳楚简考释(五篇)》,《考古学报》1972 年 2 期;后收入《朱德熙古文字论集》,中华书局,1995 年 2 月;又辑入《朱德熙文集》,商务印书馆,1999 年 9 月。

朱德熙、裘錫圭、李家浩:《望山 1 号墓竹简的性质和内容》,湖北省文物考古研究所编:《江陵望山沙塚楚墓·附录三》,北京:文物出版社,1996 年 4 月。

朱晓雪:《包山楚墓文书简、卜筮祭祷简集释及相关问题研究》,吉林大学古籍研究所博士学位论文,2011 年 6 月。

朱晓雪:《包山楚简综述》,福建人民出版社,2013 年 12 月。

张世超:《释"逸"》,华东师范大学中国文字研究与应用中心编:《中国文字研究》第六辑,广西教育出版社,2005 年 10 月。

张世超:《"采""秀"形音义新探》,中国古文字研究会、中华书局编辑部编:《古文字研究》第二十八辑,中华书局,2010 年 10 月。

张世超:《释"溺"及相关诸字》,"第三届中国文字发展论坛——'古汉字研究与古汉字书写'"学术研讨会论文,安阳,2011 年 10 月。

张玉金:《释甲骨金文中的"西"和"囟"字》,中国文字编辑委员会编辑:《中国文字》新廿五期。

周波:《战国文字中的"许"县和"许"氏》,复旦大学古文字与出土文献研究中心网,2010 年 1 月 5 日;又见中国古文字研究会、中华书局编辑部编:《古文字研究》第二十八辑,中华书局,2010 年 10 月。

赵平安:《夬的形义和它在楚简中的用法——兼释其他古文字数据中的夬字》,张光裕等编辑:《第三届国际中国古文字学研讨会论文集》,香港中文大学中国语言及文学系 1997 年 10 月。

赵平安:《释包山楚简中的"衕"和"遖"》,《考古》1998 年第5 期。

赵平安:《"达"字两系说——兼释甲骨文中所谓"途"和齐金文中所谓"造"》,中国文字编辑委员会编辑:《中国文字》新廿七期,艺文印书馆,2001 年 6 月。

赵平安:《战国文字的"遾"与甲骨文"夆"为一字说》,安徽大学古文字研究室编:《古文字研究》第二十二辑,2000 年 7 月。

赵平安:《从楚简"娩"的释读谈到甲骨文的"娩妫"——附释古文字中的"冥"》,李学勤、谢桂华主编:《简帛研究

（二○○一）》，广西师范大学出版社，2001 年 9 月。

赵平安：《释古文字资料中的"啇"及相关诸字——从郭店楚简谈起》，华东师范大学中国文字研究与应用中心编：《中国文字研究》第二辑，广西教育出版社，2001 年 10 月。

赵平安：《释"酓"及相关诸字——论两周时代的职官"醓"》，中国古文字学会、中山大学古文字研究所编：《古文字研究》第二十四辑，中华书局，2002 年 7 月。

赵平安：《战国文字中的盐及相关资料研究—以齐"遲（徙）盐之玺"为中心》，饶宗颐主编：《华学》第六辑，紫禁城出版社，2003 年 6 月。

赵平安：《战国文字中的"宛"及其相关问题研究——以与县有关的资料为中心》，张光裕主编：《第四届国际中国古文字学研讨会论文集》，香港中文大学中国语言及文学系，2003 年 10 月；又名《战国文字中的"宛"及其相关问题研究（附补记）》，简帛网，2006 年 4 月 10 日。

赵平安：《战国文字中的盐字及相关问题研究》，《考古》2004 年第 8 期。

赵平安：《试释包山楚简中的"笸"》，李学勤、谢桂华主编：《简帛研究二○○二、二○○三》，广西师范大学出版社，2005 年 6 月。

赵平安：《释曾侯乙墓竹简中的"繛"和"桿"——兼及昆、黾的形体来源》，武汉大学简帛研究中心主办：《简帛》第一辑，上海古籍出版社，2006 年 10 月。

赵平安：《关于及的形义来源》，简帛网，2007 年 1 月 23 日；后见中国文字学会《中国文字学报》编辑部编：《中国文字学报》第二辑，商务印书馆，2008 年 12 月；后收入氏著《新出简帛与古文字文献研究》，北京：商务印书馆，2009 年 12 月。